日本社会保障丛书

日本护理保险

张继元　王　桥　编著

中国劳动社会保障出版社

图书在版编目(CIP)数据

日本护理保险/张继元，王桥编著. --北京：中国劳动社会保障出版社，2023
(日本社会保障丛书)
ISBN 978-7-5167-5087-2

Ⅰ.①日…　Ⅱ.①张…②王…　Ⅲ.①护理-保险制度-研究-日本
Ⅳ.①F843.136.25

中国版本图书馆 CIP 数据核字(2022)第 218413 号

中国劳动社会保障出版社出版发行
(北京市惠新东街 1 号　邮政编码：100029)
*
北京虎彩文化传播有限公司印刷装订　　新华书店经销
787 毫米×1092 毫米　16 开本　19.25 印张　281 千字
2023 年 8 月第 1 版　　2023 年 8 月第 1 次印刷
定价：78.00 元

营销中心电话：400-606-6496
出版社网址：http://www.class.com.cn

中国社会保障学会简介

中国社会保障学会是经国务院批准，民政部登记，由我国从事社会保障和相关领域的专家、学者及有关单位自愿结成的全国性、学术性、非营利性社会团体。中国社会保障学会的宗旨是团结全国相关领域专家、学者与专业人士，为健全社会保障、提升人民福祉、促进社会和谐发展贡献力量。

中国社会保障学会的四大使命：

促进理论繁荣；

助力改革与制度建设；

推动学科发展与人才培养；

参与国际学术交流。

为完成上述使命，学会采取如下行动方式：

组织全国性和国际性会议；

出版刊物，建立宣传平台；

组织开展专题调研活动和培训活动；

与政府部门、立法机关和社会组织、高校或研究机构进行合作。

中国社会保障学会出版物有：会刊、学术集刊《社会保障研究》（CSSCI 源刊）、《中国社会保障发展报告》、《民生专报》（高端智库报告）等。

官方网站：www. caoss. org. cn

总　序

由沈洁教授牵头组织撰著的“日本社会保障丛书”即将由中国劳动社会保障出版社公开出版了，这是一项由多位留日华人学者共同完成的系统介绍、研究日本社会保障制度的重要成果。作为丛书的积极推动者，我对这一成果的问世感到由衷祝贺！

在中国社会保障改革与发展进程中，我一直主张“远学德国，近学日本”。原因是这两个国家分别是现代社会保障制度的起源国和亚洲最先建成完整社会保障体系的国家，不仅是在世界上有影响的工业强国，还是人均寿命最长且老龄化程度很高的大国。其中，德国于1883—1889年首创社会保险制度，被视为全球现代社会保障制度的开端并风靡世界，迄今已有130多年的历史并还在持续发展，这一客观事实表明德国是最值得关注的社会保险制度先行国家；日本是我国的近邻，也是亚洲先行的工业化国家和福利国家，历史上深受中华文化的影响，其社会保障制度及相关服务富含中华文化的元素。因此，对中国而言，德国与日本的社会保障制度较之其他国家更具借鉴价值。遗憾的是，我国社会保障学界对德国与日本的研究迄今仍显苍白。实践已经证明，历史不长的国外养老、医疗保险制度实践，如智利的个人账户制，欧美一些国家的机构养老模式等，并不一定具有足够的借鉴价值，不同文化背景下的社会福利及相关服务亦未必能够符合我国人民的需要。因此，我一直希望国内能够出版系统介绍、研究德国与日本两国社会保障制度的图书，中国社会保障学会作为全国社会保障及相关领域专家学者的联合体与学术共同体，将推动这项研究列为重要的工作任务，这次在沈洁教授和中国社会保障学会常务理事钟仁耀教授、吕学静教授等精心组织下，终于完成“日本社会保障丛书”编著任务并由中国劳动社会保障出版社出版，这应当是一个重要的突破。

我曾经多次访问日本并考察其社会保障制度，印象深刻的不仅有制度体系完备、法治水平高，还有其社会保障及相关服务尊重传统文化、注重家庭保障等特色。例如，日本的公共养老金制度、医疗保障制度、护理保险制度均达到了很高水准，特别是养老服务立足社区，据需设置，多具有综合服务功能，在我考察过的一些养老机构中，老年公寓既可满足自理老年人需要，也可提供养老床位，还有托老所、临时寄养中心功能，一切皆以社区老年人的需要及其发展变化为依据，这显然是一条不同于欧美国家按照老年公寓、养老院舍、托老所、临时寄养中心等不同功能分割设置的发展之路。日本的儿童福利制度亦注重家庭功能，社会救助制度反贫困效果良好，等等。所有这些，我认为均值得中国认真学习、借鉴。

即将摆在读者面前的“日本社会保障丛书”，涵盖了日本的公共养老保险、医疗保障、护理保险、社会救助、社会福利、儿童福利六领域。其中，于洋、刘晓梅编著的《日本公共养老保险》一书全面、系统地介绍了日本公共养老金制度的发展史与现状、筹资方式、给付水平、财政状况、基金运营与经办管理情况，分析了当前存在的主要问题与改革方向，对企业养老保险与商业养老保险制度亦做了描述。李莲花编著的《日本医疗保障》一书全面、系统地介绍了日本医疗保障制度的框架与历史沿革，解析了日本医疗保险的财政、医保支付、医疗服务提供、药价基准制度以及医保经办与监管。张继元、王桥编著的《日本护理保险》一书全面、系统地介绍了日本护理保险制度的起源与发展历程，解析了日本护理保险制度的规划机制、监管体系、机构护理服务、居家护理服务、安宁疗护服务，以及护理等级评估标准、法律依据与流程规范、护理报酬标准及其实践。王海燕、焦培欣编著的《日本社会救助》一书全面、系统地介绍了日本社会救助制度的历史沿革及秉持理念与基本原理，解析了日本社会救助制度的具体实施、标准制定、政府管理和介护救助，以及最新动态。沈洁编著的《日本社会福利》一书全面、系统地介绍了日本社会福利制度的法律体系、福利人才培养与人力资源配置、社会福利服务供给，解析了日本老年人福利、儿童福利、残疾人福利、女性福利和社区福利、保健福利等相关制度安排和实践情况。蔡泽昊编著的《日本儿童福利》一书全面、系统地介绍了日本儿童福利制度的历史沿革、框架与建制理念，解析了日本儿童福利制度的实施机制、特殊福利需求、家庭政策和运行机制，以及托幼服务、儿童医疗和儿童福利专业人才队伍建设。毫无疑问，这套丛书提供了全景式的日本社会保障制度及其实践图景。

除了全面性、系统性，“日本社会保障丛书”还具有三大特点。一是客观性。各书的作者主要基于事实来阐述日本各项社会保障制度及其实践，较少带有以往基于作者个人价值取向或判断的主观性，因而更能够让我们看到原汁原味的日本社会保障制度的真实面貌。二是实践性。每本书虽然涉及理念、原理、历史沿革等内容，但更着力于相关制度的具体实践与操作规范，通过全书可以看到日本社会保障制度在实践中的真实运行情况，这恰恰是我国社会保障体系建设中长期被忽略却又须从现在起高度重视的大问题。三是作者队伍的特殊性。丛书的作者均是留学日本后留在日本执教或归国执教的高校教师，既了解中国，更对日本社会保障有深入研究，这使丛书能够避免以往守在中国研究外国或只站在外国立场介绍外国的不足，进而可以更好地满足中国读者的需要。这些鲜明的特点，决定了丛书的独特价值。

感谢沈洁教授为组织编著“日本社会保障丛书”付出的巨大心血，她多年来一直积极推动中日之间的社会保障学术交流，更带动了一批留日华人学者研究日本、助力中国社会保障改革与制度建设，为留日华人学者树立了很好的榜样！

感谢丛书编委会成员与各位作者，为中国读者提供了全面了解日本社会保障制度的权威读本！

感谢中国劳动社会保障出版社积极支持中国社会保障学会推进日本社会保障研究工作，并为丛书出版提供直接的帮助！

中国社会保障学会会长　郑功成

2021 年 5 月于北京

编 者 序

在武汉深陷新冠肺炎的困难时刻，日本众多的民间团体和个人及时赠送医疗物资，并附上“山川异域，风月同天”等蕴涵浓重东亚文化的典雅章句，传送邻邦互助之情谊。这则古语起源于唐代高僧鉴真大师历经重重艰辛东渡日本，开启了中日文化交流通道的故事，当时力主对华友好的日本主流派，动用全日本的绣衣工匠精心制作了 1 000 件袈裟，每件袈裟刺绣上这八个字，以示中日唇齿相依的邻邦情结。

中日文化交流不仅历史久远，且涉及领域广泛。即便是在社会保障领域的交流中，也留下了丰富的画页。公元 757 年，日本参考中国律令制度颁布《养老律令》，其中“户令”中所具体规定的灾荒救济以及减免税赋等条例，就是模仿中国古代救灾条例与中国“户令”的法定约束力并一直沿袭到明治维新，是日本最早也是历时最长的社会救济法令。此外，日本借“大化革新”之际，将中国的义仓、社仓等仓储制度引进日本并推广普及。一直到社会制度巨变的明治维新之后，尚有不少地区仍保留着互助互济的仓储制度。

在中国社会保障从传统走向近代的过程中，日本又在中西文化交流中起到了重要的中介和桥梁作用。明治维新之后，日本对近代国家体制下的社会救济和劳工政策的探索被留日学生积极介绍到中国。昭和初期日本颁布具有社会转型意义的救护法，首次明确了国家对生活穷困者实施救济的义务和公民权利。此法颁布实施之后，留日学生就开始不断地将其介绍到中国，为促成颁布（旧）《生活保护法》（1943 年）做了舆论宣传准备。在人类社会进入数字化时代的当代，有关日本护理保险和儿童福利制度的实施经验，也很快被传递到国内，为学者和政策决策者思考解决我国出现的老龄化、少子化问题提供借鉴。而在上述过程中，留日学人作为文化交流的使者，为搭建社会保障领域的中日交流桥梁发挥了不容忽视的作用。

参与这套“日本社会保障丛书”执笔的作者，均是在日本系统接受过社会保障相关专业训练的留日学人，其中有学成回国在各个大学的执教者，也有侨居日本在大学教坛的传道解惑人。我本人也侨居日本30余年，虽然主要精力投入日本大学讲坛，但内心始终不能忘却要为国内社会保障发展尽微薄之力的念想。相信参与本丛书编写的各位留日学人，大多都怀有同样的心境和社会责任感，才接下了中日交流使者的接力棒。也正是有了这样“故国之情”的代代传递，使得中日之间的文化交流能够战胜种种逆境而延绵不断，成为构筑未来东亚文化共同体的源远流长的动势。

这套丛书涉及了日本公共养老保险、医疗保障、护理保险、社会救助、社会福利、儿童福利六个领域，每个制度领域独立成册。在完整、系统地考察各个领域的独立体系的同时，还注重厘清各项制度领域之间的衔接和互动关系，把社会保障制度视为环环相扣、运转灵活的生活安全网络，可以让读者全方位去理解日本的社会保障在保护国民生活安全上的功能和效率以及存在的障碍。

貌不惊人的“他山之石”，有时也可以为雕琢中国社会保障制度的改革和完善这块“璞玉”提供意想不到的借鉴和助力。本丛书执笔作者为了给读者提供深度考察日本的最佳视角，在编写过程中还在以下几方面做了精心的设计和安排：第一，原汁原味地展现日本社会保障制度风貌，将作者的主观评价减缩到最小范围，以期待读者从精心提炼的素材中汲取、丰富和重构自身的知识空间。第二，以日本社会保障制度结构性改革为主线，把分析的视角聚焦在20世纪80年代初期改革、20世纪末21世纪初的中期改革、当下的深化改革等几个发展阶段。同时，对各个时期的改革背景、改革内容、改革绩效给予翔实的解析，试图给我国社会保障制度的改革提供一个可资参考的清晰脉络和思路。第三，质性研究和量化研究的兼容并蓄，既重视制度政策框架层次的分析，又不失通过融入系统的量化数据以检验政策推进过程和政策效果。第四，为弥补迄今在日本社会保障研究领域中重视宏观制度而忽视微观实操和经办等具体制度研究的缺失，故在每个专题中都安排了一定的篇幅介绍操作规范和微观制度的安排。

固然，本丛书虽然力图体现上述的各项独自特征，但是由于时间和条件的限制，在对日本社会保障制度给予理论性批判和理论层次的重构等方面，还存在着力度不足的缺憾，有待于我们今后的研究加以弥补。

中国社会保障学会会长郑功成教授倡导社会保障需要“远学德国，近学日本”，融汇东西方精髓的思路，并推动本丛书朝着这一大视野方向推进，多次对本丛书的编写提供了建设性意见。华东师范大学钟仁耀教授、首都经济贸易大学吕学静教授在编者队伍组建、丛书构想等各个环节上提供了多方帮助和支持；张继元副教授在负责护理保险专题编著的同时，还具体承担了丛书参编人员的联络协调、专业术语的翻译和校订等大量的工作，对此均深表衷心的谢意。最后还要感谢中国劳动社会保障出版社为编辑丛书所付出的辛勤劳动。

沈 洁

2021 年 3 月吉日于东京喜多斋

前　言

人口老龄化是当今世界一个普遍性的现象与趋势，对世界各国的经济与社会等诸多领域具有深远的影响，挑战与机遇并存。护理保险是积极应对人口老龄化的重要政策工具之一，不仅是养老护理保障的制度基础，也是老龄产业发展的重要支撑。因此，在全球老龄化浪潮中，护理保险制度受到了世界各国的重视，也成为我国积极应对老龄化的战略决策。

作为世界上第二个建立护理保险制度的国家，日本的护理保险制度从诞生之日就受到了广泛的关注。我国从 2000 年至今针对日本护理保险制度发表、出版了大量相关学术文章和书籍，但是这些文章和书籍大多是选择某一方面对其进行介绍与分析，系统性不强，深度与广度把握不够。为了全方位、多角度、深入地介绍日本护理保险制度，本书内容由制度篇与实务篇两部分组成。在制度篇中，本书主要介绍日本护理保险制度的整体架构、机构护理服务、社区居家护理服务、安宁疗护服务的制度设计与服务内容；在实务篇中，本书以更加翔实的一手资料为读者讲解日本护理保险的等级评估的标准与方法、护理服务计划的制订方法、护理报酬的计算标准与方法、居家护理服务标准化管理等实务性内容。

第一章至第四章为制度篇。第一章从基本框架、筹资结构、服务内容、服务流程、规划机制、监管体系六个方面，综合地介绍了日本护理保险制度。通过该章的阅读，可以让读者对日本护理保险制度有一个整体的认识。特别是该章日本护理保险的规划机制与监管体系的内容，在现有的中文文献中很少涉及，论述了日本护理保险制度得以不断自我完善、稳定运行的制度基础。

第二章从护理保险的制度内与制度外两个角度详细地介绍了日本机构护理服务的分类与功能，即护理保险制度内三大护理机构（福利型养老护理机构、保健型养老护理机构、护理疗养型医疗机构）的发展历程与现状，以及护理保险制度外的自费型养老机构、低费型养老机构、附带护理服务的老年公寓等制度外机构护理服务的特点与作用。随着人口老龄化的不断深化，机构护理服务以其较高的专业化程度、多元化的形式，以及不断创新的服务内容等特点逐渐得到社会的广泛认可。

第三章从发展历程、服务种类与内容、服务输送体系三个视角介绍了日本护理保险中的社区居家护理服务。日本的社区居家护理服务，在护理保险实施之前就具备了一定的基础，随着护理保险制度的建立与完善，最终形成了居家护理服务、日间护理服务、社区嵌入型护理服务、辅助器具租售及住宅改造服务、护理预防服务五大类二十余种服务种类，以及由服务的运营主体、提供机构、提供人员、监管部门等方面构成的居家护理服务输送体系。

第四章从概念辨析、历史沿革、制度设计及协作机制四个方面，介绍了日本安宁疗护服务体系。由于在深度老龄化社会背景下恶性肿瘤死亡人数的不断增加，日本从二十世纪七八十年代开始出现了安宁疗护服务，之后历经三个发展阶段，最终形成了现在以医疗保险与护理保险为基础的制度架构。日本的安宁疗护服务体系，通过制度间、多专业工种间的深度协作机制，提供着高质量的专业化服务。

第五章至第八章为实务篇。第五章从护理等级评估调查的数据收集与分析方法、护理等级评估标准的内容、特色与配套条件等方面，翔实地介绍了日本护理保险制度中护理等级评估标准的设计思路、制定方法及标准内容。

第六章从制订护理服务计划的法律依据和流程规范入手，介绍了日本《护理保险法》关于护理服务计划制订者的资格要件、各种护理援助机构与护理机构运营标准中有关护理服务计划制订流程与制订方法，以及如何促使医疗、护理、康复服务有机结合的内容，并以实例演示了居家护理服务计划的制订方法，对日本护理服务计划的主要特征进行了分析。

第七章介绍了日本全国统一且体现各地工资和物价水平差异的护理报酬标准的制定方法及特色，内容包括护理报酬标准制定的理念、原则、设计思路、构成要素、制定方法与现行护理报酬标准、日本医疗与护理一体化服务报酬标准体系的设计，以及明确划分医疗保险与护理保险给付范围的方法。

第八章从社区居家护理服务标准、经营规章制度、上门洗浴、上门护理、居家康复、居家疗养指导等方面，介绍了日本居家护理服务的经营与管理经验，强调对护理人员及运营实施标准化管理，是护理保险制度落实到位的重要保障。

终章从护理保险制度与经济发展关系的视角，探讨了日本护理保险制度对拉动银色经济发展的积极作用。人口老龄化背景下的养老护理服务是刚需型朝阳产业，完善的制度建设使日本养老护理机构数量呈井喷式增长、相关产业相继崛起，各类护理产品及辅具的品种不断增加，拓宽了就业渠道，带动了银色经济发展，成为经济发展的新驱动力之一。

本书通过制度设计与实务经验两个视角，系统地为读者展现出日本护理保险制度的内容以及如何落地实施。期待本书能够为国内学者、政策制定者、实务者提供一些新信息、新经验、新视角，为我国护理保险制度、养老服务体系的发展尽微薄之力。

本书由“日本社会保障丛书”编委会策划，按章节顺序具体编写分工如下：

张继元，华东师范大学经济与管理学部公共管理学院副教授，负责第一章、第四章的撰写，以及全书的统稿；

李晓晖，北京物资学院商学院副教授，负责第二章的撰写；

邵文娟，大连科技学院经济与管理学院教授，负责第三章的撰写；

焦培欣，天津财经大学财税与公共管理学院教授，负责第五章、第六章、第七章的撰写；

王桥，中国社会科学院人口与劳动经济研究所研究员，负责第八章、终章的撰写。

目　　录

上篇　制度篇

下篇　实务篇

上　篇

制度篇

第一章　日本护理保险制度导论

在人口老龄化背景下，养老护理服务需求与供给的骤增推动着社会保障制度体系从以现金给付为主的体制向实物给付占重要比例的体制转型。日本从 20 世纪 70 年代进入老龄化社会后便开始大力发展养老服务事业，特别是 1989 年启动了被称为“黄金计划”的推进老年人保健福利十年战略，1994 年启动了“新黄金计划”，并在 2000 年开始实施护理保险制度，从而确立了以护理保险为支柱的日本养老服务保障体系。

经过 20 多年的不断尝试，日本的护理保险制度已经趋于成熟与完善。本章旨在简要介绍日本护理保险制度的制度设计与现状，具体内容如下：第一节介绍日本护理保险制度的基本框架；第二节介绍日本护理保险制度的筹资结构以及“因能负担”的保险费率设计；第三节介绍日本护理保险制度的服务内容；第四节介绍日本护理保险服务流程；第五节介绍日本护理保险制度的规划机制；第六节介绍日本护理保险制度的监管体系。

第一节　基本框架

日本养老护理服务体系是以《护理保险法》为依据、以护理保险为基础的制度架构。根据《护理保险法》第一条，日本护理保险制度是为了让失能、半失能的人过上有尊严的、因能自立[①]的日常生活，提供所需保健医疗服务及福祉服务相关给付而建立的基于国民共同连带理念的社会保险制度，主要目的是提高

① 因能自立是指根据失能、半失能者的现有能力，辅以部分社会化服务，所能达到的最大程度的自立。

国民健康医疗、促进国民福祉。具体而言，护理保险制度的目的可以总结为4点（冈田进一、桥本正明，2018）。

（1）对护理的社会援助：针对所有人都会面临的高龄期护理问题，构建全社会支持的机制，减轻家庭等护理人员的负担。

（2）对需要护理者的自立援助：根据失能、半失能老人现有的能力，对其进行支援，使其能过上基于自身意愿、可自立的高质量日常生活。

（3）服务对象本位主义与服务综合化：整合老人福利与医疗分割的制度，尊重服务对象意愿，建立由多种服务主体提供的综合性、一体化的护理服务。

（4）社会保险模式：明确护理服务给付与负担的关系，为了确保未来护理费用稳定的筹资来源，建立基于共同连带理念的被保险人共同负担保险费的社会保险模式。

日本护理保险制度的基本架构如图1-1所示。市町村为护理保险的保险人，负责护理保险的管理与运营。被保险人分为两种，65岁及以上的参保人为第1号被保险人，40~64岁的参保人为第2号被保险人。服务机构可为企业法人、社会福祉法人、医疗法人、非营利性组织等，提供居家、社区、机构等护理服务。

护理保险的财源结构为政府财政补贴占50%，保险基金占50%。政府财政补贴中，市町村负责12.5%，都道府县负责12.5%，国家负责25%，但机构养老的给付比例略有不同，即国家负责20%，都道府县负责17.5%。保险基金中，第1号被保险人所缴纳的保险费占23%，第2号被保险人所缴纳的保险费占27%，这一比例是根据人口比例进行调整的。第1号被保险人的保险费原则上直接从年金中扣除，并在市町村层面统筹；第2号被保险人的保险费和医疗保险一起从工资中扣除，并在全国层面统筹。由于市町村的老龄化程度存在较大地区差异，为了维护市町村护理保险的稳定运营，都道府县设立了“财政稳定化基金”，在护理服务需求量大于预期时，通过借款或补贴援助市町村的方式避免保险财政恶化。“财政稳定化基金”是由国家、都道府县、市町村各负担1/3构成。

被保险人要经过失能评估，且根据失能等级享受相应的保险待遇。被保险人在享用护理服务时需个人负担总费用的10%（高收入者根据收入水平支付20%或30%），以及住宿费、伙食费，支付给服务机构。其余部分经服务机构提交申请，由被保险人的市町村直接支付给服务机构。

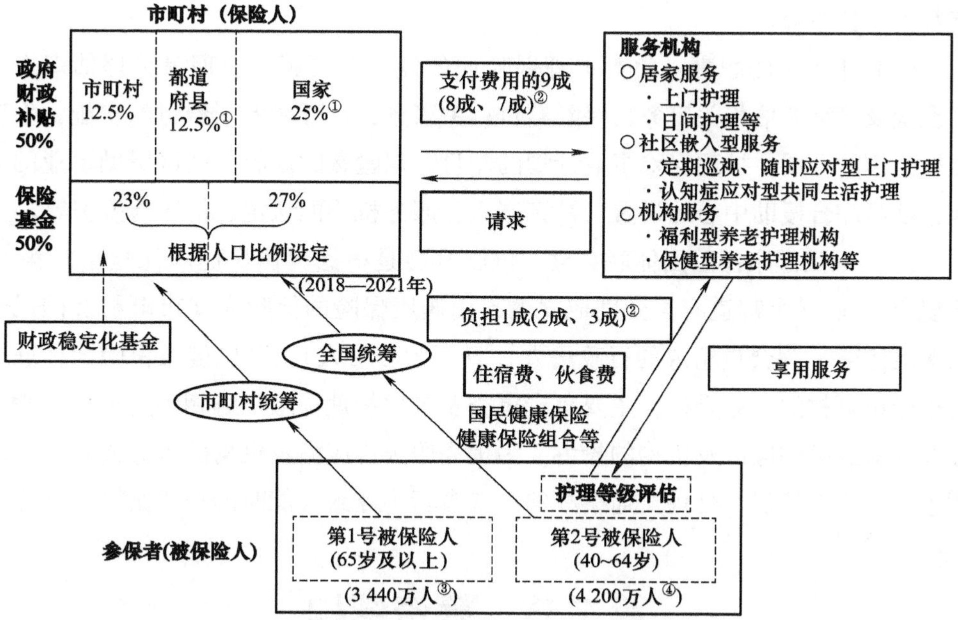

注：①机构等给付的比例为国家 20%、都道府县 17.5%。

②一定收入以上的人要负担费用的 2 成（2015 年 8 月施行）或 3 成（2018 年 8 月施行）。

③第 1 号被保险人人数是根据《2006 年度护理保险事业状况报告年报》统计而得的 2006 年度数值。

④第 2 号被保险人人数是根据医疗保险人向社会保险诊疗报酬支付基金提交的报告统计而得的 2006 年度月平均值。

图 1-1　日本护理保险制度的基本架构

资料来源：厚生労働省. 公的介護保険制度の現状と今後の役割［EB/OL］.［2019-12-01］. https：//www. mhlw. go. jp/file/06-Seisakujouhou-12300000-Roukenkyoku/0000213177. pdf.

日本护理保险制度涉及 4 个主体：国家、都道府县、市町村、国民健康保险团体联合会。这 4 个主体的主要分工如下。

（1）国家的职责：负责设计护理保险制度，设定各种标准及护理保险报酬，指导与监督服务机构，指导及援助保险人（市町村），为保障稳定的护理保险给付而制定基本方针等。

（2）都道府县的职责：负责指导监督保险人（市町村）及服务机构等，对服务机构进行认定、更新、许可，设立并运营财政稳定化基金，制订护理保险事业援助计划，培养与考核护理保险援助专员（护理经纪人），对服务机构进行调查及信息公布等。

（3）市町村的职责：负责护理保险证的发放及更新，护理等级评估审查会的设置及等级评估相关事务，保险给付相关事务，市町村特别给付的实施，保健福祉工作的开展，护理保险事业计划的制订，保险费的征收，社区援助事业的实施，社区综合援助中心的设置，社区嵌入型服务机构的认定、指导与监督等。

（4）国民健康保险团体联合会：该联合会是根据《国民健康保险法》第83条规定，在47个都道府县分别成立的，由健康保险的保险人（市町村及国民健康保险组合）为会员组成的行政法人（日语为公法人）。国民健康保险团体联合会接受市町村的业务委托，主要负责审查及支付护理保险报酬相关业务，处理服务对象对服务供应商及机构的投诉，为提高服务供应商及机构的服务质量而开展调查、指导与建议，处理交通事故等第三者行为导致失能时的相关赔偿事务等。

第二节　筹资结构

日本护理保险制度的筹资结构主要分为政府财政补贴和保险基金两个部分，各占50%。政府财政补贴中，国家负担25%，其中20%为定额比例部分（2019年度预算为2.0兆日元），5%为调剂交付金（2019年度预算为0.5兆日元），主要根据第1号被保险人中75岁及以上老人比例以及收入构成比例对市町村进行调剂交付；都道府县负担12.5%（2019年度预算为1.5兆日元，但机构养老中，国家、都道府县的负担比例有所不同，分别为15%、17.5%）；市町村负担12.5%（2019年度预算为1.4兆日元）。保险基金主要由第1号和第2号被保险人的保险费构成，具体比例按照护理保险事业规划每3年根据人口比例设定，第7期规划（2018—2020年）第1号和第2号被保险人的筹资比例分别为23%、27%（2019年度预算分别为2.5兆日元、2.9兆日元）。为了减轻第1号被保险人中低收入人群的压力，从2015年开始设置了新的财政补贴，筹资比例为国家1/2、都道府县1/4、市町村1/4。第2号被保险人的保险费是和医疗保险一起由国民健康保险联合会共同征收的，这一部分保险费和医疗保险一样享受部分财政补贴，2019年度预算为0.6兆日元，其中组合健康保险中国家财政补贴0.1兆日元；国民健康保险中国家财政补贴 0.3 兆日元，都道府县补贴 0.1 兆日元。2019 年度日本护理保险制度的筹资结构与规模如图 1–2 所示。

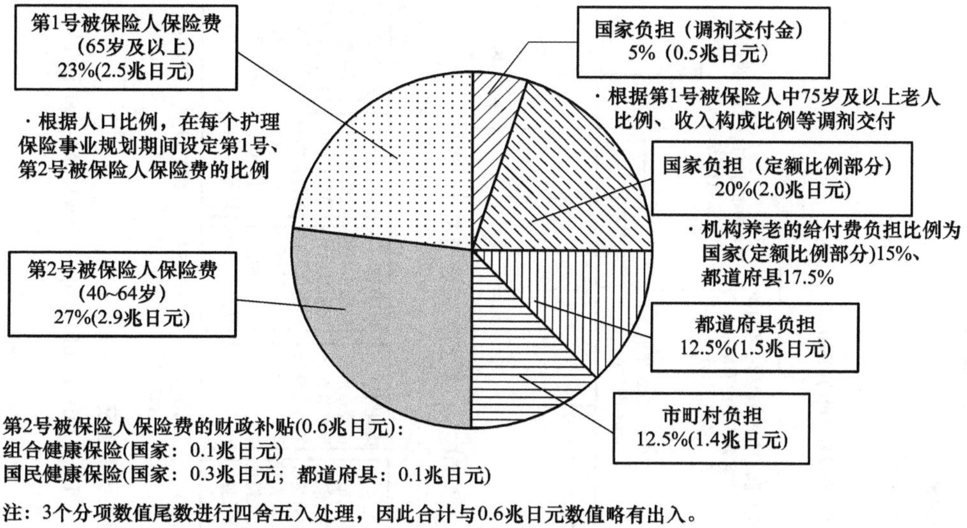

图 1–2　2019 年度日本护理保险制度的筹资结构与规模

资料来源：厚生劳働省．社会保障審議会介護保険部会（第 75 回）資料 3 介護保険制度をめぐる状況について［EB/OL］.（2019-02-25）［2019-12-01］. https：//www. mhlw. go. jp/content/12601000/000482328. pdf.

关于第 1 号被保险人的保险费，在每个护理保险事业规划时期（每 3 年），各市町村根据服务基础设施的完善情况与护理服务享用预测，设定各自的保险费标准金额及保险费率。考虑到低收入人群的具体情况，从按照负担能力征收保险费的原则出发，结合市町村民税的征收情况，全国第 1 号被保险人的保险费基本标准根据收入水平分为如图 1–3 所示的 9 个档次，每个收入层按照保险费基本金额×相应缴费率，缴纳保险费。

从图 1–3 中可以看出，第 1 档次到第 3 档次的对象为所有家庭成员免除市町村民税的被保险人，人数约占第 1 号被保险人的 33%。第 1 档次需支付标准护理保险费的 0.3 倍，2015 年约为 650 万人（占比 19%），其对象为领取最低生活保障者、免除所有家庭成员市町村民税且领取老年福利养老金者，以及免除所有家庭成员市町村民税且本人养老金收入未满 80 万日元者；第 2 档次需支付标准护理保险费的 0.5 倍，2015 年约为 240 万人（占比 7%），其对象为免除所有家庭成

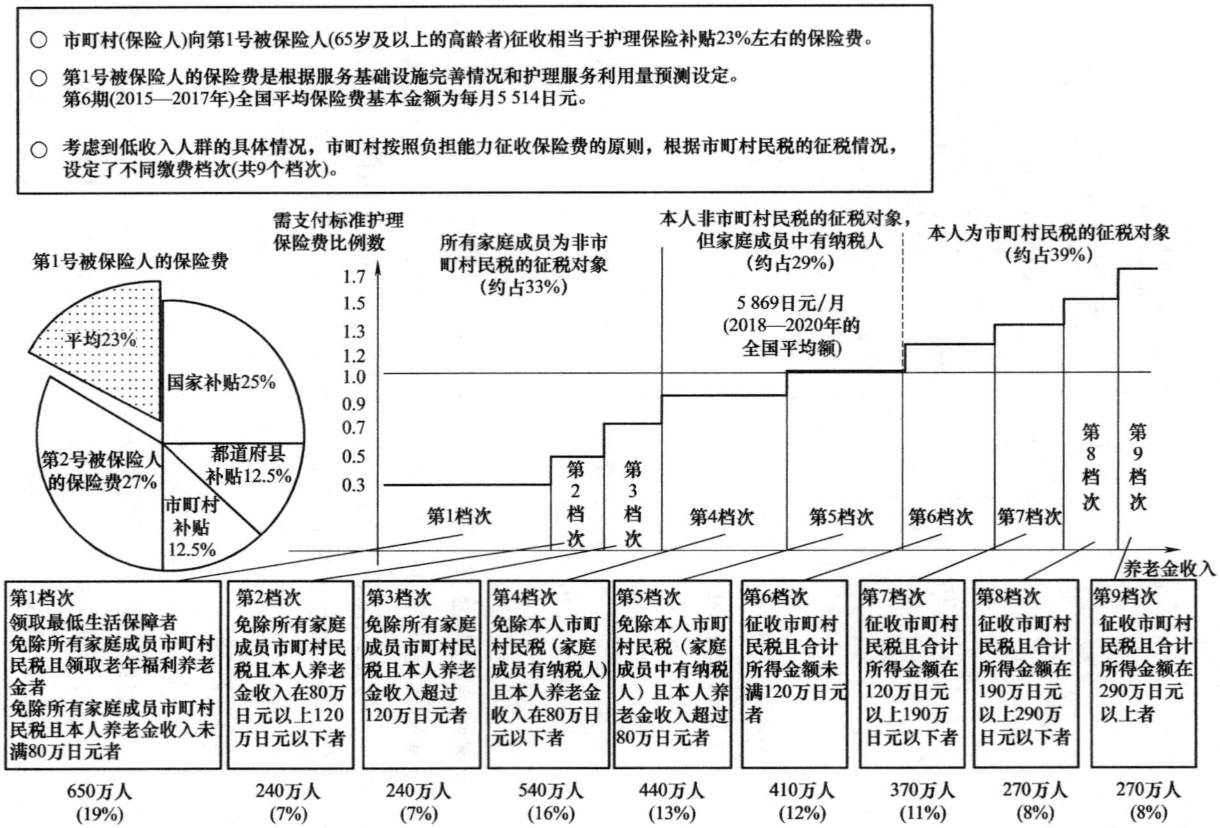

图 1-3 第 1 号被保险人的保险费

资料来源：厚生労働省．介護保険の保険料（第 1 号被保険者）[EB/OL].（2019-12-01）. https://www.mhlw.go.jp/file/06-Seisaku-jouhou-12600000-Seisakutoukatsukan/iryokaigo06.pdf.

注：更新了第 7 期规划数据。

员市町村民税且本人养老金收入在 80 万日元以上 120 万日元以下者；第 3 档次需支付标准护理保险费的 0.7 倍，2015 年约为 240 万人（占比 7%），其对象为免除所有家庭成员市町村民税且本人养老金收入超过 120 万日元者。

第 4 档次和第 5 档次的对象为本人非市町村民税的征税对象，但家庭成员中有纳税人的被保险人，人数约占第 1 号被保险人的 29%。第 4 档次需支付标准护理保险费的 0.9 倍，2015 年约为 540 万人（占比 16%），其对象为免除本人市町村民税（家庭成员有纳税人）且本人养老金收入在 80 万日元以下者；第 5 档次支付标准护理保险费，2015 年约为 440 万人（占比 13%），其对象为免除本人市町村民税（家庭成员中有纳税人）且本人养老金收入超过 80 万日元者。

从第 6 档次到第 9 档次的对象为本人为市町村民税的征税对象的被保险人，人数约占第 1 号被保险人的 39%。第 6 档次需要支付标准护理保险费的 1.2 倍，2015 年约为 410 万人（占比 12%），其对象为征收市町村民税且合计所得金额①未满 120 万日元者；第 7 档次需支付标准护理保险费的 1.3 倍，2015 年约为 370 万人（占比 11%），其对象为征收市町村民税且合计所得金额在 120 万日元以上 190 万日元以下者；第 8 档次需支付标准护理保险费的 1.5 倍，2015 年约为 270 万人（占比 8%），其对象为征收市町村民税且合计所得金额在 190 万日元以上 290 万日元以下者；第 9 档次需支付标准护理保险费的 1.7 倍，2015 年约为 270 万人（占比 8%），其对象为征收市町村民税且合计所得金额在 290 万日元以上者。

市町村可以根据各地具体情况将保险费标准细化，譬如东京都府中市将第 1 号被保险人的保险费细分为 16 个档次，第 1 档次需支付 27 400 日元，为标准金额的 0.4 倍；第 16 档次需支付 205 700 日元，为标准金额的 3.0 倍。

第 7 期规划（2018—2020 年），日本全国护理保险平均保险费为 5 869 日元/

---

① 所得金额有别于收入，是指收入减去各项扣除项目后的金额。工资收入和年金收入计算方式不同，65 岁及以上年金收入 120 万日元以下，所得金额为 0 日元；年金收入 120 万～330 万日元，所得金额为（总收入-120 万日元）；年金收入 330 万～410 万日元，所得金额为（总收入×0.75-37.5 万日元）；年金收入 410 万～770 万日元，所得金额为（总收入×0.85-78.5 万日元）；年金收入 770 万日元以上，所得金额为（总收入×0.95-155.5 万日元）。

月。全国共有 1 571 个保险人（市町村），从 47 个都道府县的平均值来看，保险费最低的是埼玉县，为 5 058 日元/月；最高的是冲绳县，为 6 854 日元/月。以保险费均值为基准，差距浮动在 0.86~1.17 倍，差距较小（见表 1-1）。

表 1-1　　第 7 期规划（2018—2020 年）标准护理保险费月额

地区	月额/日元	地区	月额/日元
全国平均	5 869	三重县	6 104
北海道	5 617	滋贺县	5 973
青森县	6 588	京都府	6 129
岩手县	5 955	大阪府	6 636
宫城县	5 799	兵库县	5 895
秋田县	6 398	奈良县	5 670
山形县	6 022	和歌山县	6 538
福岛县	6 061	鸟取县	6 433
茨城县	5 339	岛根县	6 324
枥木县	5 496	冈山县	6 064
群马县	6 078	广岛县	5 961
埼玉县	5 058	山口县	5 502
千叶县	5 265	德岛县	6 285
东京都	5 911	香川县	6 164
神奈川县	5 737	爱媛县	6 365
新潟县	6 178	高知县	5 691
富山县	6 028	福冈县	5 996
石川县	6 330	佐贺县	5 961
福井县	6 074	长崎县	6 258
山梨县	5 839	熊本县	6 374
长野县	5 596	大分县	5 790
岐阜县	5 766	宫崎县	5 788
静冈县	5 406	鹿儿岛县	6 138
爱知县	5 526	冲绳县	6 854

资料来源：厚生労働省．第 7 期計画期間における介護保険の第 1 号保険料及びサービス見込み量等について［EB/OL］.（2018-05-21）［2019-12-01］. https：//www. mhlw. go. jp/stf/houdou/0000207410. html.

第 2 号被保险人的保险费由各医疗保险人负责征收，保险费的计算方法如图 1-4 所示。根据每期规划预测的给付金额乘以第 2 号被保险人应负担的比例（第 7 期为 27%），再除以第 2 号被保险人人数，计算出平均每个人应缴纳的保险费金额，并根据被保险人人数分配到协会健保、健保组合、共济组合及国民健保等医疗保险人，由各医疗保险人统一征收，缴纳到社会保险诊疗支付基金，并由该基金将保险费分配到各市町村。具体到每个人应缴纳的护理保险费的计算方法根据参保的医疗保险种类有所不同，但基本上是按照收入乘以相应费率计算的，计算所得护理保险费金额由雇主和个人各分担 50%。

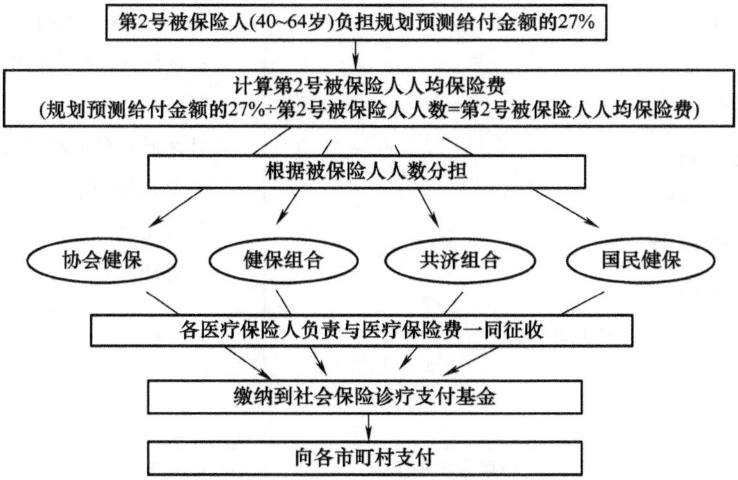

图 1-4　第 2 号被保险人的保险费

资料来源：厚生労働省．介護保険の保険料（第 2 号被保険者）［EB/OL］．［2019-12-01］．https：//www. mhlw. go. jp/topics/kaigo/zaisei/sikumi_04. html.

第三节　服务内容

日本护理保险制度提供的服务按种类可以分为护理服务和护理预防服务两部分，护埋服务的保险给付在护理保险制度中被称为护理给付，护理预防服务的保险给付被称为护理预防给付。按指定、监督的主体可以分为都道府县、政令市、中核市[①]指定、监督服务和市町村指定、监督服务两部分（见表 1-2）。

表 1-2　　　　　　　　　护理服务种类

	都道府县、政令市、中核市指定、监督服务		市町村指定、监督服务
护理服务	◎居家护理服务 【上门服务】 ○上门护理 ○上门助浴 ○上门医护 ○上门康复 ○居家疗养管理指导 【日间服务】 日间护理 日间康复 【短托服务】 短托生活护理 短托疗养护理 【其他服务】 ○特定机构入住者生活护理 ○辅助器具租赁 ○辅助器具销售	◎机构护理服务 ○福利型养老护理机构 ○保健型养老护理机构 ○护理疗养型医疗机构 ○护理医疗院	◎社区嵌入型护理服务 ○定期巡访、随时应对型上门护理 ○夜间应对型上门护理 ○社区嵌入型日间护理 ○认知症应对型日间护理 ○小规模多功能型居家护理 ○认知症应对型共同生活护理 ○社区嵌入型特定机构入住者生活护理 ○社区嵌入型护理老人福利机构入住者生活护理 ○复合型服务（医护小规模多功能型居家护理）
护理预防服务	◎居家护理预防服务 【上门服务】 ○护理预防上门护理 ○护理预防上门助浴 ○护理预防上门医护	◎居家护理援助 【日间服务】 ○护理预防日间护理 ○护理预防日间康复	◎社区嵌入型护理预防服务 ○护理预防认知症应对型日间护理 ○护理预防小规模多功能型居家护理 ○护理预防认知症应对型共同生活护理

① 政令指定都市，简称政令市，是指根据《地方自治法》第 252 条第 19 项，政令（内阁制定的命令）指定的人口及经济规模大的都市（原则上人口在 50 万以上，目前的政令市人口都超过了 100 万人），原则上隶属上级都道府县管辖，但有较高的自治权，在社会福利、卫生健康、护理保险、城市规划等方面有着和都道府县相同的权限，日本现有 20 个政令市。

中核市是指当城市人口超过 30 万人并经市议会所属都道府县议会审议通过后可以被指定为中核市，中核市有更多的都道府县下放的权限，例如发放残疾人手册、设置地方社会福祉审议会、核准设立并监督社会福祉法人、核准设立并监督社会福利机构等民生相关权限，以及发放餐饮店营业许可等卫生保健相关权限、都市更新及开发等都市计划权限等，日本现有 41 个中核市。

续表

都道府县、政令市、中核市指定、监督服务	市町村指定、监督服务
○护理预防上门康复 ○护理预防居家疗养管理指导 【其他服务】 ○护理预防特定机构入住者生活护理 ○护理预防辅助器具租赁 ○护理预防辅助器具销售 【短托服务】 ○护理预防短托生活护理 ○护理预防短托疗养护理	◎护理预防援助

资料来源：厚生労働省．公的介護保険制度の現状と今後の役割［EB/OL］．［2019-12-01］．https：//www.mhlw.go.jp/file/06-Seisakujouhou-12300000-Roukenkyoku/0000213177.pdf.

一、护理服务

护理服务分为4部分，包括居家护理服务、机构护理服务、社区嵌入型护理服务和居家护理援助。

居家护理服务是老人居住在自己家里就可以享用的护理服务，主要包括上门服务、日间服务、短托服务和其他服务。上门服务是指专业服务人员上门提供的护理、助浴、医护、康复、居家疗养管理指导等服务。日间服务是指居住在自家的老人到社区养老服务机构享用的日间护理、日间康复等服务。短托服务是指居住在自家的老人短期入住社区养老服务机构享用的短托生活护理、短托疗养护理等服务。其他服务中，特定机构入住者生活护理是指面向居住在自费型养老机构、养护型养老机构、低价型养老机构的老人，基于护理服务计划，提供的助浴、排泄等护理，以及其他日常生活照料、疗养方面的体能训练等服务。辅助器具租赁是指轮椅、电动床、步行器、认知症老人徘徊感应器等辅助器具的租赁。辅助器具销售是指排泄辅助用具、助浴辅助用具等指定辅助商品的销售。辅助器具的租赁和购买与其他护理服务一样，老人只需支付1成（或2成、3成）的费用，剩余费用由护理保险支付。除此之外，还包括住宅的无障碍化改造，比如增装扶手、减缓台阶坡度、蹲便器改为坐便器等，一个家庭的改造费用上限为20万日元。

机构护理服务是老人入住福利型养老护理机构、保健型养老护理机构、护理疗养型医疗机构、护理医疗院时可以享用的护理服务。福利型养老护理机构，又称特别养护老人院，是面向重度失能的老人，遵循护理保险制度的机构护理服务计划提供护理服务的机构，原则上评估等级需为护理等级[①] 3 级以上的老人才能入住。由于福利型养老护理机构比一般的自费型养老护理机构的价格低（服务质量相同的情况下），大多数福利型养老护理机构都面临一床难求的情况，但入住并不是按照报名的顺序，而是以需求的必要性高低为判定标准，因此能够入住的都是评估护理等级高、没有家庭护理资源的老人。

保健型养老护理机构是为了让失能、半失能老人（护理等级 1 级以上）实现居家生活，在医生的医学管理下提供医护、康复及护理等服务的机构。由于该机构是以恢复居家生活为目的，因此入住的时间原则上设定为 3~6 个月。

护理疗养型医疗机构是面向护理等级 1 级以上的老人提供康复、医疗护理的医疗机构，大多设置在医院内。居住环境与医院住院部类似，主要为多人间，也有单元型或单间。入住时间没有具体规定，但会根据机构病床情况与老人身体健康情况调整，因此无法保障终身享用。护理疗养型医疗机构的特点是医疗服务配置最为完备，但缺点是一般设置在医疗机构内，不像其他养老机构那样有家庭气氛。日本从 2012 年开始不再新增护理疗养型医疗机构和床位，并且将在 2023 年废止相关机构，改为护理医疗院。护理医疗院的特点是向需要接受长期医疗护理的被保险人，提供临终医疗、临终关怀服务，具有生活功能等。

社区嵌入型护理服务是为了让失能、失智老人最大限度地居住在自己熟悉的社区而建立的服务。为了充分利用社区特点提供因地制宜的服务，由市町村指定、监督。具体服务内容有定期巡访、随时应对型上门护理，夜间应对型上门护理，社区嵌入型日间护理，认知症应对型日间护理，小规模多功能型居家护理，认知症应对型共同生活护理，社区嵌入型特定机构入住者生活护理，社区嵌入型护理老人福祉机构入住者生活护理，复合型服务（医护小规模多功能型居家护理）。社区嵌入型护理服务与传统居家护理服务的区别有：24 小时随时紧急应

① 护理等级详见第五章。

对，不设置上门、巡访的时间间隔限制，服务内容根据享用者灵活设定等；小规模多功能型居家护理以及复合型服务（医护小规模多功能型居家护理）可以由一家机构提供上门护理、上门医护、日间护理、短托护理等多种服务，为老人营造较为熟识的类似家庭的护理环境，增强安心感。

居家护理援助，又称护理管理，是为了让需护理者在家中合理地享用服务，护理经纪人（护理援助专员）根据其身心状况、生活环境、本人及家人的希望等，制订护理计划（居家服务计划），并根据护理计划联系、协调相关服务机构提供服务。制度上的“居家”也包括居住在住宅型自费养老机构及养老公寓。

二、护理预防服务

护理预防服务包括居家护理预防服务、社区嵌入型护理预防服务、护理预防援助，服务的主要目的是避免或尽量延缓服务对象进入需护理的状态，已经需要护理时避免其状态恶化、改善身心。居家护理预防服务包括上门服务、日间服务、短托服务和其他服务。上门服务包括护理预防上门护理、护理预防上门助浴、护理预防上门医护、护理预防上门康复、护理预防居家疗养管理指导等。日间服务包括护理预防日间护理和护理预防日间康复。短托服务包括护理预防短托生活护理、护理预防短托疗养护理。其他服务还有护理预防特定机构（自费养老机构、养护养老机构、低价养老机构等）入住者生活护理、护理预防辅助器具租赁、护理预防辅助器具销售等。护理预防服务与护理服务项目在名目上有一定类似性，不同点是护理预防服务的目的是要让老人尽量自己做日常家务，以维持身体机能。

社区嵌入型护理预防服务是2006年《护理保险法》修订后新建立的服务项目，是由市町村指定、监督的服务，因此原则上只有居住在该市町村的被保险人才能享用此项服务。社区嵌入型护理预防服务的特点是可以由熟悉的护理人员提供灵活的服务，护理人员可与服务对象进行交流，减少其孤独感。服务内容包括护理预防认知症应对型日间护理、护理预防小规模多功能型居家护理、护理预防认知型共同生活护理。

护理预防援助是面向援助等级 1～2 级的申请人，实现能在家中合理享用护理预防服务而制订护理计划，以及联系、协调服务机构。护理预防援助计划主要由社区综合援助中心制订，也可以由承接业务委托的居家护理援助事务所制订。

第四节 服务流程

65 岁及以上的老人（第 1 号被保险人）在任何原因导致处于需护理预防或需护理状态时都可以享用护理保险提供的服务，但是 40～64 岁的中年人（第 2 号被保险人）只能在因晚期癌症及风湿性关节炎等身体机能衰退导致疾病，处于需护理预防或需护理状态时才可以享用护理保险提供的服务。

服务流程如图 1-5 所示。首先，申请人需向市町村的服务窗口进行咨询，若可以明确判定申请人不符合护理服务（包括护理预防、生活援助服务）条件时，可直接介绍申请人选择面向所有老人的一般护理预防服务，包括护理预防普及启蒙服务、地方或社区护理预防活动援助服务、地方或社区康复训练活动援助服务等。

若可明确判定需要进行护理等级评估或需要申请护理预防给付或护理给付时，由申请人提交需要进行护理等级评估的申请书。该申请受理后，由调查员到申请人家中或所入住的养老机构，对其身心健康情况进行评估调查。市町村委托申请人的主治医生开具医生意见书，没有主治医生时申请人需要到市町村指定的医院进行检查。收到评估调查结果及医生意见书后，将相关信息输入计算机，根据全国统一的判定方法对申请人护理等级进行初次判定。根据初次判定结果以及医生意见书，召开由医疗、保险、福祉等专家组成的护理等级评估审查会进行护理等级的判定。市町村根据护理等级评估审查会的判定结果进行是否需要护理的评估，并通知申请人结果。原则上从申请到结果通知要在 30 天内完成。新的申请以及变更等级申请的有效期原则上为 6 个月，可以根据具体情况在 3～12 个月内调整。更新申请（保持原有等级）的有效期原则上为 12 个月，可以根据具体情

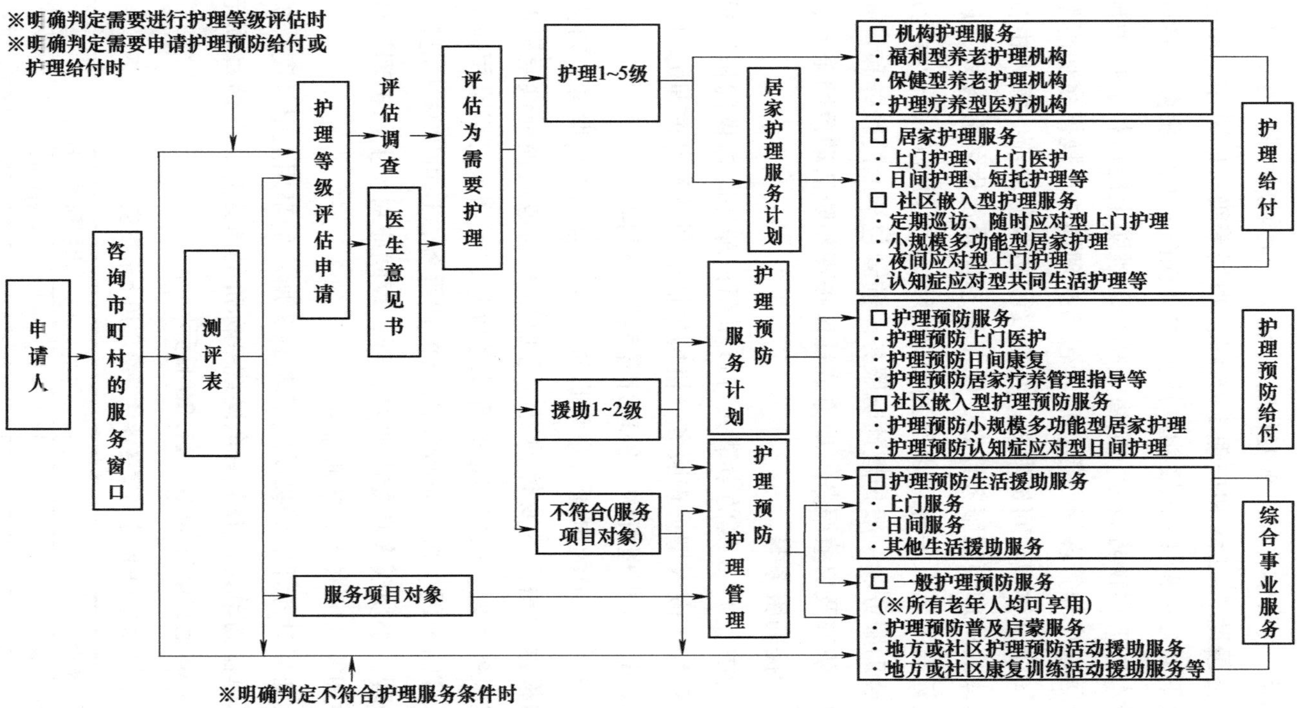

图 1-5　护理保险服务流程

资料来源：厚生労働省．公的介護保険制度の現状と今後の役割[EB/OL].[2019-12-01]. https://www.mhlw.go.jp/file/06-Seisakujouhou-12300000-Roukenkyoku/0000213177.pdf.

况在3~24个月内调整。超过有效期将无法享用护理保险提供的服务，因此需要在到期前进行更新申请。若身体状况出现变化时，可以在有效期内进行变更申请。

护理评估等级为援助1~2级和护理1~5级，根据等级所能享用的服务内容及给付上限的额度不同。援助1~2级能享用的护理保险提供的服务主要有护理预防服务和社区嵌入型护理预防服务。前者包括护理预防上门医护、护理预防日间康复、护理预防居家疗养管理指导等；后者包括护理预防小规模多功能型居家护理、护理预防认知症应对型日间护理等。在接受预防服务之前，需先由社区综合援助中心制订具体的护理预防服务计划。除了护理保险提供的服务外，还和未满足护理等级评估标准的老人一样可以享用以政府财政为财源的综合事业服务，包括护理预防生活援助服务和一般护理预防服务。前者包括上门服务和日间服务等，后者包括护理预防普及启蒙服务、地方或社区护理预防活动援助服务、地方或社区康复训练活动援助服务等。

护理评估等级为护理1~5级的申请人可以享用护理保险提供的机构护理服务、居家护理服务和社区嵌入型护理服务。机构包括福利型养老护理机构（特别养护老人院）、保健型养老护理机构、护理疗养型医疗机构。

评估等级为护理1~5级的申请人也可以选择接受居家护理服务。首先需由居家护理援助机构根据申请人的身体情况、意愿以及当地的福利供给资源的分布，制订居家护理服务计划。根据居家护理服务计划，申请人可以享用包括上门护理、上门医护、日间护理、短托护理等居家护理服务，还可以享用定期巡访、随时应对型上门护理，小规模多功能型居家护理，夜间应对型上门护理，认知症应对型共同生活护理等社区嵌入型护理服务。

日本护理保险制度对各评估等级设定了表1-3所示的享用上限额度。护理保险中，服务的计算单位为单元，服务有全国统一标价的单元数，各地每单元对应的金额略有不同，1单元的单价为10~11.26日元。

表1-3　　日本护理保险制度各评估等级享用上限额度

评估等级	上限额度（月额）
援助1级	5 003单元
援助2级	10 473单元

续表

评估等级	上限额度（月额）
护理 1 级	16 692 单元
护理 2 级	19 616 单元
护理 3 级	26 931 单元
护理 4 级	30 806 单元
护理 5 级	36 065 单元

资料来源：厚生劳働省. 社会保障審議会介護給付費分科会第 103 回資料 1　区分支給限度基準額について［EB/OL］.（2014-06-25）［2019-12-01］. https://www. mhlw. go. jp/file/05-Shingikai-12601000-Seisakutoukatsukan-Sanjikanshitsu_Shakaihoshoutantou/0000049257. pdf.

第五节　规划机制

为了护理保险的稳健运行与可持续发展，日本《护理保险法》第六章规定了有关厚生劳动大臣制定“国家护理保险事业基本方针”，市町村制定“市町村护理保险事业规划”，都道府县制定“都道府县护理保险事业援助规划”，国家对两个规划的实施给予建议、指导、援助的义务。日本护理保险事业（援助）规划体系的架构如图 1-6 所示。

厚生劳动大臣每 3 年要根据护理保险运行情况、人口动态等制定国家护理保险事业基本方针。具体包括对护理保险给付对象的服务种类、服务量等作出相应的参考标准，以及其他确保护理保险稳健运行的必要事项。

市町村根据国家护理保险事业基本方针每 3 年制定一次“市町村护理保险事业规划”，必须包括以下内容：①基于居民日常生活的区域范围，综合考虑地理条件、人口、交通情况及其他社会条件和护理机构分布情况，以及其他条件设定服务的区域范围，并对该区域各年度所需服务的种类及需求量进行预测；②对各年度所需社区援助事业的需求量进行预测；③制定援助被保险人居家自立生活、预防其陷入失能状态、防止失能程度恶化等相关费用的合理化方案，以及市町村需采取的对策；④上述事项目标的相关事宜。

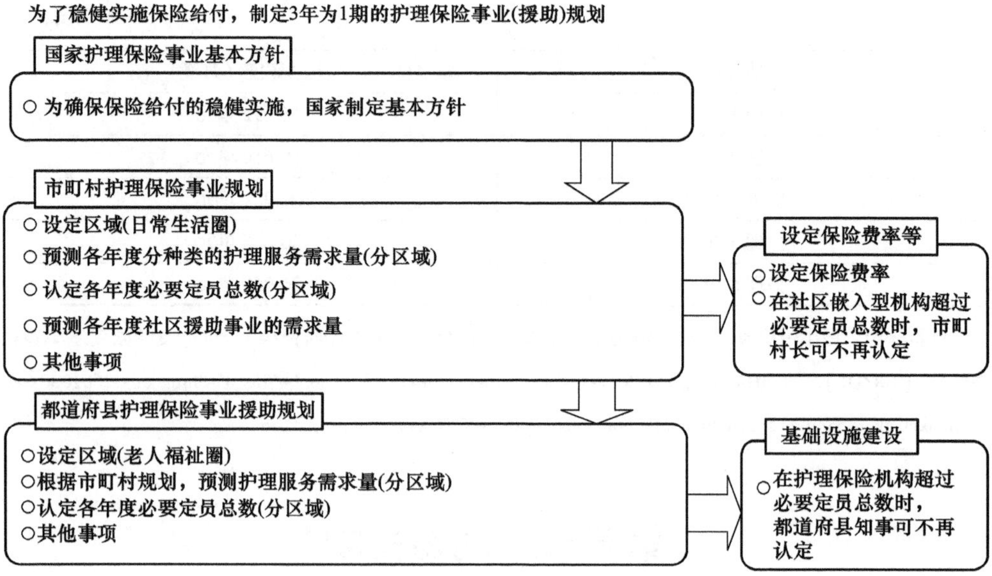

图 1-6　日本护理保险事业（援助）规划体系

资料来源：厚生労働省. 社会保障審議会介護保険部会（第 81 回）参考資料 1　介護保険事業（支援）計画［EB/OL］.（2019-09-13）［2019-12-01］. https：//www. mhlw. go. jp/content/12300000/000547177. pdf.

“市町村护理保险事业规划”还应尽量包括以下内容：①确保护理保险给付相关服务供给量的方案；②确保社区援助事业所需经费及供给量的方案；③护理保险给付的各种类服务的需求量、护理保险给付所需经费的金额、社区援助事业的需求量、社区援助事业所需费用的金额及与保险费水平相关的中长期推测；④确保指定居家服务事业、指定社区嵌入型服务事业或指定居家护理援助事业的服务机构之间的协作，确保其他促进护理保险给付服务稳定供给的相关事项；⑤确保指定护理预防服务事业、指定社区嵌入型护理预防服务事业或指定护理预防援助事业的服务机构之间的协作，确保其他促进护理预防服务稳定供给及社区援助事业稳健实施的相关事项；⑥援助患有认知症的被保险人居家自立生活的相关事项、促进居家服务中医养结合的相关事项、与老人居住相关政策的协作，以及其他援助被保险人居家自立生活所需的事项。

都道府县每 3 年制定一次“都道府县护理保险事业援助规划”，必须包括以下内容：①预测设定的老人福祉圈内各类养老机构所需定员总数，护理机构种类入住定员总数以及其他护理保险给付服务供给量；②对市町村开展的社区自立生活援助、护理预防等相关援助事业，制订扶持计划等相关事项；③与上述事项目标相关的事宜。

“都道府县护理保险事业援助规划”还要尽量包括以下内容：①护理机构及其他服务机构生活环境改善相关事项；②护理服务信息公开相关事项；③确保护理援助专门从业人员及其工作能力提升相关事项；④确保护理保险机构之间协作相关事项，以及其他促进护理保险给付对象服务供给等相关事项；⑤护理预防、日常生活援助综合事业等市町村之间协调联络相关事项。

日本护理保险事业规划是 3 年规划，2018—2020 年规划为第 7 期。现以第 7 期护理保险事业规划的制定环节及日程安排为例，介绍日本护理保险事业规划的制定经验。

第 7 期护理保险事业规划的制定环节主要包括图 1–7 所示的 3 个部分。

第一部分是客观数据推测，即利用推测工具，掌握护理服务的给付情况，根据人口动向推测护理等级评估率增长幅度、享用率增长幅度，计算出客观数据。

第二部分是基础调查、社区护理会议及地区间比较，主要包括 5 个方面。第一个方面是规划制定调查，包括对被保险人进行护理服务享用意向调查，对服务机构进行护理服务能力调查，对未参与养老服务的法人进行机构参与意向调查；第二个方面是护理预防、日常生活圈需求调查，目的是掌握健康老人的失能风险与社会参与情况，用于社区诊断；第三个方面是居家护理实际调查，目的是结合护理等级评估数据，了解、分析、有效促进需护理者继续就业、居家生活的服务享用等；第四个方面是召开社区护理会议，通过社区护理会议让社区居民共同认识到社区所面临的问题，充分激活和发挥社会资源的作用；第五个方面是与其他地区及全国的给付情况、服务提供情况进行比较。

第三部分是规划的讨论与制定。基于上述人口推测与调研、会议结果，市町村草拟未来推测草案并提交市町村规划制定委员会，由各相关专业人员共同讨论护理保险费标准、服务供给标准等，形成共识，并制定护理保险事业规划。

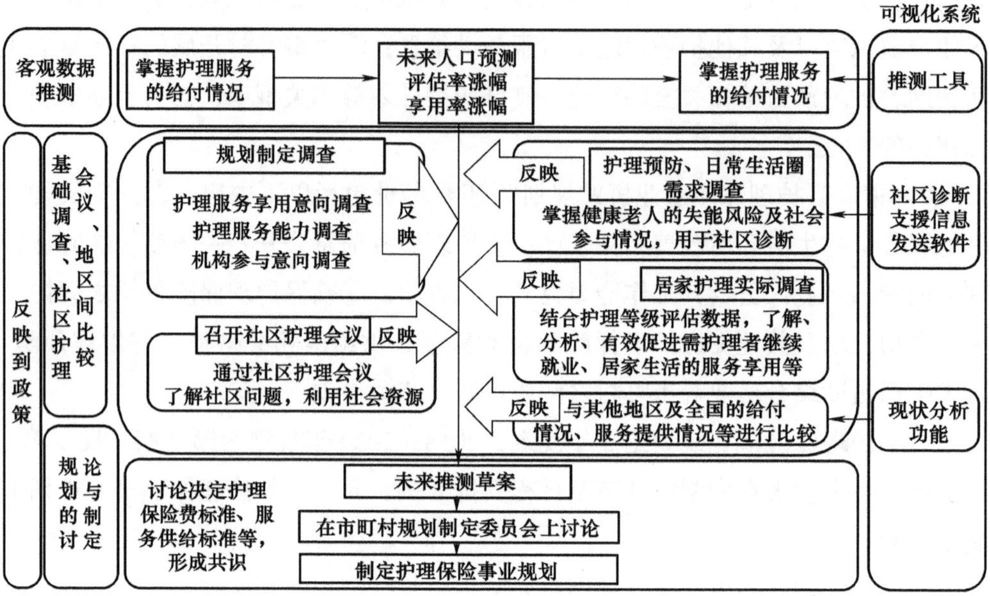

图 1-7　第 7 期护理保险事业规划的制定环节

资料来源：厚生労働省．第 7 期介護保険事業計画の策定プロセスと支援ツール［EB/OL］.（2016-10-03）［2019-12-01］. https：//www. mhlw. go. jp/file/05-Shingikai-12301000-Roukenkyoku-Soumuka/0000138614. pdf.

图 1-8 是第 7 期护理保险事业规划制定的日程安排。2016 年 10—12 月，国家提供护理预防、日常生活圈需求调查及居家护理实况调查的相关信息资料给都道府县；都道府县将相关信息资料传达给市町村，召开联络会议；市町村具体实施上述两项调查。

2017 年 1—4 月，为制定规划做准备工作，国家召开全国课长会议，确定第 7 期规划制定相关基本思想、居家护理实况调查分析方法；都道府县负责向市町村传达信息资料，召开联络会议；市町村开展护理预防、日常生活圈需求调查及居家护理实况调查分析，通过社区护理会议了解社区问题等。

2017 年 5—8 月进行服务预估量的设定工作，国家召开全国课长会议提出基本方针草案；都道府县传达并召开联络会议；市町村根据相关数据，利用国家提供的推测工具，分析未来护理服务的需求与供给量。9—12 月市町村、都

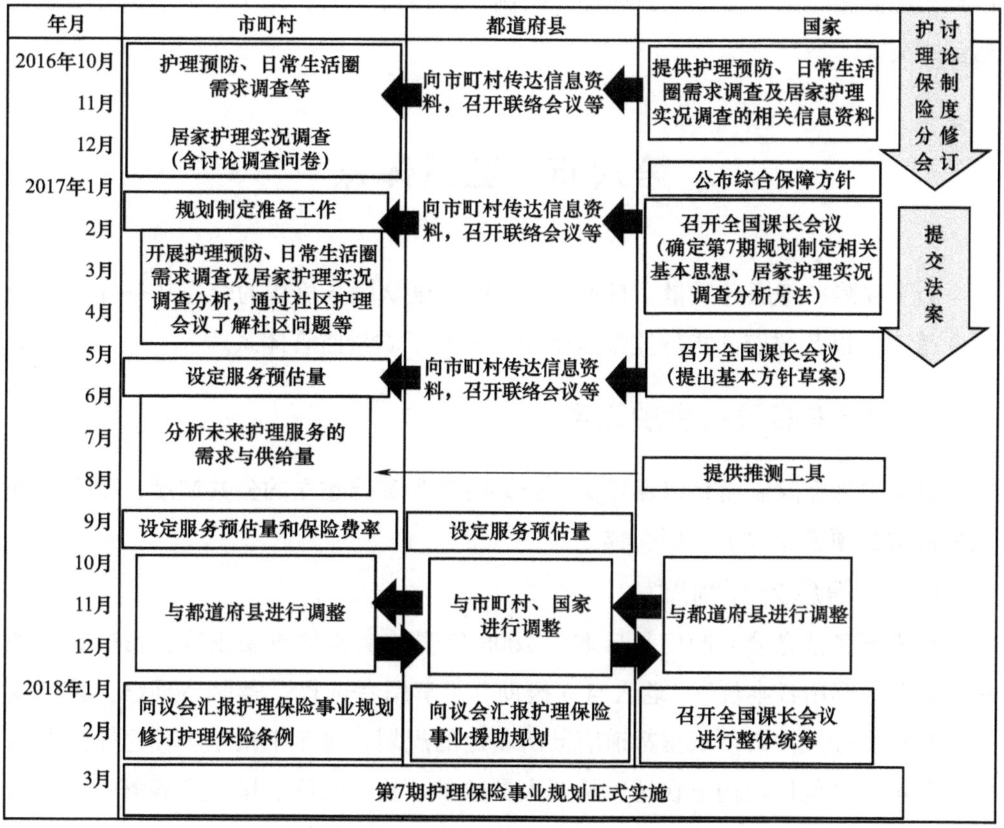

图 1-8　第 7 期护理保险事业规划制定日程安排

资料来源：厚生労働省. 第 7 期介護保険事業計画の策定プロセスと支援ツール［EB/OL］.（2016-10-03）［2019-12-01］. https：//www. mhlw. go. jp/file/05-Shingikai-12301000-Roukenkyoku-Soumuka/0000138614. pdf.

道府县与国家三个层面进行调整后，市町村设定本地区的服务预估量和保险费率。

2018 年 1—2 月，市町村提交护理保险事业规划并向市町村议会汇报，都道府县提交护理保险事业援助规划并向都道府县议会汇报，国家召开全国课长会议进行整体统筹。同时，国家根据护理保险整体运作情况，在社会保障审议会护理保险分会上讨论制度改革等议题，并向国会提交相关法案。在法律进行修订时，市町村还需相应修改当地的护理保险条例。2018 年 3 月，第 7 期护理保险事业规划正式实施。

第六节　监管体系

为了保障护理服务质量，日本护理保险制度从服务机构的合规义务（日语为法令遵守）以及政府的指导监察两个角度构建了质量监管体系。

一、自主监管：合规义务

日本护理保险制度是以保险费与公共财政为基础建立的公共制度，要求护理服务机构必须遵守以下 4 项内容。

（一）信息公开制度

护理服务信息公开制度是日本从 2006 年开始实施的重要制度，目标是实现护理保险“享用者本位”“老人自立援助”“享用者选择”等基本理念。该制度要求护理服务机构必须根据都道府县所制定的规划，每年汇报基本信息、运营信息。基本信息包括机构所在地、从业人员数量、营业时间、服务内容等；运营信息包括合作机构、投诉处理、职员研修等情况。在新的护理等级评估申请、更新申请以及有虚假报告嫌疑时，都道府县可对相应机构进行入户调查。机构汇报的基本信息与运营信息，以及政府所开展的护理服务信息调查结果，都将输入全国统一的护理服务信息公开系统中，享用者可通过网络直接阅览信息，比较、选择心仪的机构（见图 1-9）。

（二）业务管理体制

日本护理保险制度的公共属性要求护理服务机构不仅要提供优质的服务，还要自觉遵守法规。为此，从 2009 年起将建立业务管理体制设为服务机构应尽的法定义务。其目的是从制度上确保服务机构履行法律义务，避免发生认定资格操作方面的不正当行为，保护享用者的权益，规范护理服务的正常运营。该制度规定：运营 20 个分支机构以下的法人，需要选定合规责任人；运营 20 个以上 100

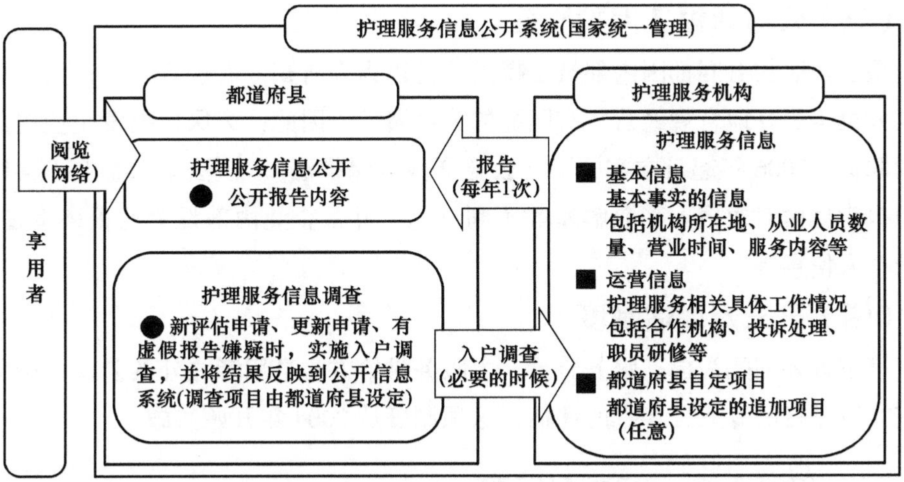

图 1-9　护理服务信息公开系统

资料来源：厚生労働省. 介護サービス情報の公表制度の仕組み［EB/OL］.［2019-12-01］. https：//www. mhlw. go. jp/seisakunitsuite/bunya/hukushi_kaigo/kaigo_koureisha/kouhyou/dl/kaigoservice03. pdf.

个以下分支机构的法人需要在选定合规责任人的基础上，制定合规规定；运营100 个以上分支机构的法人，还需要对业务的执行情况进行监察。

服务机构在建立业务管理体制后，需向指定行政部门进行备案。在 3 个以上地方厚生劳动局管辖区域拥有分支机构的法人，直接向厚生劳动省备案；在 2 个都道府县拥有分支机构的，需向法人注册地的都道府县进行备案；在同一政令市、中核市范围内提供服务的，需向该市政府备案；提供社区嵌入型服务的法人，需向该市町村进行备案。

合规责任人的姓名、职务需通知各分支机构，并随时接受咨询及意见。合规责任人要设置联系窗口或方式，当分支机构内出现违反法规的情况时，可随时接受通报或受理咨询。同时，合规责任人要保证定期召开研讨会，让职员及时了解、熟悉相关法规、制度。

厚生劳动省、都道府县、市町村是业务管理体制实施情况的监督人，每 6 年定期实施常规检查（书面检查），对出现问题的机构进行入户调查，提出整改意见等。

（三）公益通报者保护制度

很多企业的丑闻都因内部员工揭发才得以为人所知，而这些揭发行为可以促进服务机构更好地合规经营，有明显的公益属性。因此，为保护揭发企业内部问题的职员，2006 年起日本实施了《公益通报者保护法》。该法要求企业不得以公益通报为理由对通报人采取解雇等不利行为，并在企业内部设置通报咨询窗口，保护个人信息等。

（四）第三方评估制度

第三方评估是为提高服务质量，由服务供给方与享用者之外的公正、中立的第三方所进行的专业且客观的评估，这项制度从 2004 年开始实施。

二、政府监管：指导与监察

为确保护理服务机构的规范化运营，不仅需要机构自主地开展合规检查，还需要政府机关依据《护理保险法》施行指导和监察，而其中护理保险利用资格的认定与取消是制裁违规机构的有效行政手段。

（一）护理保险享用资格认定

护理保险给付范围内的服务，个人只需支付 10%～30%，剩余的 70%～90% 由护理保险支付，但前提条件是提供服务的机构必须经过资格认定。护理保险享用资格的认定需要机构满足各地制定的最低标准，且资格认定的有效期为 6 年，认定更新需在有效期内进行。同时，在有效期内若机构出现违规情况，相关政府机关有权取消其认定资格。

认定资格的取消采用连带制，即如果护理服务机构的法人被取消了认定资格，则无法再重新申请认定，同时法人所经营的分支机构也无法更新认定资格，而且股东成员若在其他机构担任董事时，该机构也无法更新认定资格（但连带范围分居家服务与机构服务，即居家服务被取消资格者不影响机构服务）。因此，护理保险享用资格的认定与取消是非常有效的重要行政手段。

（二）指导

指导的目的是协助服务机构，确保护理服务质量，避免不正当的报酬申请。指导方式分为集体指导、实地指导、报告等 3 大类。集体指导包括对认定事务制度的说明，《护理保险法》修订的主旨、目的等的普及，服务报酬申请相关事务，过往案例的介绍等；实地指导包括在指定会场举行的运营指导、报酬申请指导、文书修改指导等；报告等形式是指让机构填写并提交调查表，对运营状况进行书面确认。

（三）监察

若发现服务机构有违规或违规嫌疑时，相关行政部门会要求该机构提交报告、账本等资料，并通过实地监察，采访相关人员，对机构的运行情况及违规事实进行确认。若监察结果确实存在违规行为时，相关行政部门将根据《护理保险法》实施行政处罚与经济处罚。行政处罚包括劝告、命令、取消认定，经济处罚包括要求返还护理保险报酬，并可以增加40%的罚款。同时，将指导及监察结果在行政部门主页进行披露，以督促其他服务机构实施自我监察和改善。

本章从基本框架、筹资结构、服务内容、服务流程、规划机制、监管体系六个方面介绍了日本护理保险的制度设计。日本护理保险制度稳固的筹资结构，兼顾了“因能负担”和“因需负担”的原则；丰富的服务内容，满足了多样化的养老服务需求；科学的服务流程，提高了资金及服务资源的有效利用；定期的规划机制，赋予了制度自我完善的功能；透明的监管机制，保障了制度的顺利运行。

尽管日本护理保险制度实现了较为完善的制度设计，但仍然面临着深度老龄化所带来的制度可持续性方面的挑战。预计2030年，日本老年人口将达到3 716万人，并在2042年达到峰值3 935万人，其中75岁以上老年人口比例到2055年将超过25%，而劳动年龄人口将在2029年跌破7 000万人，2056年将低于5 000万人（日本国立社会保障人口问题研究所，2017）。这一人口结构的变化，给日本护理保险制度带来最直接的影响就是保险支出不断攀升，而保险收入不断减少，这不仅给政府财政带来巨大压力，同时也导致护理保险费率不断提高。2000年日本护理保险制度起步时，全国年人均保险费为2 911日元，但到第7期规划时已经增加至5 869日元，预计2025年将达到8 165日元，这将给被保险人带来沉重的经济负担，代际矛盾愈发加深。

日本护理保险制度在保持高服务水平的前提下，通过自身的规划机制，不断对服务内容结构、给付水平、保险费率等进行调整，推出了构建社区综合护理系统、自立援助与护理预防、充分挖掘社区资源等一系列可行措施，以应对老龄化带来的挑战。同时，日本护理保险制度还通过大力支持养老护理产业，积极推动"银色经济"的发展，促进了社会保障制度与社会整体经济的良性发展。

第二章　机构护理服务

机构护理服务是指在专业护理机构中进行的护理服务。2000 年日本护理保险制度实施后，护理服务机构被分为制度内护理服务机构与制度外护理服务机构两大类（见图 2-1）。其中，制度内护理服务机构由福利型养老护理机构（特殊护理养老院）、保健型养老护理机构和护理疗养型医疗机构（疗养病床）组成。能否接受制度内机构的护理服务，可以在哪种机构接受服务，要根据老人的意愿及其身体状况综合判断决定。原则上身体情况没有达到“护理等级”规定要求的老人是不能享受机构护理服务的。截至 2016 年 9 月，日本这种制度内护理服务机构共开设了 13 270 所，先后为 829 387 名老人提供了护理服务，成为机构护理服务的主要承载者。

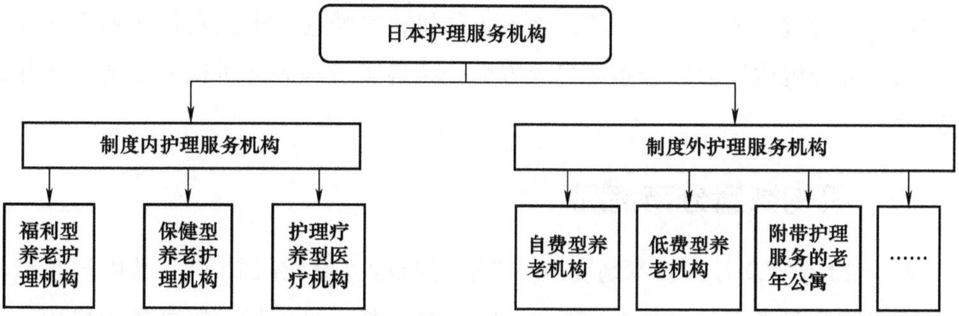

图 2-1　日本护理服务机构分类

随着日本社会老龄化程度的加深，老人对入住养老机构接受护理服务的需求快速上涨，护理服务市场随之出现了严重的供需失衡现象。为应对这一问题，日本政府多管齐下，通过进一步梳理整合护理服务机构的功能、增设多层次服务内容，以及调整具体服务管理方式等手段，提高了护理服务机构的整体管理效率，推进了日本机构护理服务市场的健康发展。

相比于制度内护理服务机构，日本制度外护理服务机构的形式更加灵活多样，其典型代表有自费型养老机构、低费型养老机构和附带护理服务的老年公寓等。其中自费型养老机构的规模最大，截至 2016 年年底，收纳老人人数达 419 686 人，在满足多层次化社会护理服务需求方面发挥了较大作用。目前，制度外护理服务机构因其灵活的运营方式、多样化的服务内容，以及不断创新的服务形式等优势被社会大众普遍认可，成为日本护理服务体系中不可或缺的组成部分。

第一节　制度内护理服务机构的发展现状

福利型养老护理机构、保健型养老护理机构和护理疗养型医疗机构虽都属于制度内护理服务机构，但它们在服务方针、服务对象、服务内容等方面有所不同，在日本机构护理服务体系中也呈现着不同的作用担当与发展趋势。以下参考日本厚生劳动省 2016 年 9 月公布的《护理服务机构及事业所调查》数据，从机构数量、接受过服务的老人人数、老人入住机构前情况、老人在机构的平均入住时长以及离开机构后去处分布情况等方面介绍各类护理服务机构的发展现状并进行对比。

一、机构数量分布情况

截至 2016 年 9 月，日本制度内护理服务机构共有 13 270 所，其中福利型养老护理机构数量最多，有 7 705 所，占比 58%；其次是保健型养老护理机构，有 4 241所，占比 32%；相比数量较少的是护理疗养型医疗机构，有 1 324 所，占比 10%。如图 2-2 所示。

二、接受过服务的老人人数情况

截至 2016 年 9 月，在各制度内护理服务机构接受过养老护理服务的老人共

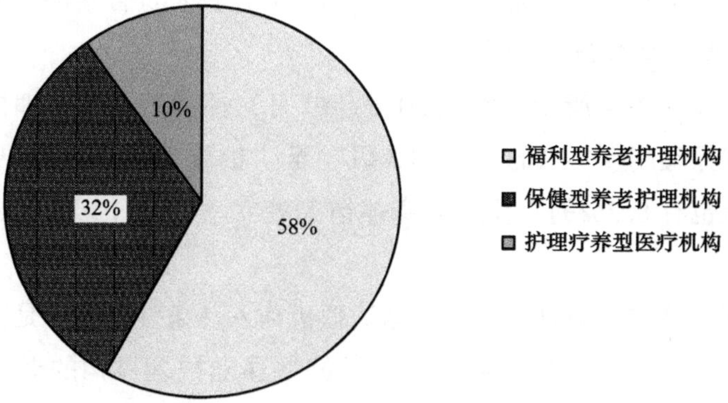

图 2-2　制度内护理服务机构数量分布情况

资料来源：東田勉. 世界一役に立つ介護保険の本［M］. 東京：講談社，2018.

有 829 387 人，其中在福利型养老护理机构接受过服务的有 473 800 人，占比 57%；在保健型养老护理机构接受过服务的有 305 548 人，占比 37%；在护理疗养型医疗机构接受过服务的有 50 039 人，占比 6%。如图 2-3 所示。

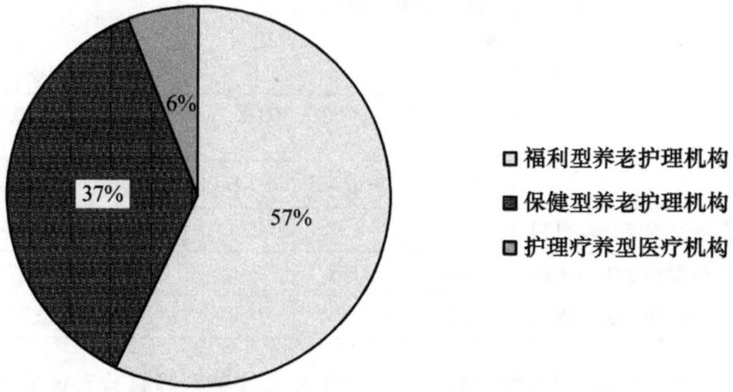

图 2-3　接受过制度内护理服务机构服务的老人人数分布情况

资料来源：東田勉. 世界一役に立つ介護保険の本［M］. 東京：講談社，2018.

三、入住老人身体鉴别等级分布情况

日本《护理保险法》颁布实施后，给民众入住各类护理服务机构设定了不同的门槛。但是由于该法与此前颁布的《老人福利法》中关于老人入住护理机构条件的标准设定不同，因而导致了各机构普遍存在着符合新旧不同法律标准而入住的不同类型身体情况的老人。

具体情况如图 2-4 所示。截至 2016 年 9 月，福利型养老护理机构的受众主要由符合护理保险制度要求的“护理 3 级”至“护理 5 级”（占比 91.6%）的老人组成，但是也有 8.3%的入住老人身体情况处在“护理 1 级”至“护理 2 级”阶段。

日本护理保险制度中对保健型养老护理机构入住条件的设定是需要达到“护理等级”以上。从统计数据来看，入住保健型养老护理机构的老人的“护理等级”分布比较平均。

护理疗养型医疗机构源于日本医院内的疗养病床，由于医疗机构疗养病床主要提供治疗后的应急护理服务，所以入住人员身体情况主要处在“护理 4 级”和“护理 5 级”（占比 87.5%），对医疗护理的要求较高。

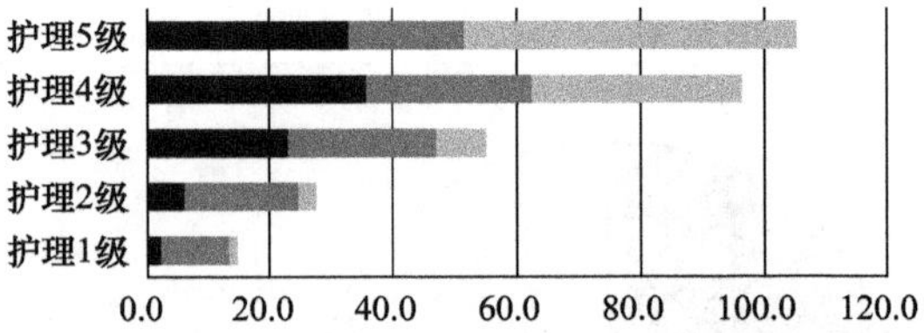

	护理1级	护理2级	护理3级	护理4级	护理5级
■ 福利型养老护理机构	2.2	6.1	23.0	35.7	32.9
■ 保健型养老护理机构	11.3	18.6	24.1	26.8	18.7
■ 护理疗养型医疗机构	1.2	2.8	8.0	33.9	53.6

图 2-4　制度内护理服务机构入住老人身体鉴别等级分布情况/%

资料来源：東田勉．世界一役に立つ介護保険の本［M］．東京：講談社，2018.

四、入住机构前老人生活场所分布情况

在制度内护理服务机构中生活的老人，入住机构前的生活场所主要是家庭、医疗机构，以及其他的养老机构等（见表 2-1）。

表 2-1　　入住机构前老人生活场所分布情况　　/%

	福利型养老护理机构	保健型养老护理机构	护理疗养型医疗机构
家庭	35. 1	31. 1	8. 9
医疗机构	17. 6	51. 2	77. 0
保健型养老护理机构	18. 1	2. 7	3. 5
福利型养老护理机构	3. 3	0. 9	1. 3
社会养老机构	6. 7	1. 1	1. 2
其他	19. 2	12. 9	8. 0

资料来源：東田勉．世界一役に立つ介護保険の本［M］．東京：講談社，2018.

福利型养老护理机构的老人来自家庭的最多，占比 35. 1%；其次是来自保健型养老护理机构，占比 18. 1%；也有 17. 6%的老人来自医疗机构。保健型养老护理机构的老人有半数以上来自医疗机构，占比 51. 2%；也有 31. 1%来自家庭。护理疗养型医疗机构的老人有 77. 0%来自医疗机构，其他场所人数占比均不超过 10%。

因为福利型养老护理机构的主要服务内容是日常生活照料服务，所以是那些难以维持居家养老生活的老人的最初也是最优的选择。与此不同，保健型养老护理机构与护理疗养型医疗机构的服务内容偏重于对老人的身体康复训练，以及疗养性的健康护理，所以更适合医院治疗虽已结束但还需要专业护理的老人。

五、老人在机构的平均入住时长

由表 2-2 数据可知，福利型养老护理机构中老人的平均入住时长最长，为 1 284. 5天，而且这个时长远远大于入住保健型养老护理机构的 299. 9 天、入住护理疗养型医疗机构的 491. 6 天。

表 2-2　　老人在机构的平均入住时长

	福利型养老护理机构	保健型养老护理机构	护理疗养型医疗机构
平均入住时长/天	1 284. 5	299. 9	491. 6

资料来源：東田勉．世界一役に立つ介護保険の本［M］．東京：講談社，2018.

究其原因，主要还是因为福利型养老护理机构的功能设定不同于其他两类机构，服务内容以日常照料为主，其中也包括了对被护理人的临终生活照料及健康护理，所以平均入住时长最长。保健型养老护理机构主要针对身体情况平稳后出院的老人，为其提供的是短期的身体机能康复训练服务，所以平均入住时长最短。而功能设定介于前两类机构之间的护理疗养型医疗机构，虽然接收的也多是来自医疗机构的出院老人，但是其提供的服务性质是长期性、疗养性的，内容更偏重于医学健康管理服务。也正是由于其功能与前两类机构的交叉重复性明显、可替代性强，所以在护理服务机构体系重整中该类机构的存在价值正在被分解和弱化。

六、老人离开机构后去处分布情况

老人离开机构后去处分布情况见表 2-3，其中福利型养老护理机构中，老人死亡在三类机构中占比最高，为 67.5%；也有 26.8%的老人转至了医疗机构，只有 1%的老人回归了家庭养老。这也再一次印证了福利型养老护理机构作为老人临终关怀服务场所功能的发挥。保健型养老护理机构因为提供的是短期的康复服务，所以老人死亡在三类机构中占比最低，为 12.0%；33.1%的老人经过康复训练后，回归家庭养老；36.6%的老人在康复过程中再次转入医疗机构进行治疗。护理疗养型医疗机构中，老人死亡占比为 47.2%，有 29.0%的老人在入住期间身体发生病变或是恶化后转入了医疗机构治疗，有 7.7%的老人在离开机构后回归家庭养老。

表 2-3　　老人离开机构后去处分布情况　　/%

	福利型养老护理机构	保健型养老护理机构	护理疗养型医疗机构
死亡	67.5	12.0	47.2
医疗机构	26.8	36.6	29.0
家庭	1.0	33.1	7.7
福利型养老护理机构	2.2	8.2	5.7
社会养老机构	0.2	2.3	2.0
保健型养老护理机构	0.4	2.5	6.6
其他	2.0	5.4	1.9

资料来源：東田勉．世界一役に立つ介護保険の本［M］．東京：講談社，2018.

第二节　制度内护理服务机构的入住申请程序

一、申请入住条件

在日本能够申请入住制度内护理服务机构的主要是两类群体：一类是被认定为有必要接受护理服务，且年龄在 65 岁及以上的第 1 号被保险人；还有一类是年龄在 40~64 岁的第 2 号被保险人，其由于罹患因年龄原因造成的 10 种特定疾病，而被认定为有必要接受护理服务。

二、申请及认定程序

（一）申请入住及申请信息变更

1. 申请入住

希望入住机构接受护理服务的老人，首先由本人（或家属）到所属市町村的老年综合科提交申请。提交申请时需要携带申请者本人的健康认定书，以及参加了养老护理保险的护理保险证。40~64 岁的申请者还需要出示参加了社会医疗保险的医疗保险证。

2. 申请信息变更

在申请期间或是在健康认定期间，由于申请人身体健康情况恶化（或是好转）需要变更护理等级的，需要及时提交信息变更申请手续。因为对申请人享受服务的内容及服务资助金额的设定是依据护理等级进行调整的，所以如果申请人身体健康情况恶化但没有履行信息变更申请手续，其所接受的服务价格超出原定支付限定额度的部分就需要全额自付；相反，身体健康情况好转但没有履行信息变更申请手续，其接受服务的价格会按以前认定的较高等级的较高费用收取。

如果由于搬家等情况出现所填信息需要变更的，要求在 14 天之内到新住址所属市町村提交并办理相关的信息变更手续。

对于护理保险制度实施之前就已经入住机构的老人，如果还要继续入住的话，需要在《护理保险法》实施后的5年内办理再认定手续，而在这5年期间即使被护理人的身体健康认定结果不符合《护理保险法》的规定条件，也可以继续在机构内生活。也就是说自2005年4月1日起，入住制度内护理服务机构必须严格按照新的护理保险制度的认定标准执行。

（二）信息的调查、核实

申请人提交申请后，市町村的专属调查员会围绕申请人提供的信息，以及申请的具体内容进行调查、核实。

1. 对申请人及家庭情况的调查

事前约定时间后，调查员会对申请人进行家访。调查员需要在1小时的时间内，就申请人生活现状、身体基本情况，以及一些特殊事项进行核实。其中生活现状包括：申请人的姓名、住址、家庭情况、居住环境、正在接受的服务现状以及服务需求等内容；身体基本情况需要核实：与麻痹、痉挛相关情况，与身体移动相关情况，与复杂动作相关情况，与特殊护理相关情况，与日常生活相关情况，与人际交流相关情况，与行为障碍相关情况，共7大类85个指标项目。特殊事项是在记录各指标现状时需要特殊说明的内容，记录方法要按规定格式填写。

2. 对申请人身体健康情况的核实

市町村的调查员到申请人主治医生（没有主治医生的，由市町村出资指定医生进行诊断）处获取申请人身体健康情况的诊断意见书。意见书需要就以下5个方面给出明确判断：一是关于申请人受伤或患病的情况；二是在过去14天内申请人是否接受或是接受过医疗服务的情况；三是申请人的身体健康状态；四是关于给予申请人护理服务内容的意见；五是其他需要特别说明的事项。

（三）等级评估认定

一次等级评估认定是基于调查获取的信息，由计算机统计处理得出的。即，将调查员对申请人及家庭访问核实的85个指标项目的调查结果输入计算机，计算得出申请人需要“援助”或是“护理”服务的时间，并将其换算为援助或是护理认定等级。例如，“护理1级”对应的标准服务时间为30~50分钟/天，“护理5级”对应的标准服务时间为110分钟/天及以上。换算结果出来后再参照记录的特殊事项内容进行进一步的评估审核、认定调整。

二次等级评估认定是由市町村所属的“护理等级评估审查会”[①] 组织进行的。在审查会上，将一次认定的等级评估结果作为原案，同时参考申请人主治医生的诊断书、特殊事项内容，以及《“援助等级”或是“护理等级”状态各级程度区分标准》记载的典型事例等，对申请人需要护理服务的等级进行再确认。这个最终的认定结果将成为申请人是否有资格入住，以及可以入住何类机构接受护理服务的主要参考依据。

第三节　制度内护理服务机构的运营现状与服务内容

一、福利型养老护理机构

（一）福利型养老护理机构的起源

福利型养老护理机构的起源是日本《老人福利法》（1963 年）中的特别护理养老院。作为老人的“临终之家”，当时的特别护理养老院的服务对象主要包括 3 类：一是卧床不起或是因智能障碍等生活不能自理的老人；二是家里没有人照顾，并且需要专业护理的老人；三是低收入老人。

日本《护理保险法》颁布实施后，明确《老人福利法》指定的“特别护理养老院”中凡拥有定员 30 人及以上，经运营者申请，所属都道府县知事认定，就可以作为护理保险制度认可的福利型养老护理机构。所以福利型养老护理机构是《护理保险法》实施后的正式名称，但是由于这个渊源，如今很多地方还延续着《老人福利法》中对此类护理机构的称呼，称之为“特别护理养老院”或是“特养院”。

福利型养老护理机构为了保障服务质量，尽可能地尊重每位入住老人的生活习惯和生活方式，通过“一升一降”政策切实提高了入住老人的生活满意度。

---

① 护理等级评估审查会是进行护理等级评估审查和认定的机构，一般由来自保健、医疗、福祉方面的 5 位专家组成。

其中“一升”是指在原“特养院”服务人员配比规定的基础上增加护理人员的数量；“一降”是指通过降低服务费用减轻入住老人的经济负担。

（二）福利型养老护理机构的运营现状

1. 运营方针

以帮助老人实现回归居家生活为目的，提供的服务不仅包括入浴、进餐、排泄等日常生活照护，也包括增加老人与社会的互动机会、提高老人社会融入程度等内容。而且根据老人的身体机能情况，设计包括机能训练、健康管理、疗养等方面的针对性服务内容，尽量恢复或是提升老人的生活自理能力。

2. 承办机构

承办机构由社会福利法人、各级地方政府以及社会福利协会等组成，见表2-4。其中，94.5%的承办机构是社会福利法人，地方政府（都道府县、市町村）以及社会福利协会的占比很小。

表2-4　　福利型养老护理机构组成情况

承办机构	都道府县	市町村	社会福利法人	社会福利协会	其他
占比/%	0.6	3.3	94.5	0.2	1.5

资料来源：東田勉．世界一役に立つ介護保険の本［M］．東京：講談社，2018.

3. 入住老人人数

2009年福利型养老护理机构入住的老人人数为44.4万人次，2016年增加至57.7万人次，呈现逐年增长的趋势，如图2-5所示。由于在机构内除了可以享受生活方面的各种照料外，还可以享受到专业化的医疗护理服务，所以福利型养老护理机构一直是老人心目中较理想的养老场所。也正因为如此，申请入住的老人人数不断增加，使得现有机构容纳体量已远远满足不了社会的需求。现状是符合条件的老人递交申请后，需要长时间排队等候才能入住。据2014年的统计数据，当时需要等待入住福利型养老护理机构的老人人数已达到52万人。

为了缓解福利型养老护理机构日益加大的入住压力，日本政府在不断扩充机构容量的同时，也适当提高了入住申请条件（2015年4月入住资格定为“护理3级”及以上）。这些举措在控制待入住人数方面取得了一定成效，至2016年4月低护理等级待入住人员已经减少到了36.6万人。

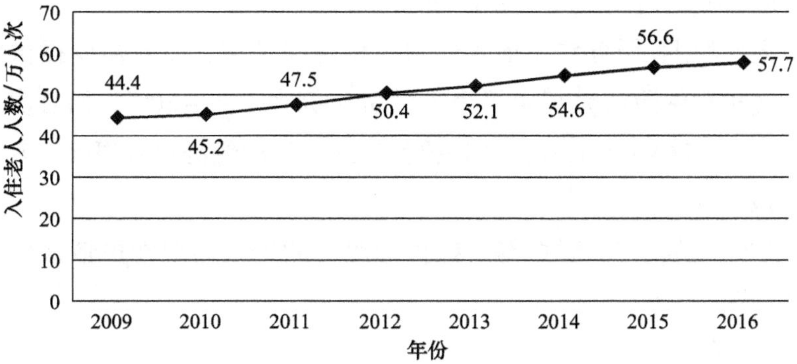

图 2-5　2009—2016 年福利型养老护理机构入住老人人数情况

资料来源：東田勉．世界一役に立つ介護保険の本［M］．東京：講談社，2018.

（三）福利型养老护理机构的服务标准与内容

1. 服务标准

（1）服务对象：原则是等级评定为“护理 3 级”至“护理 5 级”，居家养老有困难的老人。针对上述待入住人数较多的问题，机构自 2006 年开始对安排老人入住的方式进行了调整，将以往按申请顺序依次安排入住，改为了根据申请人需要护理服务等级高低，优先安排身体情况较差的老人入住。

（2）服务人员配置：以服务对象为 100 名老人为例，要求机构至少配置医生 1 名、护士 3 名、专业护理人员 31 名、照护管理人员 1 名，以及必要的生活咨询人员等。

（3）房型分类：设有多床房、旧制单间房、新型多床房和新家庭生活型单间房 4 种房型。为了高效地利用空间，容纳更多的老人入住，新家庭生活型单间房的人均居室面积标准由旧制的≥13. 2 m^2（2010 年 7 月日本厚生劳动省通过，2010 年秋开始实施的福利型养老护理机构人均居室面积）缩小为≥10. 65 m^2。与旧制单间房相比，新型房间布局更为合理，以 10 个单间为一个单位，并增设了一个共同生活区域。该区域设有公共的厨房、卫生间、浴室等，可供老人在此娱乐、生活与交流。目的是通过营造一种家庭生活氛围，有效地缓解老人的孤独感，同时也有利于维持或是提高老人的生活自理能力，增强自我价值实现的满意度。这种新家庭生活型单间房的设计方式已逐步被社会认可和接受，截至 2016

年10月其使用率已达到全类型房的36.7%。

（4）服务费用：服务费用依入住的机构房间类型，以及需要提供服务的内容而设定。《护理保险法》规定了个人付费比例为10%～30%，而且房费、餐费由个人负担，但具体金额在设定时还要参考入住者的经济收入情况。其他的生活日用品等需要自理。

（5）其他：需要夜间看护等特殊护理服务的老人需要在申请入住时提前说明并单独申请。

2. 服务内容

（1）照料服务：从起床开始，在换衣、如厕、进餐、入浴（设有专业针对有身体障碍者的特殊机械浴缸）等方面对入住老人实行全方位日常生活专业护理；设有定时擦拭身体、变换体位以及相应的药物管理服务等。

（2）身体机能训练：白天固定进行相应的身体机能训练，针对老人身体具体情况进行有针对性的机能康复练习，包括定时陪同外出散步等。

（3）生活服务：机构在内部装修方面考虑如何营造悠闲愉快的生活氛围，食物供应方面通过自助餐形式满足老人不同的口味需求等。

（4）社会交流服务：为了让入住者能够感受四季变化，以及为其提供更多与社会接触的机会，机构会定期举办各种活动。具体包括季节性地赏花赏月、外出购物、去游乐场游玩、唱卡拉OK、做年糕、举办运动会等，同时提倡家属共同参与活动。表2-5为一家福利型养老护理机构的年活动安排内容。

表2-5　　日本福利型养老护理机构的年活动安排内容（例）

月份	活动内容
1月	迎新会
2月	春分庆祝活动、看录像节目
3月	女儿节庆祝活动、看录像节目
4月	赏樱花、外出旅游
5月	端午节庆祝活动、外出购物
6月	供观音菩萨、散步会
7月	七夕节、卡拉OK大会

续表

月份	活动内容
8月	盂兰盆节庆祝活动、夏日传统节目
9月	赏月会、敬老节
10月	秋天传统节目、运动会
11月	卡拉 OK 大会、外出购物
12月	圣诞节庆祝活动、忘年会、做年糕

资料来源：住居广士. 日本介护保险［M］. 张天民，刘序坤，吉见弘，译. 北京：中国劳动社会保障出版社，2009.

当入住老人有医疗服务需求时，可以在护理人员的陪同下去医疗机构门诊或是到住院部接受治疗。住院治疗时长在 3 个月之内的，福利型养老护理机构为其保留床位；住院治疗时长超过 3 个月的，需要办理机构退出手续。

二、保健型养老护理机构

（一）保健型养老护理机构的起源

保健型养老护理机构（也称“老健”）源于日本《老人保健法》在 1986 年修改时创设的老年保健设施。当时老年保健设施的主要服务对象是经过住院治疗后病情稳定，但还在康复期，需要专业看护、照料的老人。这类老人在回归家庭或是养老院生活前，可以在老年保健设施内接受一定时间的专业康复照料。因此，老年保健设施的功能可以理解为在医疗机构与养老机构或是居家养老之间起到一个过渡性的桥梁作用。

2000 年日本《护理保险法》实施后，将这类老年保健设施正式归入了护理保险制度内的保健型养老护理机构中。考虑到家庭照料专业化程度有限、居家养老老人的身体康复率较低等现实情况，新认定的保健型养老护理机构将入住时限进行了调整，放宽了以前不能超过 3 个月的期限规定，其目的也是使入住老人在身体康复前，尽可能地在保健型养老护理机构接受专业化身体机能训练及生活照料，以提升老人的身体康复率。

2008 年 5 月起，为了解决长期存在的过度医疗问题，缓解一直被社会诟病的

“社会性住院”现象，日本政府开始通过提升住院资格条件，大幅削减原医疗机构内的“疗养”病床。但是这同时也使得一部分还需要专业性康复护理服务的老人，由于没有满足新设定的住院条件，而“被迫出院”。为了满足这部分老人仍然需要专业照料服务的需求，针对其中需要接受诸如吸痰、鼻饲等专业型较强医疗处置服务的老人，政府增设了可以提供24小时看护服务的新型保健型养老护理机构。

（二）保健型养老护理机构的运营现状

1. 运营方针

与福利型养老护理机构、护理疗养型医疗机构相比，保健型养老护理机构的服务重点在于老人的康复训练，并将恢复老人的居家生活能力作为服务的最终目标。机构理疗师、护士、护理人员对入住老人进行护理与身体机能训练，提供必要的医疗服务和日常生活照顾，助其改善与恢复身体机能，早日回归正常的家庭生活。

2. 承办机构

承办机构由医疗机构法人、社会福利法人以及地方公共团体等组成。其中医疗机构法人的占比最大，为75%，如图2-6所示。这主要是因为医疗机构在老年保健方面拥有专业技术优势，故而在护理保险制度实施后，许多的医疗机构积极进入了养老护理服务市场，并合并了不少以往的短期入住、日间照料中心等服务机构，创建了新型保健型养老护理机构。

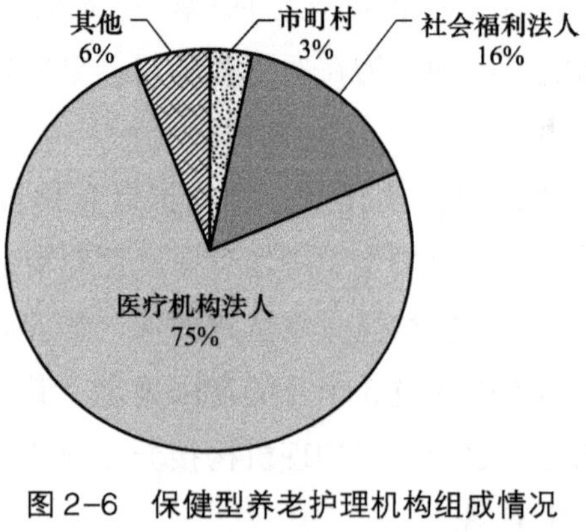

图2-6 保健型养老护理机构组成情况

资料来源：東田勉．世界一役に立つ介護保険の本［M］．東京：講談社，2018.

3. 入住老人人数

图 2-7 为 2009—2016 年保健型养老护理机构入住老人人数情况。2009 年保健型养老护理机构入住老人人数为 32. 13 万人次，2016 年增加至 35. 94 万人次，呈现逐年增长的趋势。

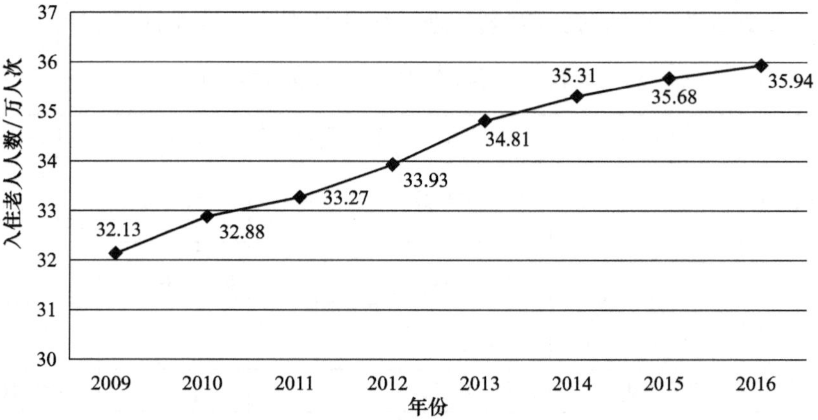

图 2-7 2009—2016 年保健型养老护理机构入住老人人数情况

资料来源：東田勉．世界一役に立つ介護保険の本［M］．東京：講談社，2018.

（三）保健型养老护理机构的服务标准与内容

1. 服务标准

（1）服务对象：服务对象分为两类，一类是护理等级在“护理 1 级”至“护理 5 级”的老人；另一类是需要包括鼻饲、输氧、吸痰等特殊医疗服务的老人。

（2）服务人员配置：以服务对象为 100 名老人为例，要求机构至少配置医生 1 名、护士 9 名、专业护理人员 25 名、照护管理人员 1 名。

2008 年 5 月起，日本政府为需要 24 小时无间断看护的老人设立了新型保健型养老护理机构。这类机构除了增设夜间护理服务外，同时也将原机构内的护士定员由 9 名增至了 17 名。

（3）房型分类：设有多床房、旧制单间房、新型多床房和新家庭生活型单间房 4 种房型。相关内容同福利型养老护理机构。

（4）服务费用：相关内容同福利型养老护理机构。需要注意的是特殊服务需另行收费。特殊服务费用包括夜勤费、短期集中康复费、认知障碍护理费、营养管理费、营养餐费等。特殊服务收费标准在老人入住机构前会对本人及其家属进行公示并说明。

2. 服务内容

服务内容主要包括医学护理服务、专家指导的机能训练以及日常生活方面的照料等。表 2-6 为一家保健型养老护理机构的日常生活安排计划。

表 2-6　　保健型养老护理机构日常生活安排计划（例）

时间	共同服务内容	责任人	个别服务内容	责任人	主要日常活动
4：00—6：00	提醒如厕	护士、护理员	排泄确认	护士、护理员	排泄、起床、洗脸
6：00—8：00	照顾吃早饭、洗假牙、提醒如厕	护士、护理员	提供酸奶、排泄确认	护士、护理员	早饭、洗假牙、排泄
8：00—12：00	测体温、脉搏	护士			
	娱乐活动	护士、护理员			参加娱乐活动
12：00—14：00	照顾吃午饭、洗假牙、提醒如厕	护士、护理员	排泄确认	护士、护理员	午饭、洗假牙、排泄
					看电视
14：00—16：00	帮助入浴，照顾穿、脱衣服	护士、护理员	准备冷饮、茶水	护士、护理员	补充水分、入浴（周二、五、日）
	提醒如厕	护士、护理员	排泄确认	护士、护理员	排泄
16：00—18：00	照顾吃晚饭、洗假牙、提醒如厕	护士、护理员	排泄确认	护士、护理员	晚饭、洗假牙、排泄
18：00—22：00	提醒如厕	护士、护理员	排泄确认	护士、护理员	排泄
	夜间查房	护士、护理员			就寝
22：00—24：00	提醒如厕	护士、护理员	排泄确认		排泄
第二天 00：00—2：00	夜间查房	护士、护理员			
第二天 2：00—4：00	提醒如厕	护士、护理员	排泄确认		排泄
	夜间查房	护士、护理员			
其他服务	日常医生诊疗、皮肤科医生诊疗、理发、剪指甲等				

资料来源：住居广士．日本介护保险［M］．张天民，刘序坤，吉见弘，译．北京：中国劳动社会保障出版社，2009.

当被机构内医生认定为需要到专业医疗机构接受治疗时，由机构开具转院治疗证明，然后可以到医疗机构接受服务（其中也包括耳鼻喉科、皮肤科等）。

三、护理疗养型医疗机构

（一）护理疗养型医疗机构的起源

1973 年日本针对老人实行了“免费看病”制度，随之入住医疗机构接受护理、照料的老人人数快速增长，医疗机构内出现了数量众多的“老年疗养病床”。护理保险制度实施后，根据“老年疗养病床”入住老人的身体情况，将其分成了医疗保险制度适用的“医疗疗养病床”和护理保险制度适用的“护理疗养病床”（又称“养护疗养病床”）两类。

其中护理疗养病床在经所属都道府县知事认定后，又被细分为“疗养病床”和“老年认知障碍疗养病床”两种。如此一来，由于医疗机构内有这种护理疗养病床的存在，这些医疗机构本身自然也成了护理服务机构的主要组成部分。但这种免费的老年疗养病床又引发了“社会性住院”问题，引起社会各界的极大关注。

日本在 2006 年护理保险制度修正案中，明确指出要逐步取消这种护理疗养型医疗机构以及机构内的护理疗养病床，提出到 2012 年 4 月实现完全废除的目标。

具体的废除方案如图 2-8 所示，原计划是要将医疗疗养病床由原来的 25 万张削减到 15 万张，撤除医疗机构里 12 万张护理疗养病床，加上一部分医疗疗养病床，将入住疗养病床的以慢性病为主的老年患者分散到各护理机构以及家庭养老服务中去。但由于这部分老人中尚有不少需要专业医疗照护，而现有护理机构数量不足，无法保证及时入住，家庭养老又无法随时提供专业医疗照护，所以这项废除计划在实施过程中一波三折，并没能达到预期效果。

在 2012 年护理保险制度修正期间，为了解决上述慢性病老年患者的照护问题，日本政府将护理疗养病床的废除目标时间延迟了 6 年，同时决定自 2012 年开始确保任何医疗机构不得再增设疗养病床床位。

但截至 2018 年，这个废除计划目标仍未实现。于是在 2018 年新一轮的老年

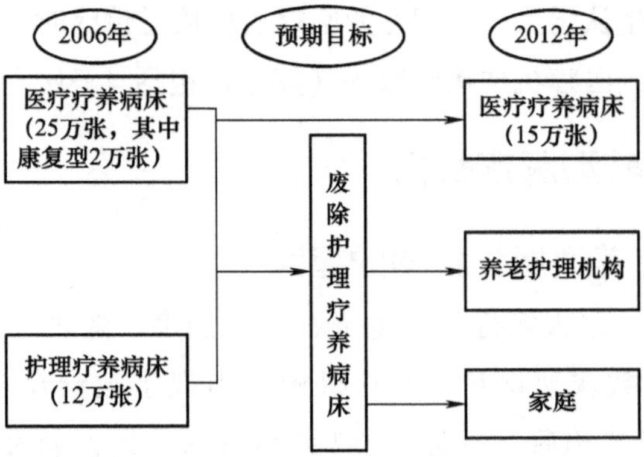

图 2-8　2006 年护理疗养型医疗机构（护理疗养病床）废除方案

资料来源：東田勉．世界一役に立つ介護保険の本［M］．東京：講談社，2018.

护理保险制度修正过程中，针对需要长期入住疗养病床的、患有慢性病或认知性障碍的老年患者，日本政府计划创建一个集生活与医疗服务于一体的新型护理服务机构——“护理医疗院”，以满足受废除计划影响的老人对专业健康护理的服务需求，同时也将问题的最终解决期限又后延了 6 年，也就是到 2023 年年底实现这个新的整合目标。

（二）护理疗养型医疗机构的运营现状

1. 运营方针

对于需要长期疗养的老人，根据机构服务计划，在疗养管理、看护和专业医生的协同护理下，使其尽快能够独立生活。

2. 承办机构

承办机构由医疗机构法人、市町村地方政府等组成，其中医疗机构法人的占比为 83.3%，如图 2-9 所示。

3. 入住老人人数

由于 2012 年日本已明确不再增设疗养病床床位，所以从 2012 年起入住老人人数呈现逐年减少的趋势，截至 2016 年已降至 59 106 人次，如图 2-10 所示。

（三）护理疗养型医疗机构的服务标准与内容

1. 服务标准

（1）服务对象：原则是等级评定为“护理 1 级”至“护理 5 级”的老人，

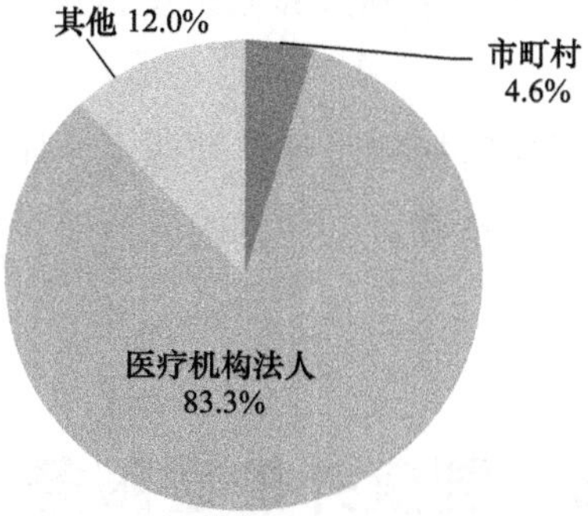

图 2-9　护理疗养型医疗机构组成情况

资料来源：東田勉．世界一役に立つ介護保険の本［M］．東京：講談社，2018.

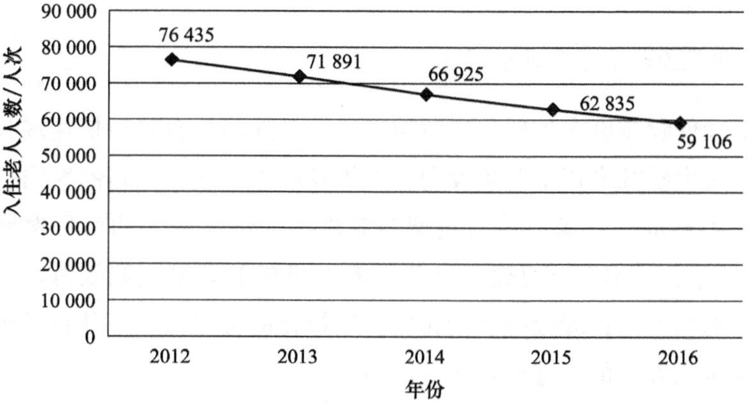

图 2-10　2012—2016 年护理疗养型医疗机构入住老人人数情况

资料来源：東田勉．世界一役に立つ介護保険の本［M］．東京：講談社，2018.

另外有脑卒中后遗症或认知障碍等健康问题、需要专业医疗照护的老人也有资格申请入住。

（2）服务人员配置：以服务对象为 100 名老人为例，要求机构至少配置医生 3 名（保证有夜间值班医生）、护士 17 名、专业护理人员 17 名、照护管理人员 1 名等。因为夜间也有医生值班，所以可以处理急诊。

（3）房型分类：设有多床房、旧制单间房、新型多床房和新家庭生活型单间房 4 种房型。相关内容同福利型养老护理机构。

（4）服务费用：相关内容同福利型养老护理机构。

2. 服务内容

主要是两个方面，一是实行护理服务及其他生活照顾；二是进行技能训练与其他必要的医疗服务。一般病情都可以在机构内治疗，疑难病症可由机构内医生介绍进行转院治疗。

第四节　制度外护理服务机构的运营现状与服务内容

一、自费型养老机构

日本护理保险制度实施后，自费型养老机构如雨后春笋般快速成长起来。究其原因，一是大批社会资金开始投向养老护理服务市场；二是制度内护理服务机构出现“一票难求”现象，给自费型养老机构提供了较大的市场发展空间；三是2002年开始，日本政府对建立自费型养老机构的政策大幅放宽。因此，与入住审查严格的制度内护理服务机构相比，选择在能够轻松入住并且进出自由的自费型养老机构内养老的人越来越多。

从图2-11的2007年、2016年制度外护理服务机构入住老人人数看，自费型养老机构2007年的入住老人人数为147 981人次，2016年上升至419 686人次，10年间增长近2倍，可见自费型养老机构灵活的运营方式、宽松的入住条件以及多层次的护理服务已被社会广泛认可。自费型养老机构在制度外护理服务机构中受众最多，也是规模扩展速度最快的。

自费型养老机构的收费标准从每月几千日元到数十万日元不等，相差很大。从服务形式和入住方式两个角度可以将自费型养老机构分为养护服务养老院、居家型服务养老院和健康型养老院3种，见表2-7。其中，养护服务养老院与居家型服务养老院可以提供健康、生活等方面的护理服务，而健康型养老院只提供集中生活照料服务。

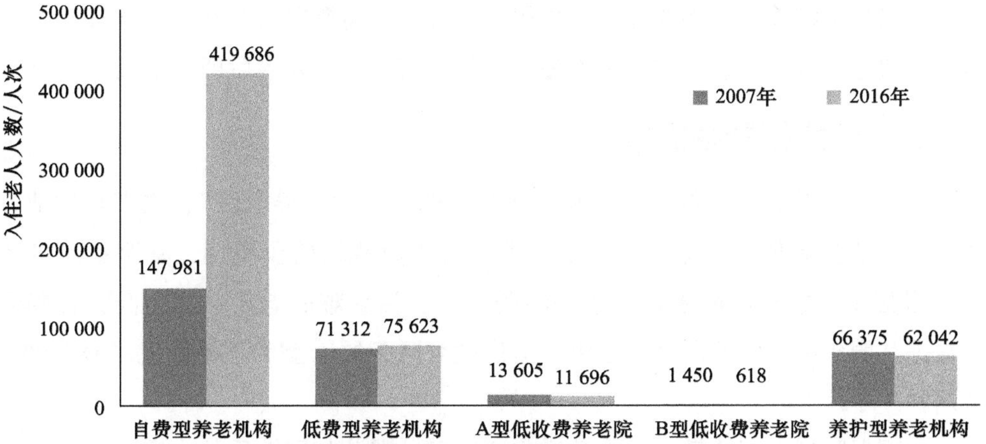

图 2-11　制度外护理服务机构入住老人人数情况

资料来源：東田勉．世界一役に立つ介護保険の本［M］．東京：講談社，2018.

表 2-7　自费型养老机构的服务形式和入住方式

	养护服务养老院	居家型服务养老院	健康型养老院
服务形式	入住老人能够在养老院内接受诸如生活照料、健康保健等护理服务项目	入住老人平时在养老院内接受生活照料等服务。如果需要专业护理服务，养老院购买外部专业护理人员上门提供服务，形式上与居家护理相似	服务对象为生活能自理的老年群体。养老院提供集中生活照料服务。一旦入住老人身体出现问题或需要专业护理服务可随时与养老院解约
入住方式	终身使用方式：一次性支付押金（入住金）购买养老院的终身使用权。养老院设定押金的退还时间和形式，出院时会将剩余部分退还	租金方式：支付押金后，每月支付规定金额的居住、服务费用	购买居住权方式：类似老年公寓。老人买下房屋的居住权，房屋既可以继承也可以随时买卖

资料来源：東田勉．世界一役に立つ介護保険の本［M］．東京：講談社，2018.

原有的《老人福利法》将自费型养老机构定义为“定员 10 人及以上，可以提供饮食、日常生活照料等服务的非福利性养老机构”。2006 年的修改案中删除了其中定员 10 人及以上的限制，也就是说只要有 1 名老人入住，并且能够提供诸如进餐、入浴、排泄等生活照料服务，洗衣、打扫卫生等家政服务，健康管理服务这三项服务中的任何一项，就可以被认定为自费型养老机构。

如果自费型养老机构要增设护理服务内容，则需要向所属都道府县知事提交申请，通过居室面积、消防安全设施等条件审查，符合要求后即可获批。

二、低费型养老机构

低费型养老机构起源于《老人福利法》的“低收费养老院”，由市町村地方政府或是社会福利法人运营，很多是不收费或只收取较少费用。其服务对象为60岁及以上因家庭环境或是住宅等问题导致生活困难的老人。这类低收费养老院根据其服务内容的不同分成了可以提供就餐服务的A型和不提供就餐服务的B型两种。

护理保险制度实施后，日本政府将低收费养老院与同性质的收费养老院合并成为低费型养老机构，并尝试着通过购买专业性护理服务来拓宽其服务内容、提高服务水平，随之申请入住低费型养老机构的老人开始增加。

到2008年6月，以往的A型与B型低收费养老院的形式被打破，形成了现在的新低费型养老机构，见表2-8。新模式通过将机构运营权委托给民营机构来提升整体运营效率，同时也致力于引入高水平、高专业化程度的护理服务。

表2-8　　低费型养老机构的发展历程与特点

时间划分	形式	特点
老人福利法时期	A型低收费养老院	服务对象为收入较低并且没有亲人照料，或是因各种原因不能与家人共同生活的60岁及以上老人。居室面积较小，提供餐饮服务
	B型低收费养老院	服务对象为因家庭环境或是住宅问题等导致生活困难的60岁及以上老人。居室中有厨房、厨具以及洗漱空间，可以自己做饭，但养老院不提供餐饮服务
护理保险法时期	低费型养老机构	服务对象为被认定为因身体机能低下生活不能自理，或是独居生活不安全并且得不到亲人照料的60岁及以上老人
	新低费型养老机构	服务对象同上述低费型养老机构。由市町村提供场地，通过借贷形式委托给民间专业养老机构运营。一般提供的是由10名老人组成的新家庭生活型单间房服务

资料来源：東田勉．世界一役に立つ介護保険の本［M］．東京：講談社，2018.

由图2-11的入住老人人数变化可以看出，低费型养老机构的入住人数远远多于原 A 型、B 型低收费养老院。截至 2016 年，低费型养老机构的入住老人人数已达到了 75 623 人次。

三、养护型养老机构

养护型养老机构是由市町村等地方政府负责运营、低收费性质的养老机构。该类机构最早依据《老人福利法》而创设，并一直延续至今，但是并没有归属在护理保险制度内。

养护型养老机构的服务对象是因身体、精神、环境、经济条件等原因无法居家养老，年龄在 65 岁及以上的老人。机构内部房间一般是多人间。

由图 2-11 可见，2007 年养护型养老机构的入住老人人数为 66 375 人次，2016 年为 62 042 人次，其规模在缩小。

四、附带护理服务的老年公寓

附带护理服务的老年公寓的服务对象主要是日常生活需要照料的独居高龄老人或高龄老人夫妇。为了使这部分高龄老人能够在熟悉的生活环境中安度晚年，相关机构在他们的居所周边建立起租住型老年公寓，并为入住老人提供定时健康访查服务、健康咨询服务以及全天候的应急处理服务等。附带护理服务的老年公寓因为进出自由、居住环境熟悉、提供专业化的生活照料和健康咨询、具备居家养老氛围等特点，很快被老年群体接受，呈现出较好的发展势头。

为了保障这类老年公寓的服务质量，日本《高龄者住宅法》要求自 2010 年 10 月起附带护理服务的老年公寓必须在所属都道府县进行登记认证。认证要求包括硬件设施、服务内容和契约合同等方面。

（一）硬件设施要求

1. 每个房间面积需在 25 m^2 及以上（设有共同厨房的房间，面积也不能低于 18 m^2）。

2. 房间内的构造、设备等必须满足无障碍设计要求。

（二）服务内容要求

1. 要随时掌握入住老人的身体状况，能提供关于健康方面的指导及相关咨询等服务。

2. 提供餐饮、清洁、入浴等生活上的照料。

（三）契约合同要求

1. 除了押金、租金以及相应的服务费用外，不能收取其他费用。

2. 诸如必须全额返还剩余费用等资金方面的保障等。

附带护理服务的老年公寓由国土交通省、厚生劳动省共同管理。在地方行政机构登记认证后，一是要接受相关行政机构的指导、监督，二是可以同时享受到包括建筑费用等方面的政府补贴，三是可以享受税收方面的优惠政策。

2016 年 3 月，“日本高龄者住宅财团”针对老人养老形式选择意愿做过一次大规模的调查，调查对象主要是住院后的出院老人。其中在出院后独立生活有困难的老年群体中，有 77.1%的老人选择去各类护理服务机构生活，这也再次证明了护理服务机构在提供专业化生活照料和医疗护理服务方面的优势和不可替代性。

随着社会的发展、老年保障制度的不断创新与完善，日本人接受护理服务的方式与观念也在发生着变化。在二十世纪六七十年代，老人多选择居家养老形式，临终前的生活场所基本也是以家庭为中心；到了八九十年代，随着社会医疗保险制度的改革，住院成本大幅降低，更多的老人选择在医院接受养老护理服务，临终前的生活场所由家庭转为医疗机构。2000 年开始，日本护理保险制度颁布实施，将在护理服务机构接受养老护理服务与在医院接受疾病诊治服务的功能进行了明确分割，削减了医疗机构的养老护理服务功能，由居家、专业护理服务机构等组成的老人护理服务体系逐步完善。2015 年日本政府提出了就近（在熟悉区域）接受养老护理服务的方针，2018 年以日本富山县为代表的“共生型服务”① 形式，由于其在实现护理服务人才、服务设施以及各

① 共生型服务：起源于日本富山县开创的“日间护理服务”。服务对象不分年龄，只要有需求都可以接受就近区域的日间照料服务。富山县对提供日间照料服务的机构给予一定的财政补贴。这种纵向提供服务方式的改革打破了各个社会保障制度之间的界限，有利于实现护理服务人才、服务设施以及各类社会服务组织团体资源的统一化使用。

类社会服务组织团体资源的统一化使用方面有了较大创新，受到了社会极大关注。作为养老护理服务的发展方向，日本政府提出了明确的机构养老护理服务定位，要求理顺家庭、护理服务机构、医疗机构三者的关系，减少“医疗机构内死亡”，实现“看病问诊去医院，养老护理在家庭或是护理服务机构，而且尽可能保障老人在熟悉的环境内接受护理服务”的目标。

第三章　社区居家护理服务

社区居家护理服务是指在社区或居家进行的护理服务。日本的社区居家护理服务从20世纪70年代开始缓慢发展，2000年日本护理保险制度出台后进入快速发展时期，服务内容不断扩展，服务对象逐年递增，服务体系日趋完善。目前，社区居家护理服务已发展成为包括上门护理、日间护理、社区嵌入型护理、护理预防、辅助器具租赁及住宅改造等在内的综合服务体系。本章旨在梳理日本社区居家护理服务体系的历史沿革、种类内容和服务输送体系。具体内容如下：第一节介绍社区居家护理服务体系的发展历程；第二节介绍社区居家护理服务的种类与内容，包括居家护理服务、日间护理服务、社区嵌入型护理服务、辅助器具租售及住宅改造服务、护理预防服务5大类；第三节主要从服务的管理主体、服务的提供机构、服务的提供人员、服务的利用、服务的监管5个方面介绍社区居家护理服务的输送体系。

第一节　社区居家护理服务体系的发展历程

日本《护理保险法》对社区居家护理服务的内容进行了详细的规定。按照服务的功能，可将社区居家护理服务分为护理服务和护理预防服务。护理服务主要针对等级评定为“护理1级”至“护理5级”的服务对象，护理预防服务主要针对等级评定为“援助1级”至“援助2级”的服务对象。按照服务的具体形式，社区居家护理服务可分为居家护理服务、日间护理服务、社区嵌入型护理服务、辅助器具租售及住宅改造服务、护理预防服务5大类。

日本社区居家护理服务体系从建立至今经历了持续性的改革和调整，包括《国民年金法》的 3 次修订、《老人福利法》的 4 次修订、《老人保健法》的 3 次调整、“黄金计划”的 3 次调整和《护理保险法》的 5 次修订。纵观日本社区居家护理服务体系的发展历程，以护理保险制度的实施为分界，可划分为两大阶段。

一、护理保险制度实施前的发展

（一）社区居家护理服务体系的建立

1975 年之前，日本护理政策的实施重点是养老机构的建设；1975 年之后，日本政府越来越认识到居家护理服务的重要性，开始扩充居家护理服务的内容和形式。1978 年和 1979 年分别增设了短托护理服务和日间护理服务，1982 年放宽了上门护理服务的享用条件，将服务对象由低收入老人扩大到一般老人。随着服务的完善，日本逐步构建了居家护理服务的三大支柱，即上门护理、日间护理和短托护理，初步形成了居家护理服务体系。

从老人需求的角度考虑，护理服务应涵盖预防、治疗、康复等综合、全面的服务，但现实状况却仅有《老人福利法》规定的福利服务和《老人保健法》规定的医疗保健服务。这种分化的制度给老人护理服务带来了极大的不便，整合医疗保健服务与福利服务由此势在必行。在此背景下，1986 年日本创建了养老保健设施。该设施提供的养老保健服务介于医院和护理型养老院服务之间，具有治疗和康复的双重功能，便于老人进行身体康复和生活技能训练，有助于老人恢复生活自理能力。养老保健设施服务的开展，使日本构建起护理及康复功能于一体的护理服务体系。

（二）社区居家护理服务体系的发展与充实

为了应对日益严峻的老龄化，日本政府采取了一系列措施。1985 年出台了《社会福利师及护理福利师法》，以加强对老人的疾病预防、护理服务等领域专业人才的培养。1989 年相继颁布了《关于社会福利的发展方向》与《推进老人保健福利十年战略规划》（“黄金计划”）。“黄金计划”的颁布和实施，促使《老人福利法》下的机构护理服务与居家护理服务合二为一，成为一元化的护理服务体系。

1990 年，为了整合医疗服务和养老服务，在市町村建立了居家护理支援制度。该制度是以老人所居住的社区为平台，由社会工作者、护士、保健师、护理福利师等专业人员组成支援小组，根据老人的需求提供综合性服务。

1992 年，为了应对瘫痪老人护理需求的增多和促进居家护理服务的发展，日本政府进一步充实了上门护理服务。上门护理服务的实施是基于主治医生的诊断，对居家卧床不起的老人，由社区组建的上门护理站提供上门护理服务。上门护理站可以依附于医疗机构、特别护理院、老人保健机构等服务机构设立，也可以单独设立。上门护理服务的内容包括疾病的诊治、护理的咨询与指导、洗发、洗澡、辅助如厕、喂食、临终关怀等。

1993 出台了《关于促进福利用具开发研究与普及法》，通过辅助器具的租赁，鼓励老人积极参与社会活动，推进以老人生活自立为目标的居家养老方式。1994 年，日本政府对“黄金计划”进行了调整，推出“新黄金计划”。在“新黄金计划”中，增加了特定机构的护理床位，强化了以社区为基础的社区居家护理服务体系。

（三）护理保险制度实施前的社区居家护理服务体系

护理保险制度实施前的社区居家护理服务主要是为在家中养老的老人提供各种服务，包括上门护理、短托护理、日间护理服务，如图 3-1 所示。除这三大支柱服务以外，日常辅助器具的租赁（轮椅、护理病床、紧急呼叫系统等）、送餐服务、家庭病床等多样化服务在日本各地也迅速发展起来。

1. 上门护理服务

上门护理服务是由市町村负责实施，但不是由市町村亲自提供，而是委托社会福利协会等机构提供。上门护理服务的服务对象主要是因身体或精神障碍导致日常生活不能自理的老人。上门护理服务可以分为护理服务、家政服务以及精神慰藉服务等。服务时间的上限为每周 6 天，每天 4 个小时，每周合计不超过 18 个小时。服务费用由中央政府、都道府县、市町村按一定比例负担。从 1982 年开始，引入个人负担机制，个人根据收入水平需要支付一定比例的服务费用。

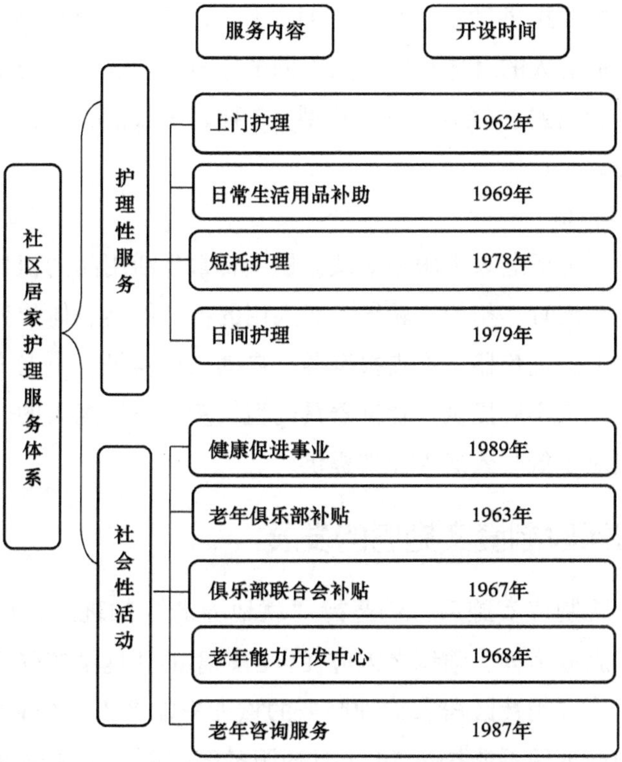

图 3-1　护理保险制度实施前社区居家护理服务体系

资料来源：增田雅暢．世界の介護保障［M］．2 版．東京：法律文化社，2014.

2. 短托护理服务

照顾卧床不起、瘫痪老人的家属，在因特殊情况暂时不能照顾老人期间，可以将老人托付给特别护理院、养老院等短期托老设施。时间一般不超过 7 天，但特殊情况可以申请延长。申请条件一般包括家属生病、出差、遭遇意外事故或灾难、工作调动、生育等情况。短托护理服务发展迅速，1988—1991 年床位数由2 374张增加到 11 674 张，增幅近 4 倍，解决了大量卧床不起老人及其家属的燃眉之急。

3. 日间护理服务

日间护理服务于 1979 年正式开始，主要以身体虚弱的居家老人为服务对象，每周 1 次或 2 次由专车接到托老机构接受服务。托老机构由养老院或老年福利中心设立并运营，主要提供助浴、餐食、日常锻炼、生活指导等服务。1989 年开始，托老机构根据老人的身体状况提供不同的服务，机构类型分为重型护理（A 型）、一般护理（B 型）、轻微护理（C 型）3 种。一般情况下，老人只负担一定比例的服务费用。

4. 辅助器具租赁

以瘫痪老人及独居老人为服务对象，提供日常生活用品的租赁服务。一般辅助器具包括浴房、浴缸、担架、轮椅、老人用的特殊便器、体位变化器、全自动病床、步行器、电磁理疗器、火灾报警器、自动灭火器等。由老人或其家属根据需要提出申请，经核实后提供。辅助器具的租赁费用根据老人的收入，需本人负担一定比例，但对于低收入老人免费提供。

二、护理保险制度实施后的发展

日本护理保险制度实施后，仍坚持“就地养老”的理念，以社区居家护理服务为主、机构服务为辅，强调老人应在自己熟悉的环境中接受服务。随着护理保险制度的实施，利用社区居家护理服务的重度失能老人和失智老人不断增加，而社区居家护理服务因不能提供 24 小时的服务等限制，无法全面满足失能老人的护理需求，面临改革和调整。

2005 年《护理保险法》修订，增设了由市町村负责实施的 24 小时应对型社区居家护理和护理预防服务，完善了以社区为平台的多层次护理服务体系。2011 年《护理保险法》修订，又提出以社区为平台，按照“自助、他助、共助、公助”的原则，加强医疗、护理、预防、居住、生活支援等服务的衔接，逐步构筑起具有社区特色的社区综合护理服务体系。

第二节　社区居家护理服务的种类与内容

日本社区居家护理服务体系从建立到现在经过几十年的发展，形成了 5 大类 20 余项服务内容，包括居家护理服务 5 项，日间护理、短托护理等日间护理服务 5 项，社区嵌入型护理服务项目 7 项，辅助器具租售及住宅改造服务 3 项，护理预防服务 4 项，见表 3-1。

表 3-1　　社区居家护理服务种类与内容

服务种类	服务内容
居家护理服务	1. 上门护理 2. 上门助浴 3. 上门康复 4. 居家疗养管理指导 5. 上门医护
日间护理服务	1. 日间护理 2. 日间康复 3. 短托生活护理 4. 短托疗养护理 5. 特定机构入住者生活护理
社区嵌入型护理服务	1. 小规模多功能型居家护理 2. 认知症应对型日间护理 3. 认知症应对型共同生活护理 4. 夜间应对型上门护理 5. 社区嵌入型特定机构入住者生活护理 6. 定期巡访、随时应对型上门护理 7. 复合型服务（医护小规模多功能型居家护理）
辅助器具租售及住宅改造服务	1. 辅助器具出租 2. 辅助器具出售 3. 住宅改造
护理预防服务	1. 上门护理预防服务 2. 日间护理预防服务 3. 社区嵌入型护理预防服务 4. 护理预防辅助器具租售及住宅改造服务

资料来源：厚生労働省. 公的介護保険制度の現状と今後の役割 [EB/OL].（2018-04-15）[2019-11-12]. https：//www. mhlw. go. jp/content/0000213177. pdf.

一、居家护理服务

居家护理服务主要是由专业的护理人员以上门访问的形式到老人家里提供身

体护理和生活援助。

（一）上门护理

上门护理是指护理人员上门为老人服务，帮助老人做饭、更衣、进食等。身体护理和生活援助是上门护理的主要内容。身体护理主要包括协助老人进食、洗澡、排泄、移动、起床等服务，生活援助主要包括打扫房间、洗衣、买菜、做饭等家政服务。除此之外，还提供为患病老人进行换药、输液、注射等服务。护理人员由市町村指派，类型各异，如上门护理员、康复师、医生等，可满足老人多方面的专业护理需求。

（二）上门助浴

上门助浴是为了保持老人的身体清洁、健康，护理人员上门帮助老人洗澡，该项服务是居家护理中选择较多的一项服务。上门助浴一般用装有浴缸等专业洗浴设备的洗浴车到老人家中提供洗浴服务，至少由 1 名护士和 3 名护理福利师组成服务团队。

（三）上门康复

上门康复的目的是帮助老人恢复身体功能，提高生活自理能力。一般基于医生的诊疗和医学的管理，由康复训练中心的专家，即理疗师、职业治疗师、语言听觉师等上门为需要帮助的老人进行理疗和专业治疗。上门康复不同于康复机构和康复医院，它是靠康复专家结合老人的日常生活环境和身体情况进行的长期持续性康复训练。

（四）居家疗养管理指导

居家疗养管理指导是指由医生、药剂师、营养师等上门，根据老人病情提供必要的医疗服务和指导。其中，由牙医等专科医生对老人进行连续的医学管理，包括身体的疗养、口腔的清理等；由营养师为老人提供营养上的指导和必要的健康管理，如为糖尿病患者提供营养指导，提供持续的营养管理，帮助家属正确护理失能老人；由药剂师根据老人的健康情况搭配调整药品种类和数量。

（五）上门医护

上门医护是指由护士、准护士、保健师、理疗师、职业治疗师、语言听觉师等对需要护理的老人提供上门医疗和护理服务。如对于患有痔疮的病人进行护理和注射的管理，并根据医师的指导进行医疗处置，以及营养上的管理。

二、日间护理服务

日间护理服务主要为65岁及以上行动不便的老人提供托老服务，包括日间护理、日间康复、短托生活护理、短托疗养护理、特定机构入住者生活护理等多种形式。

（一）日间护理

日间护理是指老人定期到护理机构接受洗浴、进食、日常生活帮助、身体机能恢复训练等服务。通过日间护理服务，缓解老人的身体负担，帮助其消除心理孤独感。接受日间护理的老人不用入住护理机构，每天或定期到附近的护理机构享用护理服务。日间护理在一定程度上可以避免老人长期足不出户、社会活动较少、社会关系脱节等现象，增加老人参与社会活动的机会。日间护理的费用根据服务项目、服务天数、护理等级来确定。

（二）日间康复

日间康复是指老人为了恢复身体功能，到护理中心、医院或诊所等机构接受相应的康复训练等服务。日间康复服务由理疗师、职业治疗师等专业人员提供，具体内容包括营养管理、口腔功能康复、身体功能康复等服务项目。

（三）短托生活护理

短托生活护理是指需要护理的老人由于自身的身体情况或家属外出等原因，短期到指定的护理机构接受生活服务。短期一般是指连续入住机构不超过30日，在专业护理人员的管理下接受护理、功能训练和日常生活服务。短托生活护理可以提高老人的生活质量，减轻家庭照料者的护理负担。短托生活护理的住宿费、饮食费由服务对象全额负担，护理等相关费用由保险支付一定比例。

（四）短托疗养护理

短托疗养护理是指需要护理的老人由于自身的身体情况或家属外出等原因，短托到指定的护理机构接受疗养服务。老人短期入住护理机构（连续入住不超过

30 日），在专业医师的指导下获得医疗、疗养及日常生活护理。通过短托疗养护理，在提高老人生活质量的同时，可以减轻其家庭成员的护理负担。

（五）特定机构入住者生活护理

特定机构入住者生活护理是指为入住特定机构的老人，提供辅助饮食、辅助排泄、辅助洗浴等日常生活的基本护理和有关身体功能恢复的疗养护理服务。特定机构入住者生活护理服务一般分为普通型服务和外来型服务两种，普通型服务是由机构内的护理人员提供，而外来型服务则需要委托机构外的指定服务中心来提供。入住特定机构的服务费用根据机构种类和护理等级来确定。

三、社区嵌入型护理服务

社区嵌入型护理服务是在 2005 年《护理保险法》修订时新增的，于 2006 年正式实施。社区嵌入型护理服务是以市町村为范围，为实现老人的“就地养老”政策而构建的服务体系。社区嵌入型护理服务从 2006 年实施以来，受到一致好评，服务内容不断扩充，2011 年《护理保险法》修订时将服务内容由原来的 5 项增加到 7 项。

（一）小规模多功能型居家护理

“多功能”是指根据老人的身体情况和需求，提供以日间护理为主，上门护理和住宿护理为辅的服务形式。“小规模”是指服务享用人数有上限控制，每个机构登记人数上限为 25 人（25 人需要在市町村登记，由市町村统一管理），其中接受日间护理的人数上限为 15 人，接受住宿护理的人数上限为 10 人。老人可以指定自己熟悉的护理人员为其提供服务。小规模多功能型的居家护理服务内容并不固定，可以根据服务对象的选择而进行调整。

（二）认知症应对型日间护理

认知症应对型日间护理是为认知症老人提供上门或日间护理服务，目的是减轻认知症老人的社会孤独感，服务内容主要包括辅助洗浴、辅助排泄、辅助进食及娱乐活动等。

（三）认知症应对型共同生活护理

认知症应对型共同生活护理是为辖区内认知症老人提供日常生活护理和康复训练。认知症应对型共同生活护理采用让认知症老人共同生活的形式，为服务对象提供相似的服务内容，以此减轻认知症老人的家庭负担。具体做法是将分散的认知症老人聚集起来，通过共同生活的方式集中提供洗浴、排泄、进食等日常生活的基本护理和身体功能训练。服务对象的规模一般为5~9人，平均每3名老人配有1名护理人员。

（四）夜间应对型上门护理

上门护理员在夜间定时到服务对象的家中巡诊，对需要帮助的老人提供辅助排泄等紧急情况的应急处理和救治。

（五）社区嵌入型特定机构入住者生活护理

由所在社区的护理机构提供日常生活护理，一般入住人员上限为29人。

（六）定期巡访、随时应对型上门护理

上门护理员对居家老人提供定期巡访的日常生活照料。上门护理员在定期巡访的同时，还接受服务对象的请求，随时上门提供应急性护理服务和日常生活照料。

（七）复合型服务（医护小规模多功能型居家护理）

复合型服务是将小规模多功能型居家护理和上门护理相结合的一种服务形式。

四、辅助器具租售及住宅改造服务

根据老人的生活环境和身体状况，为其提供适合本人的辅助器具租售及住宅改造服务，其目的是提高老人的自理程度，减轻老人家属的护理负担。

（一）辅助器具出租和出售

辅助器具根据种类不同会以出租或出售的形式提供给老人。

出租的辅助器具包括轮椅、轮椅附属品、特殊用床、特殊用床附属品、防摔床护栏、翻身辅助器、栏杆扶手、轮椅用斜板、步行辅助器、多功能拐杖、认知症患者感知定位仪、移动升降机（不包含起吊装置）。辅助器具的出租费用一般

根据用具的不同采用月付的方式收取。

出售的辅助器具包括排便器、特殊小便器、洗澡辅助用品、简易浴缸、洗浴辅助用具、移动升降机的起吊装置。老人购买指定辅助器具的费用，由个人承担10%，其余由保险支付。每年度购买辅助器具的金额上限为 10 万日元，即保险每年最多支付 9 万日元的辅助器具购买费。以上器具之所以采用出售的方式是因为这些器具不宜多次使用或与他人共用。

（二）住宅改造

住宅改造服务是对服务对象的住宅环境进行改建，如安装扶手，更换防滑地板，改造台阶落差，更换马桶、浴缸等，便于居家养老的老人的生活和活动。住宅改造费用每年度金额上限为 20 万日元，个人负担 10%，保险负担 90%。改造工程完成后，一般由服务对象先垫付全部费用，再向保险机构提交申请，报销90%的改造费用。因经济条件限制无力垫付的老人可向保险机构提交申请，无需垫付，只需缴纳 10%的改造费用即可。

五、护理预防服务

随着护理保险制度的实施，需要护理的人员大幅增加，特别是需要轻度护理的老人剧增。2005 年《护理保险法》修订时，增加了具有预防作用的护理预防服务，其目的是将预防环节前置，加强医疗指导。护理预防服务主要为等级评定为援助 1 级和援助 2 级的被保险人提供预防性护理，防止老人陷入失能与半失能状态，保持生活自理能力，提高生活品质。在护理预防服务方面，社区居家护理和机构护理均承担一定的责任。

（一）护理预防服务概况

对于入住机构的被保险人，护理预防服务的主要内容包括定期检查、监测身体状况、开展保健课程、预防认知症、提升身体功能、举办老年运动会等。对于居家的被保险人，护理预防服务的主要内容有：口腔保健服务、体检、疾病预防讲座等。护理预防服务的目标是尽可能使更多的老人健康地参与社会活动，融入社会。预防护理服务的开展是在政府的统筹规划下进行的，政府会根据辖区内老人规模、患病老人数量、地方常见疾病等多种因素综合考虑，制定护理预防措施。护理机构与医疗保健机构合作，在社区开展免费的医疗保健讲座，为老人宣传疾病预防和保健知识，政府负责提供场地和费用等。政府对开展义务讲座的医护人员，给予个人所得税的减免等优惠政策。

护理预防服务主要针对一般老人和半失能老人开展。对于65岁及以上的一般老人，主要通过发放“护理预防手册”，普及相关预防及康复知识，鼓励老人尽可能实现生活自理。对于半失能老人，提供上门护理预防与日间护理预防活动，帮助其恢复身心功能，防止失能状态进一步加剧。护理预防服务从提高老人生活质量的角度，分别开展生活习惯的预防服务与失能的预防服务。这两项预防服务都是采取阶梯式的预防手段，由一次预防、二次预防和三次预防构成。在生活习惯的预防服务上，一次预防的目的是让一般老人保持身心健康、防止生病；二次预防的目的是对患有疾病的老人实施早期发现、早期治疗；三次预防的目的是对出现病症的老人预防其症状进一步恶化，以及防止并发症的发生。在失能的预防服务上，一次预防主要是针对可以活动的老人，努力维持和提高老人的生活质量；二次预防是早期发现刚出现失能状态的老人，早期采取措施，改善并延缓其失能程度的加剧；三次预防的目的是对已经处于失能状态的老人，尽可能地减轻失能程度，预防失能状态进一步加剧。护理预防服务主要从提高运动系统功能、改善营养、口腔护理3个方面进行。

（二）护理预防服务种类

社区居家护理预防服务主要包括上门护理预防服务、日间护理预防服务、社区嵌入型护理预防服务、护理预防辅助器具租售及住宅改造服务。

1. 上门护理预防服务

（1）护理预防上门护理。针对服务对象不能独立生活，且又无法得到家人援助时，通过派遣上门护理员，提供帮助其自理的服务。

（2）护理预防上门助浴。针对家中没有浴室，或因传染病等原因难以使用公共浴室的老人，上门为其提供助浴服务。

（3）护理预防上门康复。针对服务对象有必要进行提高居家生活自理能力的训练时，由理疗师、职业治疗师或语言听觉师上门进行短期的集中康复护理。

（4）护理预防上门医护。针对患有疾病但去医院有困难的老人，由护士上门提供以预防为目的的疗养或诊疗。

（5）护理预防居家疗养管理指导。由医生、药剂师、营养师等上门提供以预防为目的的疗养方面的管理和指导。

2. 日间护理预防服务

（1）护理预防日间护理。由服务中心等护理机构提供饮食、助浴等日常生活方面的援助。另外，根据服务对象本人的需求提供选择性服务，如提高运动器官功能、改善营养、提高口腔功能等。

（2）护理预防日间康复。由老人保健机构或医疗机构等为服务对象提供饮食、助浴等日常生活方面的援助，帮助其提高生活能力，提供康复护理。另外，也可以根据服务对象的需求提供选择性服务。

（3）护理预防短托生活护理。针对等级评定为“援助 1 级”和“援助 2 级”的服务对象，提供短托服务，在机构内接受以预防为主的日常生活援助和身体功能训练服务。

（4）护理预防短托疗养护理。针对等级评定为“援助 1 级”和“援助 2 级”的服务对象，提供短托服务，在机构内接受以预防为主的日常生活援助和疗养服务。

（5）护理预防特定机构入住者生活护理。针对入住特定机构等级评定为“援助 1 级”和“援助 2 级”的服务对象，提供预防性护理或以预防为目的的生活援助服务。

3. 社区嵌入型护理预防服务

社区嵌入型护理预防服务是指针对等级评定为“援助 1 级”和“援助 2 级”的服务对象，由市町村指定服务机构提供护理预防服务。主要包括护理预防小规模多功能型居家护理、护理预防认知症应对型日间护理、护理预防认知症应对型共同生活护理 3 种服务。

4. 护理预防辅助器具租售及住宅改造服务

护理预防辅助器具的利用形式包括出租和出售两种，出租的辅助器具包括扶手（无需施工）、步行器、拐杖等。出售的辅助器具包括用于辅助洗浴和排泄等的用具。护理预防的住宅改造服务主要包括扶手安装、消除地面高低差、防滑通道改造等。

第三节 社区居家护理服务的输送体系

一、社区居家护理服务的管理主体

日本政府在社区居家护理服务的供给上分工明确，各司其职。在社区居家护理服务输送过程中，由中央政府制定基本方针，设计制度框架，设定服务标准和报酬。在中央政府的顶层设计下，由都道府县指导制度运营，制定规划，指导并认定服务机构，培训服务人员等。而市町村在国家和都道府县的指导下，负责组织审查被保险人享受社区居家护理服务的资格，指定并监督护理机构支付服务，制定服务规划等。

日本护理保险制度中明确规定将市町村作为护理保险的基层管理主体，负责相关制度的贯彻与实施。中央政府及各都道府县作为制度的设计者和规划者，为市町村提供财政支持和业务指导。市町村具体执行本地区护理保险的相关工作，并可根据当地情况自主开展具有地方特色的社区居家护理服务。这种由中央政府统一规范制度，再将执行权力转移给地方政府的分权模式，在减少中央政府行政干预的同时，增强了地方政府的自主性和灵活性，有利于各地方根据自己的实际情况开展适应地区形势的社区居家护理服务。

二、社区居家护理服务的提供机构

日本《护理保险法》详细规定了护理服务机构的条件和相关要求。社区居家护理服务机构无论其性质如何，只要符合一定条件，经都道府县的指定都可以加入护理服务供给中，形成市场竞争。其中参与者主要包括非营利组织、社会福利法人、企业、医疗机构、社团、协会（地域振兴协会、社会福利协会、护理预防志愿协会、志愿中心）等。社区居家护理服务最开始只由市町村提供，而随着护理保险制度的实施，营利性企业、非营利组织等社会力量开始参与其中，这不仅增加了服务供给总量，丰富了服务种类，为服务对象提供多样化选择，而且也有利于提高服务质量、降低服务价格。

特别值得注意的是，日本护理保险制度实施之后，由于引入市场竞争机制，致使民间营利企业参与相关服务供给的比例大幅度增长，使得服务供给数量和质量都有了显著提升。在过去的老年福利制度中，行政部门承担着福利服务供给的责任，而其在具体运营过程中，多委托社会福利法人提供福利服务。在这样的行政垄断中，服务对象不能自由地选择服务供给者，其需求和愿望也难以传达给服务供给方的管理者。直到护理保险制度实施后，价格与竞争机制确立，市场供需双方才得以良性互动。

三、社区居家护理服务的提供人员

日本《护理保险法》中设立了护理专门管理制度，为居家老人进行专门管理的机构称为“居家护理支援事业者”，实施专门护理管理的人称为“护理经纪人”。护理经纪人的主要任务是参与护理等级评定访问调查，根据服务对象的身心状况分析护理需求并制订服务计划，协调服务对象和服务供给方之间的关系。护理经纪人从专业视角为服务对象提供咨询和指导。

社区居家护理服务输送过程中涉及的从业人员还包括护理服务人员，主要有：医生、药剂师、保健师、助产师、护士、准护士、上门护理员、理疗师、职业治疗师、社会福利师、护理福利师、视觉能力训练师、假肢安装师、牙科卫生师、语言听觉师、按摩指压师、针灸师、柔道康复师、营养管理师和精神保健师等专业人员。护理服务人员需要经过专业知识和技能的培训，经过机构临床实践，通过国家统一的资格认证考试。如护理福利师需要经过 2 年的正规学习，取得资格后一般在护理机构内就职，提供技术性的护理服务。上门护理员需要参加政府举办的培训班，接受 50~230 小时的培训，考试合格后颁发执业资格证书。取得资格后的上门护理员，要登记注册，等待上岗。上门护理员一般分为 3 级，其中 1 级上门护理员负责护理兼管理，安排、管理辖区内护理员的工作；2 级上门护理员从事的护理工作一般没有限制；3 级上门护理员只能从事简单的家政服务、身体照护等。

四、社区居家护理服务的利用

日本护理保险制度的被保险人接受居家护理服务时，服务费用的 90%由保险支付，10%由被保险人自己负担，2015 年 8 月以后收入水平超过一定标准的被保险人，自己负担的比例提高到 20%。2017 年修订的《护理保险法》进一步规定从 2018 年 8 月开始，自付 20%的被保险人中，年合计收入高于 220 万日元的参保者，自己负担的比例提高到 30%，见表 3-2。

表 3-2　社区居家护理服务费用负担比例

参保对象	负担比例/%
一般收入的参保者	10
合计收入高于 160 万日元/年的参保者	20
合计收入 220 万日元/年以上，养老金领取者合计收入 340 万日元/年以上的参保者	30

资料来源：厚生劳働省．公的介護保険制度の現状と今後の役割［EB/OL］.（2018-04-15）［2019-11-12］. https：//www. mhlw. go. jp/content/0000213177. pdf.

当社区居家护理服务费用在支付限度内时，被保险人只需负担 10%的费用，其余 90%的费用由保险支付。但如果护理服务费用超过支付限度时，超过的费用则由被保险人全额负担。另外，被保险人护理等级越高，相对应的支付限度标准金额也就越高。

日本护理保险制度对被保险人的自费部分，视不同收入水平设立了不同的补助制度。对于每月护理服务费的自费总额超过上限时，有相应的封顶制度。对享受低保者、市町村民税家庭非课税者中的福利年金领取者、课税年金等收入所得年合计额 80 万日元以下者，个人月负担上限为 15 000 日元；对市町村民税家庭非课税者，家庭月负担上限为 24 600 日元；对市町村民税家庭课税者，家庭月负担上限为 37 200 日元；对课税收入在 145 万日元以上者，家庭月负担上限为 44 000 日元。

五、社区居家护理服务的监管

日本政府对护理保险的监管，从中央、都道府县和市町村三级层面展开。中央政府负责制定政策，包括发布详细的标准，并对地方项目开展全面的监督。都道府县政府为服务机构发放许可证，并负责检查工作。市町村政府是最基层的监管主体，负责监管服务的实施。

护理机构的监管和检查由地方政府执行，原则上每年进行一次。主要采取定期提交文件的形式进行检查。如果没有发生严重的问题，地方政府不会专门派人进行实地检查。检查主要集中在机构设施、人员配备、财务管理和报告准确度等方面。检查如发现人员配备不足，则会减少30%的护理保险项目的拨款。

此外，日本政府还设立了第三方评估机构，评估机构会定期公布评估结果，接受社会监督。

日本社区居家护理服务经过40余年的发展，已经形成了较为完善的服务体系。护理保险制度实施以来，社区居家护理服务无论是服务对象的数量还是保险支付金额都呈现出逐年增长的趋势。随着日本老龄化社会的加剧，需要护理老人的持续增加，社区居家护理服务也在不断改革和调整。2005年《护理保险法》修订后增设的社区嵌入型护理服务，实现了依托社区平台，整合社会资源，为“就地养老”的老人提供了多样化社区居家护理服务。2005年增设的护理预防服务，推动了护理保险由注重护理型向护理与预防并重型的改革，实现从被动护理到主动预防的转型。护理预防服务更重视潜在失能老人的预防，积极主动对潜在失能老人进行早期干预、早期预防。护理预防服务的开展，有利于老人延长健康状态，延缓失能进程，在一定程度上抑制了失能老人的增速。

第四章　安宁疗护

老人身体机能的衰退是渐进性的，护理需求是连续性的，但是制度化的服务往往是断裂而分散的。进入生命末期时，老人需要医疗、护理、心理等多方面的服务，但是医疗卫生服务与养老护理服务制度是分离的。因此要打通医疗卫生服务与养老服务的"命脉"，将社会化养老服务"延伸"至安宁疗护服务。本章旨在梳理日本安宁疗护制度的发展，分析日本医疗卫生服务与养老服务是如何协作共同促进相关机制建设的。具体内容如下：第一节对安宁疗护相关词汇进行辨析，指出在日本生命末期疗护为大概念，包括了临终关怀、舒缓疗护等内容；第二节探讨安宁疗护发展的社会背景，分起步时期、制度化时期、完善时期三个阶段介绍日本安宁疗护的发展历程；第三节分别介绍日本医疗保险和护理保险中安宁疗护的制度设计；第四节从制度和临床两个层面介绍日本安宁疗护中的医养结合经验与协作机制。

第一节　安宁疗护相关概念辨析

在日本，安宁疗护的相关概念有临终关怀（日语为ターミナルケア）、安宁疗护（日语为ホスピスケア）、舒缓疗护（日语为緩和ケア）和生命末期疗护（日语为エンド オブ ライフ ケア）。二十世纪七八十年代主要使用安宁疗护和临终关怀，进入九十年代后安宁疗护、临终关怀和舒缓疗护混合使用，没有明确的区分。但是进入2000年后，舒缓疗护逐渐成为主流，譬如创刊于1991年的《临终关怀》杂志在2005年改名为《舒缓疗护》，日本护士协会的"安宁疗护认定

医护师”在2007年改名为“舒缓疗护认定医护师”。2010年后，学术及医护一线又开始使用生命末期疗护概念，参考欧美将其定义为“不论健康状况、疾病名称和年龄，面对所有面临死亡或考虑死亡的人，使其以最佳状况生活到生命的最后一刻而进行的疗护”，并指出生命末期疗护是一个患者、家属及专业人员达成共识的过程。这一过程需强调：①关注患者的生活及人生；②患者、家属、医护人员意识到死亡开始；③患者、家属、医护人员共同参与治疗；④患者、家属、医护人员共同选择多样的疗养、临终护理场所；⑤医护人员同家属一起，以到最后一刻最大限度地保障患者的生活质量，体面地走完生命旅途为目标。

日本的生命末期疗护作为大概念，临终关怀侧重临终期的疗护，舒缓疗护侧重患者的痛苦、症状或问题的复杂性程度高的疗护，安宁疗护主要限定于癌症患者的舒缓疗护。在我国，国家卫生健康委员会将临终关怀、舒缓医疗、姑息治疗等统称为安宁疗护。为了方便读者理解，本章遵照中文用语习惯，使用安宁疗护作为大概念，但为了还原日本安宁疗护相关概念的认知变化，在介绍相关历史沿革以及学会、期刊名、机构名称等专有名称中保留原有表述，进而更好地了解日本安宁疗护的发展脉络，探讨其制度设计及协作机制。

第二节　安宁疗护的历史沿革

一、社会背景

在日本，思考死亡的书籍频频登上亚马逊书店热销排行榜，如何利用安宁疗护提高死亡质量是政府、学界和社会共同关注的问题。日本社会积极接受安宁疗护服务，欣然面对死亡的背景是，深度老龄化社会背景下死亡人数增加，死亡成为生活中常见的事情，其中恶性肿瘤（癌）死亡人数增加，“以癌为伴”成为一种生活方式。

1955—1980年，日本的年死亡人口变化平缓，保持在每年70万人左右的水平。1970年日本进入老龄化社会，1980年左右年死亡人口开始攀升。1994年日本进入深度老龄化社会，年死亡人口从 1980 年的 72.3 万人上升到 1995 年的 92.2 万人。2007 年日本老龄化率达到 21.5%，年死亡人口随着老龄化进展不断攀升。2019 年日本死亡人口为 138.1 万人，死亡率为 11.2‰。根据厚生劳动省预测，今后年死亡人口还将持续增长，2040 年达到峰值 166.9 万人，如图 4-1 所示。

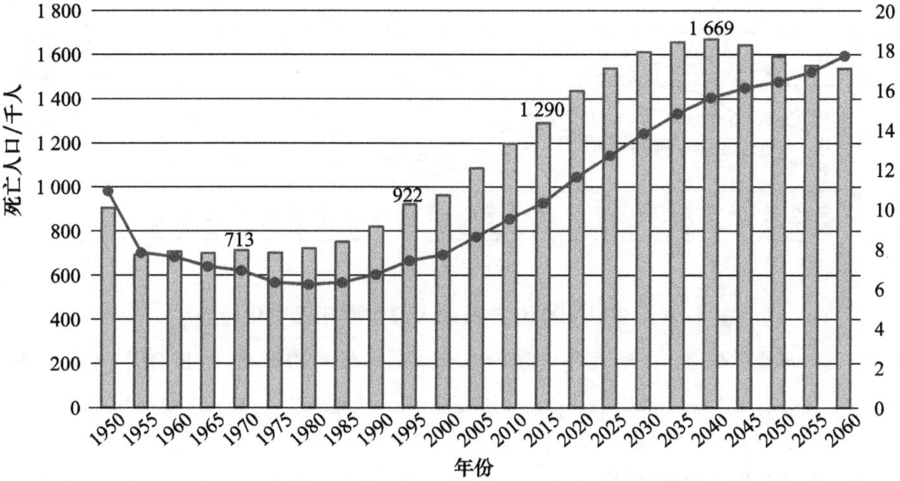

图 4-1　1950—2060 年日本死亡人口与死亡率统计及预测

资料来源：2015 年之前数据为日本《人口动态调查 2018 年版》的统计数据，2020 年之后为《高龄社会白皮书 2015 年版》的预测数据。

如图 4-2 所示，恶性肿瘤（癌）从 20 世纪 80 年代开始成为日本最主要的死因。20 世纪初到 30 年代，日本死亡人口中因肺炎及支气管炎死亡的人数最多；30 年代到 40 年代，结核成为最主要的死因；1951—1980 年，脑血管疾病成为排位第一的死因，恶性肿瘤成为排位第二的死因；1981 年开始，恶性肿瘤成为最主要的死因，2019 年因恶性肿瘤死亡的人口为 37.6 万人，占死亡总人口的 27.2%，即每 3.7 个离世的日本人中就有一个人是因恶性肿瘤死亡。

二、发展阶段

日本安宁疗护就是在上述社会背景下发展起来的，可以分为三个时期：起步

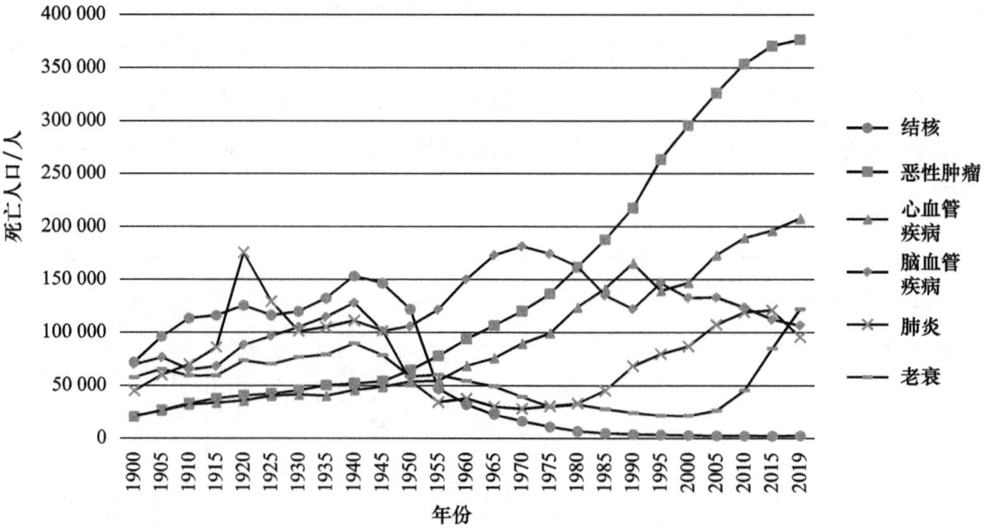

图 4-2　1900—2019 年日本人口主要死因变化趋势

资料来源：厚生労働省. 令和元年（2019）人口動態統計の概要［EB/OL］.（2020-09-17）［2020-12-20］. https：//www. mhlw. go. jp/toukei/saikin/hw/jinkou/kakutei19/index. html.

时期、制度化时期、完善时期。

（一）起步时期

二十世纪七八十年代是日本安宁疗护的起步时期。这一时期的特点是，死亡质量和安宁疗护开始受到学术界、政府和社会的关注；民间的医疗机构，特别是基督教系民间医院开始尝试提供临终关怀服务，并建立了临终关怀病房；政府也开始重视临终关怀，并进行研究讨论；同时学术界也开始关注大众的“死亡准备教育”并逐步开展活动。1964 年东京大学宗教学教授岸本英夫出版的《注视死亡的心：与癌抗争的 10 年》，从癌症患者角度讲述了面临死亡的恐惧与克服“生命饥饿感”后顿悟了生命的尊严。1971 年伊丽莎白 · 库伯勒 · 罗斯的《死亡瞬间》（日文版）从医生角度科学客观地分析临终期，并揭开日本临终关怀历史篇章。1974 年河野博臣出版了《死亡的临床：临终援助》，并于 1977 年组织成立了“死亡临床研究会”。日本临终关怀的另一位先驱者柏木哲夫 1972 年华盛顿大学毕业回国后就职于大阪淀川基督教病院，1973 年成立临终关怀小组并开始实质性提供临终关怀服务，于1978年出版了《临终护理》一书。1981年静冈县圣隶三方原病院开设了日本第一家独立型临终关怀病房，1984年柏木哲夫所在的大阪淀川基督教病院也成立了独立型临终关怀病房。这一时期，日本尊严死协会（1976年日本安乐死协会成立，1983年改名为日本尊严死协会）、精神肿瘤学会（1987年）、日本癌症医护学会、日本生命伦理学会（1988年）等临终关怀相关学会相继成立。日本政府也开始关注临终关怀，1981年厚生劳动省开始资助“缓和癌症晚期患者精神、肉体痛苦的研究”，并从公共议题层面开展相关学习探讨活动，厚生劳动大臣先后主持召开了“生命与伦理恳谈会”（1985年），“末期医疗护理方式研讨会”（1987年）。对临终关怀的认识并未只停留在医疗、护理、政府层面，而是逐渐发展为面向一般大众的普及活动。1982年上智大学阿鲁丰斯·德肯教授牵头成立了“生死思考会”，提倡“死亡的准备教育”，开展死后呵护家属的活动。

（二）制度化时期

制度化时期是从20世纪90年代到21世纪00年代前半期。这一时期的特点是，日本安宁疗护通过医疗保险和护理保险实现制度化，机构安宁疗护发展迅速，社会对死亡、安宁疗护的关注度不断提高。1990年在医疗保险诊疗报酬制度中新设了“安宁疗护病房住院费”，标志着日本安宁疗护进入制度化阶段。2002年为了完善舒缓诊疗的评价体系，在医疗保险诊疗报酬制度中新设了“安宁疗护诊疗增额”。2000年日本护理保险制度开始施行，建立了针对上门医护的“临终关怀增额”制度，将居家的安宁疗护服务纳入护理保险支付范围内。这一时期的安宁疗护病床迅速增加，从1990年的117张病床增加到2005年的2 991张病床，病房从1990年的5栋发展到2005年的158栋。1993年神奈川县民间建立的“和平之家临终关怀病院”成为日本第一家独立型安宁疗护医院。1991年“全国临终关怀·舒缓疗护病房联络协议会”成立，2004年改名为“日本临终关怀舒缓疗护协会”。1991年有关临终关怀的专业杂志《临终关怀》创刊，2005年改名为《舒缓疗护》。这一时期，安宁疗护逐渐成为社会关注的话题之一。1990年山崎章郎出版的《在医院辞世》向人们讲述了10件在医院真实发生的故事，传达了在医疗团队的帮助下，患者可以有尊严地迎接死亡。这本书在带给读者震撼的同时，也宣传了安宁疗护的理念，成为当时的畅销图书之一。

（三）完善时期

完善时期是从21世纪00年代后半期到现在。这一时期的特点是，日本安宁疗护制度不断完善，并开始从机构向居家发展；而通过加深对死亡的思考，学术界及社会开始批判“延命至上”主义，提倡提高生存与死亡的质量。2006年“居家疗养支援诊疗所制度”和“疗养通所护理制度”的建立，以及《癌症对策基本法》的颁布，是这一时期的标志性事件。这三项法律制度共同的特点是，推动日本的安宁疗护从以机构为中心转向居家发展。为了进一步推动居家安宁疗护的发展，2008年日本医疗保险制度新设“上门医护站24小时应对体制增额”；2012年医疗保险中面向诊疗所的“居家临终关怀增额”细分为“临终关怀增额”和“临终医护增额”两项，新设“安宁疗护相关居家患者上门医护/指导费”；2016年新设“居家安宁疗护充实诊疗所/医院增额”“外来癌症患者居家衔接指导费”“安宁疗护病房住院费紧急住院初期增额”等制度。

日本医疗保险及护理保险报酬制度的完善，推动了居家安宁疗护的发展。居家疗养支援诊所数从2006年的9 434所，发展到2015年的14 662所。符合“上门医护站24小时应对体制增额”制度的登记机构数量，从2008年的3 844家增加到2014年的6 124家。

为了普及安宁疗护理念和制度，2007年厚生劳动省委托日本缓和医疗学会开展了“橙色气球项目”（Orange Balloon Project），通过医护人员讲座、街头宣传活动、市民讲座等形式推动安宁疗护的普及。这一时期内关于死亡、安宁疗护的书籍更是大量出版。石飞幸三2010年出版的《平和死的推荐》热销，批判了单纯为了延长患者寿命而忽视生活、死亡质量的“延命至上”主义。相关作品还有《在医院死亡太可惜：建立接受生命的新社区》（山崎章郎、二坂保喜）、《平静的死亡不需要医疗》（万田绿平）等。在批判“延命至上”主义医疗模式的同时，也有相关作品提倡安宁疗护从机构到居家的转变，如《在医院辞世》的作者山崎章郎在2012年出版了《在家辞世》。市场上关于死亡思考的书籍越来越多，于是出现了《思考死亡的100本书》（久我勝利）等导读书籍。

第三节　安宁疗护的制度设计

日本安宁疗护制度还在不断完善中，目前已经形成了表 4-1 所示的以医疗保险和护理保险制度为基础的基本架构。

表 4-1　　日本安宁疗护相关制度一览表

制度名称		设立年份	主要服务对象
医疗保险	①安宁疗护病房住院费	1990	医疗机构
	②上门医护临终关怀疗养费	1994	上门医护站/医疗机构
	③安宁疗护诊疗增额	2002	医疗机构
	④居家临终关怀增额（2012 年起分为临终关怀增额、临终医护增额）	2006 2008	居家疗养支援诊疗所 居家疗养支援医院
	⑤上门医护站 24 小时应对体制增额	2008	上门医护站
	⑥居家安宁疗护充实诊疗所/医院增额	2016	机能强化型居家疗养支援诊疗所/医院
	⑦外来癌症患者居家衔接指导费	2016	医疗机构
	⑧安宁疗护病房住院费紧急住院初期增额	2016	医疗机构
护理保险	⑨临终关怀增额	2000	上门医护站
	⑩送终护理增额	2009 2006 2009	保健型养老护理机构 福利型养老护理机构 认知症应对型共同生活护理
	⑪日间疗养护理	2006	日间疗养护理事业所

资料来源：笔者整理制表。

一、医疗保险中的安宁疗护制度设计

（一）安宁疗护病房相关政策与现状

1981 年日本开设了第一家安宁疗护病房，但是最初十年间发展缓慢，1990 年只有 5 家共 117 张安宁疗护病床。厚生劳动省为了支持和推动安宁疗护病房的发展，1990 年 4 月在医疗保险诊疗报酬制度中增加了“安宁疗护病房住院费”，并制定了“安宁疗护病房设施标准”，对符合标准的机构支付每名患者每天37 800日元。这一标准在2012年修订为患者入住安宁疗护病房30天以内为每天47 910日元，31~60天为每天42 910日元，61天以上为每天32 910日元。

2002年厚生劳动省又新设了“安宁疗护诊疗增额”，别名“安宁疗护团队增额”，标志着安宁疗护服务提供的人员配置实现了制度化。2007年《保医发第0305002号　基本诊疗费设施基准等级登记手续相关事宜》规定，安宁疗护工作组必须包括4种专业人员：①负责身体症状的常勤医师；②负责精神症状的常勤医师；③有安宁疗护经验的常勤护士；④有安宁疗护经验的药剂师。

2002年设定的“安宁疗护诊疗增额”为250点（1点为10日元，本章下同），后经过两次提高，到2015年为400点。

日本通过在医疗保险制度中增设“安宁疗护病房住院费”和“安宁疗护诊疗增额”，对安宁疗护实现了财政上、制度上的支持，大力推进了安宁疗护医院的建设及人才的建设。经过长期建设，截至2017年设立安宁疗护病房的医疗机构数达到394家，病床数达到8 054床，与1990年比，分别实现了约79倍和69倍的增长，如图4-3所示。

（二）居家安宁疗护

医疗保险制度中很早就设立了“上门医护临终关怀疗养费”，这是专门面向上门医护站的护士对患者提供上门临终护理设立的补贴机制。申请“上门医护临终关怀疗养费”必须符合2个条件：①患者死亡日及死亡日前14天，共计15天内核算了2次以上上门医护基本疗养费或精神科上门医护基本疗养费（即提供了2次以上上门医护服务）；②已经向患者及家属说明了上门医护临终关怀的支援体制（上门医护站联系人姓名、联系电话、紧急情况注意事项等）。为了促进社区居家疗护的发展，日本政府于2008年增设了“上门医护站24小时应对体制增额”制度，将24小时医护服务纳入医保结算，此后提供相关服务的上门医护站从2008年的3 844所增加到2016年的7 091所，如图4-4所示。

为了推动医疗机构的社区居家医疗服务发展，2006年日本医疗保险报酬标准修订时新设了“居家疗养支援诊疗所”制度，居家疗养支援诊疗所作为24小时服务窗口，与其他医院诊所协同，向患者提供24小时的上门问诊及上门医护

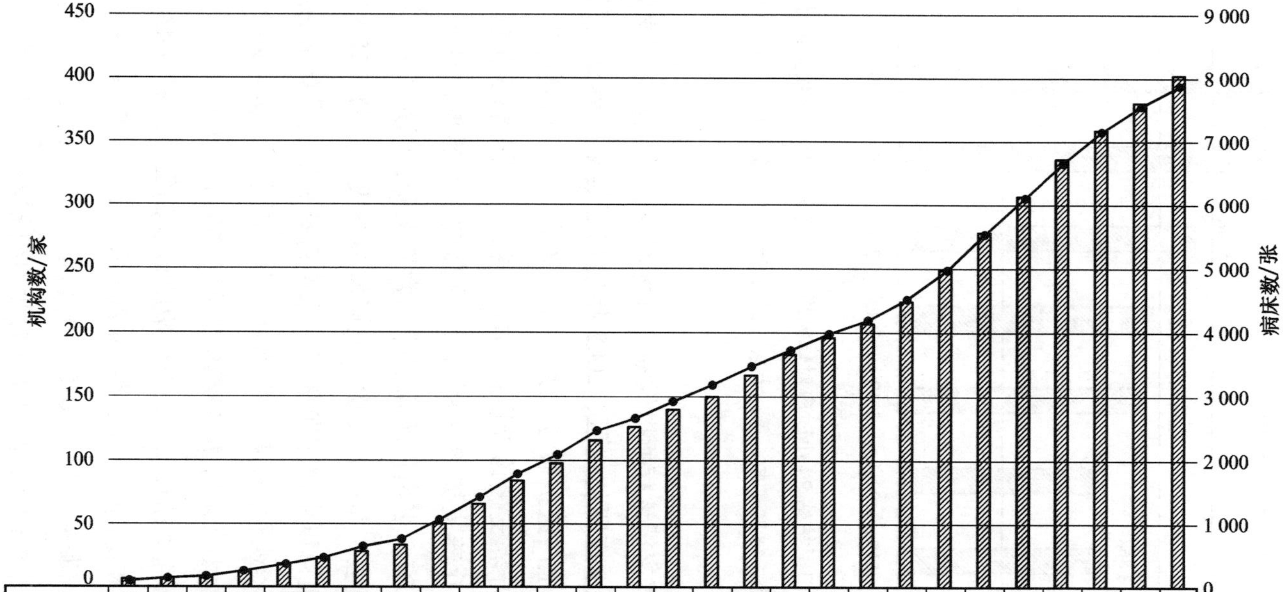

年份	1990	1991	1992	1993	1994	1995	1996	1997	1998	1999	2000	2001	2002	2003	2004	2005	2006	2007	2008	2009	2010	2011	2012	2013	2014	2015	2016	2017
病床数	117	130	165	250	372	428	547	654	974	1 294	1 659	1 949	2 303	2 508	2 766	3 002	3 320	3 631	3 915	4 154	4 495	4 972	5 568	6 126	6 724	7 184	7 608	8 054
机构数	5	6	8	12	18	23	31	37	53	70	88	104	122	133	146	159	173	186	199	209	225	247	277	305	333	357	377	394

图 4-3 舒缓病房数变化趋势

资料来源：志真泰夫，恒藤晓，細川豊史，等.ホスピス緩和ケア白書 2018［M］. 東京：青海社，2018.

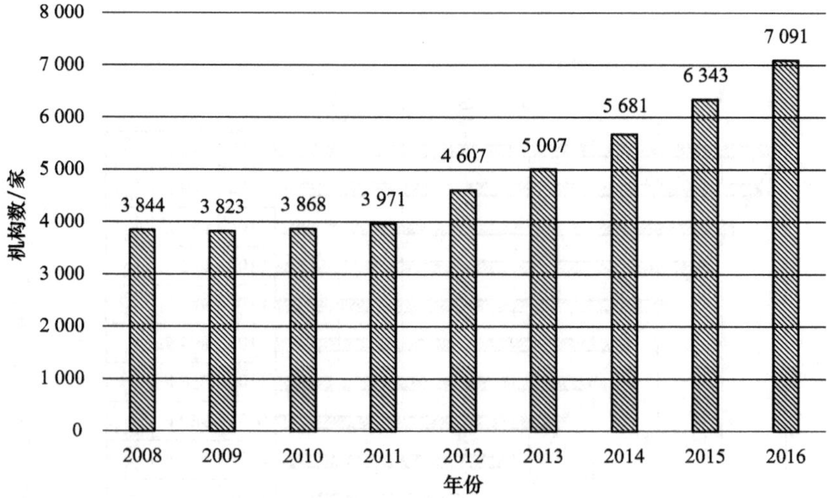

图 4-4 2008—2016 年“上门医护站 24 小时应对体制增额”登记注册机构数量统计

资料来源：志真泰夫，恒藤暁，細川豊史，等. ホスピス緩和ケア白書 2018［M］. 東京：青海社，2018.

服务。同时为了支持居家疗养支援诊疗所提供临终关怀服务，增设了“居家临终关怀增额”制度。对于没有诊疗所的地区，2008 年增加了居家疗养支援医院，以提供 24 小时的上门问诊及上门医护服务，并纳入“居家临终关怀增额”适用对象。2012 年为了增强居家疗养支援诊疗所的功能，导入了“机能强化型”的概念，并设定了比一般居家疗养支援诊疗所/医院更高的医疗报酬。注册登记“机能强化型”必须满足：①有 3 名担任居家医疗的常勤医师；②过去一年中有 5 次以上紧急上门问诊；③过去一年中有 2 次以上居家临终服务。和社区内其他医疗机构协同合作达到要求也可以申请注册登记。机构自身独立满足要求的居家疗养支援诊疗所被称为“强化型居家疗养支援诊疗所”，协同社区其他医疗机构满足条件的被称为“协同强化型居家疗养支援诊疗所”。如图 4-5 所示，居家疗养支援诊疗所登记注册机构逐年增加，2006 年开始施行该制度时共有 9 434 家，截至 2016 年一般型、强化型和协同强化型共计 14 845 家，增加了 5 411 家。

为了进一步完善居家疗护服务评价，2016 年又新增了“居家安宁疗护充实诊疗所/医院增额”制度。“居家安宁疗护充实诊疗所/医院增额”的对象是登记在册的机能强化型居家安宁疗护充实诊疗所/医院，同时机构要满足过去一年有紧急问诊 15 次、临终服务 20 次以上等 6 项要求。符合条件的居家疗养支援诊疗所/医院可以追加“临终关怀增额”“紧急、夜间、休息日或深夜上门问诊”等 6 项保险报酬点数（其中“临终关怀增额”增加 1 000 点）。

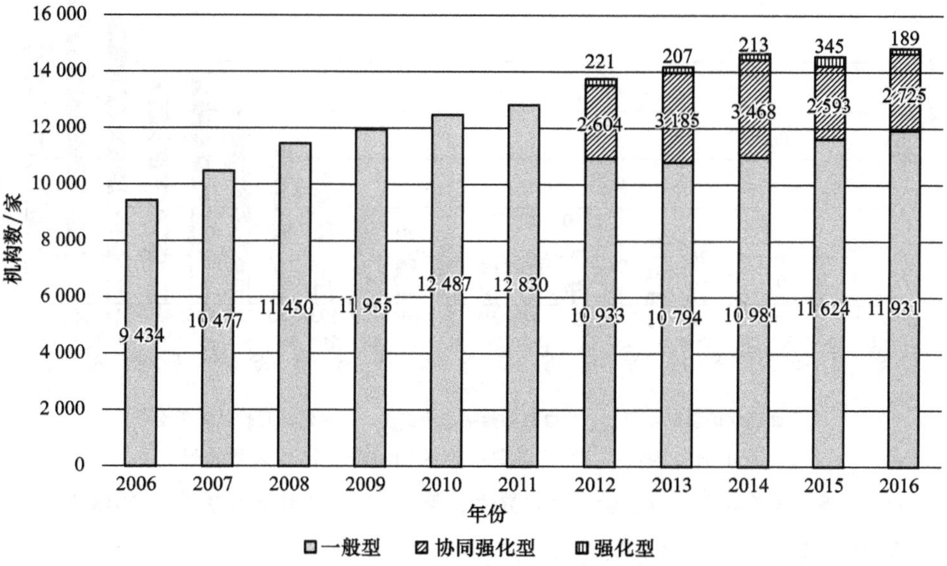

图 4-5　2006—2016 年居家疗养支援诊疗所登记注册机构数量统计

资料来源：志真泰夫，恒藤晓，細川豊史，等. ホスピス緩和ケア白書 2018 [M]. 東京：青海社，2018.

（三）专业人才培养

在加大对医疗机构及居家安宁疗护的财政及制度支持的同时，为了提高安宁疗护服务质量与规范性，日本相关专业团体还建立了专业人才的认证制度。日本医护协会在 1995 年建立了癌症护理专业护士制度，1998 年建立了癌性疼痛认定护士和舒缓疗护认定护士认证制度。癌症护理专业护士从 1996 年的 4 名发展到 2017 年的 784 名，癌性疼痛认定护士从 1999 年的 19 名发展到 2017 年的 769 名，舒缓疗护认定护士从 1999 年的 8 名发展到 2017 年的 2 217 名，如图 4-6 所示。2006 年日本《癌症对策基本法》颁布施行，根据该法厚生劳动省制订了“改正对策推进基本计划”，要求“所有从事癌症诊疗的医师必须通过研修学习掌握安宁疗护的基本知识”，并开始施行医师的安宁疗护研修制度。参加研修并结业的医师人数从 2008 年的 1 071 人增加到 2017 年的 102 811 人，如图 4-7 所示。

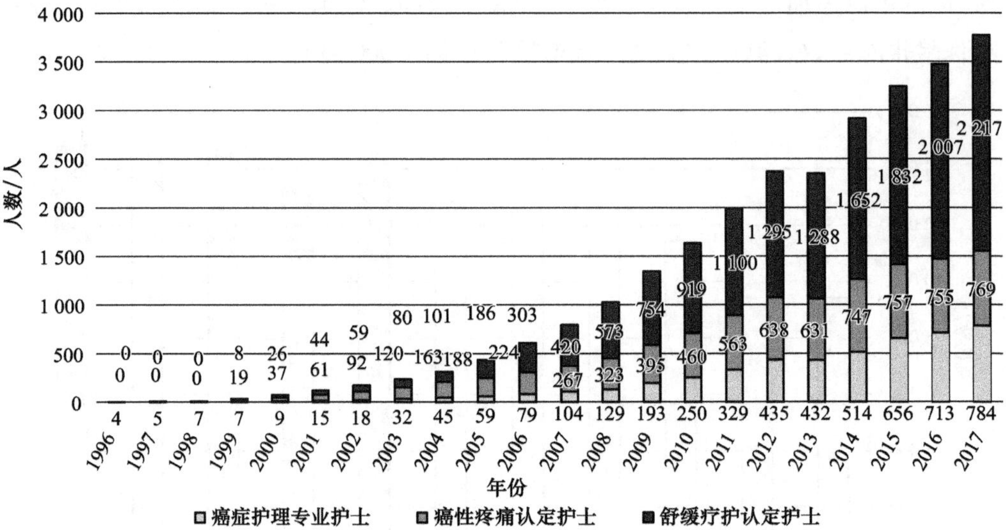

图 4-6　1996—2017 年安宁疗护相关专业护士人数统计

资料来源：志真泰夫，恒藤暁，細川豊史，等. ホスピス緩和ケア白書 2018［M］. 東京：青海社，2018.

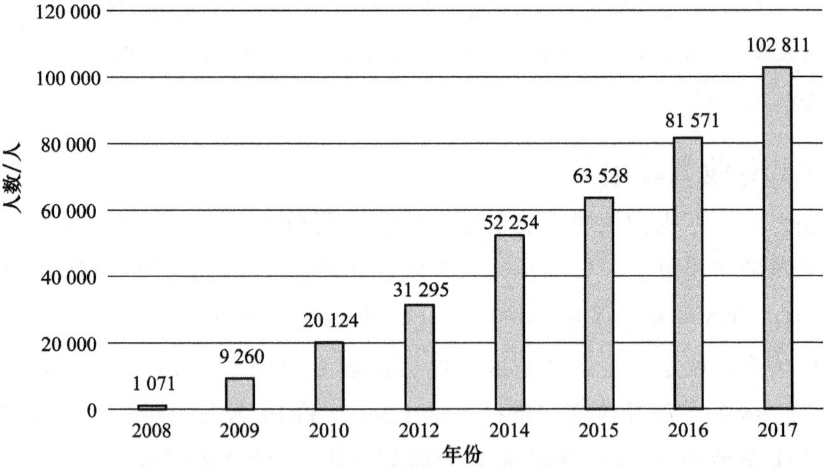

图 4-7　2008—2017 年安宁疗护研修结业医师人数统计

资料来源：志真泰夫，恒藤暁，細川豊史，等. ホスピス緩和ケア白書 2018［M］. 東京：青海社，2018.

二、护理保险中的安宁疗护制度设计

日本护理保险制度对上门医护站及医疗机构所提供的上门医护（上门医疗护理）设有“临终关怀增额”。追加保险核算点数从开始的 1 200 点增加到现在的 2 000点。核算条件经过几次变化，2009 年修改后的条件：①在家中死亡的患者（包括在实施临终关怀时，为了进行死亡诊断而进医院，并在 24 小时内确认死亡的情况）；②死亡日及死亡日前 14 天内实施 2 次以上临终关怀服务（包括实施临终关怀服务后，24 小时内在家以外场所死亡的情况）。护理保险的临终关怀增额不能与医疗保险的上门医护临终关怀疗养费（面向上门医护站）、居家临终关怀增额（面向居家疗养支援诊疗所/医院）重复核算。

伴随着老龄化的深入，日本在养老机构死亡的人数从 20 世纪 90 年代开始增加，2017 年占比达到了 9.9%，如图 4-8 所示。养老机构提供临终关怀服务的需求不断加大。同时，社会住院导致医疗费支出膨胀，无视患者生活质量的“延命至上”主义越发受人质疑，越来越多的老人及家属倾向选择在住了十几年的养老机构送终。因此，2006 年建立了适用于护理老人福利机构的“送终护理增额”制度。核算的要求：①护理老人福利机构必须配置 1 名常勤护士，通过与其他机构或医院合作建立 24 小时服务系统；②制定送终指南，老人入住时向本人及家属说明并取得同意；③对职员进行送终培训；④医师根据一般医学知识已经诊断入住老人为无法康复；⑤经过老人本人及家属同意，制订护理计划；⑥医师、护士、护理职员共同合作，随时向老人本人及家属说明其身体状况，在取得同意下进行护理。核算标准为，死亡日前 4~30 天，80 单位/天；死亡日前 2~3 天，680 单位/天；死亡日 1 280 单位/天。2009 年护理保险报酬标准修订时，将认知症应对型共同生活护理纳入“送终护理增额”适用对象，扩大了适用范围。

2009 年日本护理保险建立了适用于护理老人保健机构的“临终关怀增额”制度。该制度的要求是，“对根据一般医学知识诊断为没有康复可能性的入住者，在本人及家属同意的基础上，制订入住者的临终关怀计划。在医师、护士及护理职员合作下，随时向本人及家人说明，并在取得同意的基础上提供临终关怀服

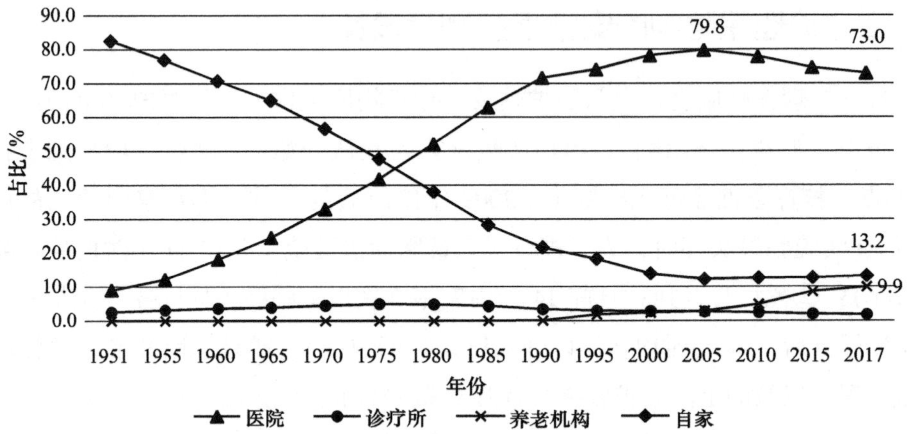

图 4-8　1951—2017 年日本人口死亡地点占比统计

资料来源：厚生労働省. 平成 30 年人口動態統計の概要［EB/OL］.（2019-11-28）［2019-12-20］. https：//www. mhlw. go. jp/toukei/saikin/hw/jinkou/kakutei18/index. html.

注：养老机构包括原统计表中的养老院和护理老人保健机构。

务”。护理老人保健机构的“临终关怀增额”制度的核算标准为，死亡日前 4～30 天，160 点/天；死亡日前 2～3 天，820 点/天（疗养型护理老人保健机构 850 点/天）；死亡日 1 650 点/天（疗养型护理老人保健机构 1 700 点/天）。

2006 年护理保险建立的“日间疗养护理”制度，主要面向经常需要护士照看的疑难病症、认知症、脑血管疾病后遗症等重度护理者以及癌症晚期患者。通过每天接送往返家与机构，在机构提供餐食、入浴等服务，使服务对象在家中能最大限度地实现日常生活的自理。这项制度不仅可以减轻服务对象本身的孤立感及维持、恢复身体机能，还可以减轻家属的护理负担。对日间疗养护理机构的要求为，人员配置要达到 1.5∶1，即 1.5 名服务对象要求对应 1 名护士或护理职员，其中要求有一名常勤护士并专门负责疗养通所护理服务。注册登记的日间疗养护理机构从 2006 年的 4 家到 2012 年的 80 家后增长缓慢。发展遇到瓶颈的原因主要是服务对象为需要重度护理或癌症晚期患者，因此所需护理人员专业水平以及配置要求都很高。特别是在提供接送、入浴等服务时，需要有 2 人以上的人员配置，同时考虑到服务对象随时可能发生危险，多半机构都安排护士陪同。而且由于多为重症患者，因疾病突发住院等情况频发，床位变动很大。护理报酬方面，相对其他护理机构成本高，又比医疗机构报酬低。2010 年的调查显示，85%以上的日间疗养护理机构都处于赤字经营状态。

第四节　安宁疗护的协作机制

一、制度层面的协作机制

广井良典将人的临终期需求分为医疗需求与护理需求，并在以医疗需求为纵轴，护理需求为横轴的象限上标注了居家、医疗机构、养老机构的位置，用以讨论安宁疗护的发展方向。他得出了安宁疗护将从医疗向护理，机构向居家发展的结论。而进入 21 世纪，日本的安宁疗护正是朝着这两个方向发展的，并不断制度化。笔者在广井良典所制示意图的基础上，加入表 4-1 的各项相关制度，可以更清晰地展示日本安宁疗护制度的发展现状和方向，如图 4-9 所示。

日本无论是医疗保险还是护理保险，上门医护的安宁疗护制度化都很早，医疗保险的“上门医护临终关怀疗养费”是在 1994 年医疗保险报酬制度改革中增设的，而护理保险的“临终关怀增额”作为护理保险的一部分在 2000 年开始施行。日本安宁疗护制度建立初期，服务以医院（包括一般病房及独立型舒缓病房）为主，2006 年以后开始大力推进居家疗护，特别是在推出“社区综合护理系统”政策构想后，居家疗护成为安宁疗护的一个重要组成部分。对于护理需求以及医疗需求较低的老人，主要通过医疗保险的“居家临终关怀增额”“居家安宁疗护充实诊疗所/医院增额”，以及护理保险的“临终关怀增额”和“日间疗养护理”，推动医护人员、护理人员的协作，实现居家安宁疗护。2016 年新增加的“外来癌症患者居家衔接指导费”是为了进一步完善门诊癌症患者实现居家疗护而设立的制度，医院必须掌握当地可以提供安宁疗护服务的医疗机构、上门医护站，建立合作机制，根据患者的病状及居住地介绍相关的安宁疗护机构。2006 年护理保险为了大力推动居家疗护的发展，推出了一项制度，即日间疗养护理制度。但日间疗养护理事业所的发展瓶颈则从实践的角度说明了居家疗护，特别是有着很高医疗需求的居家安宁疗护的难度。

随着患者医疗需求的增加，无法实现居家疗护时，则转入医院接受安宁疗护服务。这一方面主要有“安宁疗护病房住院费”“安宁疗护诊疗增额”“安宁疗护病房住院费紧急住院初期增额”等医疗保险报酬制度。同样，对于护理需求很高的老人，则由护理老人保健机构、护理老人福利机构等养老机构，在医师、护士及护理职员的协作下提供安宁疗护服务。

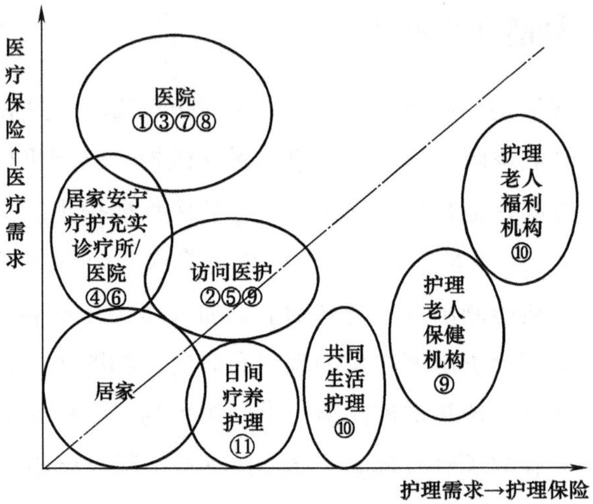

图 4-9　日本医疗、护理需求与安宁疗护制度

资料来源：笔者整理制图。

二、临床层面的协作机制

安宁疗护无论是在医疗机构、养老机构还是居家，尽管具体人员配置会有所不同，但服务团队主要包括：医师、医护职员、护理职员（护理福利师、护理员等）、康复职员（理学疗法师、作业疗法师等）、营养师和护理经纪人等。

表 4-2 为福利机构安宁疗护多工种协作示例。福利机构会多次向服务对象本人及家属确认生命末期生活意愿及医疗意愿，入住时由护理经纪人确认，身体状态变差或入住回养老机构时则由护士进行确认。服务对象被诊断为临终期时，会

有医师对其现状进行详细的说明，并确认治疗意愿。日常观察主要由护理职员和医护职员负责，对身体状态变化的预测主要由医师负责，同时需要其他专业人员从各自专业角度提出意见。身体痛苦的安宁疗护主要由医师、医护职员、护理职员负责，精神痛苦的安宁疗护主要由医护职员、护理职员、护理经纪人负责，死亡诊断由医师负责。安宁疗护的目的是让服务对象减少痛苦或没有痛苦地迎接死亡。这要求多工种之间必须开展协作，从不同的专业视角，充分尊重和满足服务对象的意愿，提供安宁疗护服务。

表 4-2　　福利机构安宁疗护多工种协作示例

	医师	护理经纪人	医护职员	护理职员	康复职员	营养师
向服务对象本人及家属确认生命末期生活意愿及医疗意愿	○	◎	○			
确认治疗意愿（如是否采用鼻饲方式等）	◎	◎	○			
日常观察，早期发现异常	○	○	◎	◎	○	○
预测身体状态变化	◎		○			
身体痛苦的安宁疗护	◎	○	◎	◎	○	○
精神痛苦的安宁疗护	○	◎	◎	◎	○	○
死亡诊断	◎					

注：◎主要参与　○辅助参与

资料来源：島田千穂，高橋龍太郎．高齢者終末期における多職種間の連携［J］．日本老年医学会雑誌，2011（3）：221-226.

日本安宁疗护制度还面临很多问题，其中最主要的是临终期患者/老人的自我决定的问题。对于临终期自我决定困难的老人（认知症等），2007 年厚生劳动省制定了“终末期医疗的决定过程指导原则”。该指导原则的主旨是，在无法确认患者/老人本人意愿时，由医师、医护小组同家属商量决定对患者/老人采取最佳方案。尽管如此，由于家属（一般大众）对安宁疗护理念的理解不充分，医院为了避免不必要的责任，“延命至上”主义仍占主流，如何尊重临终期患者/老人的意愿，提高生与死的质量，仍是一个难题。

随着越来越多的人开始关注并思考、接受“平和死”“自然死”“老衰死”，选择在家中、养老机构终了的人逐渐增多。但是养老机构面临着医疗专业人员配置不足、医护协作体制不充分、护理职员安宁疗护培训不足等问题，居家安宁疗护面临着随着医疗、护理需求的增加服务难度增大等问题。如何不断完善相关制度，加强专业人员队伍建设，普及大众教育，将是日本安宁疗护未来发展的重要课题。

下　篇

实务篇

第五章　护理等级评估标准[①]

由于每个失能老人的身心状态不同，所需护理服务也不相同，因此，在护理保险制度下，被保险人因发生卧床、认知症等风险需要日常生活护理或家务援助时，不能自动获得相应给付，必须接受护理等级的评估，根据评估结果，由保险人判断其是否需要护理保险的给付或需要怎样的护理服务。护理等级评估标准不仅是发现服务申请者生活障碍及障碍程度大小、科学推断其所需护理工作量的工具，还承担着为护理服务计划的制订提供基础性信息、决定护理服务资源配置的重任。

与国际上常用的根据失能状态划分护理等级的日常生活活动能力量表（ADL）和最小限数据集（MDS）相比，日本基于护理服务需求量划分护理等级的失能度评估标准，不仅解决了最小限数据集（MDS）不能根据服务申请者的障碍评估结果划分其护理等级的缺陷，还达成了利用护理等级控制不合理的护理报酬之目的，并兼具适用于医疗、保健、康复领域之优势。为了制定客观统一的护理等级评估标准，日本在数据收集与数据分析方法方面实现了诸多创新，制定了简洁实用、反映服务申请者失能状态的评估指标，开发了将评估调查信息转化为统计数据的指标赋值法，以及对调查数据进行分析的“评估指标群”法和“树形图”法。

① 本章是天津市 2017 年度哲学社会科学规划课题“我国失能老人能力评估及照护等级认定标准的制定方法研究”（TJSR 17-001）的阶段性成果。

第一节　护理等级评估标准概述

一、护理等级评估标准的相关概念

（一）护理等级评估

在日本，护理等级评估是指为判断服务申请者的护理服务需要度，即判断服务申请者是否需要护理保险的给付服务以及需要怎样的服务而对其进行的失能度调查与认定，此项工作由作为保险人的各市町村及其设置的护理等级评估审查会负责。由于评估的护理等级决定着服务申请者的护理服务给付额上限，为了确保护理保险待遇给付的公平性与合理性，日本的护理等级评估标准由厚生劳动省统一制定。

（二）护理等级评估标准时间

制定护理等级评估标准时间是将护理服务的必要度指标化。厚生劳动省将护理等级评估标准时间解释为衡量护理工作量的尺度，据此将护理服务必要度划分为不同的等级。

护理等级评估标准时间是指为制定护理等级标准而选定的样本护理机构，为失能程度不同的样本老人组在 48 小时内提供的每种护理服务所需的平均护理时间。它由直接生活护理、间接生活护理、认知症问题行动应对、机能训练相关行为、医疗相关行为 5 个领域的“树形图”推算的各种护理行为的时间，及运动能力尚未低下的认知症老人护理额外需要的时间构成。

（三）特定疾病

特定疾病作为护理保险给付对象的疾病，是指被保险人随着年龄增长身心功能自然退化而需要护理的身心障碍疾病。40~64 岁的第 2 号被保险人，只有在罹患厚生劳动省规定的特定疾病的情形下，才能获取护理保险的给付。

成为护理保险给付对象的特定疾病要满足两个条件：一是 65 岁及以上老人多发或 40~64 岁偶发，患病率与年龄增长有关，且医学概念能明确界定的疾病；

二是大致需护理或需援助状态的时间为3~6个月以上的疾病。

为便于开展护理等级评估工作，厚生劳动省在《护理保险法》施行令第2条中列出的16种特定疾病为：癌症（晚期）、关节炎、肌萎缩侧索硬化症、后纵韧带骨化症、伴随骨折的骨质疏松症、初期的认知症（阿尔茨海默病、帕金森病）、帕金森相关疾病（进行性核上性麻痹、大脑皮质基底核退化症及帕金森病）、脊髓小脑共济失调症、脊柱管狭窄症、早老症、多系统萎缩症、糖尿病相关疾病（糖尿病性神经障碍、糖尿病性肾病及糖尿病性视网膜病变）、脑血管疾病（脑出血、脑梗死等）、闭塞性动脉硬化症、慢性阻塞性肺病（肺气肿、慢性支气管炎等）、膝关节和股关节变形性关节炎。

二、护理等级评估标准的设计思路与制定流程

（一）评估标准设计思路

为科学合理地划分尚未接受护理服务的申请者的护理等级，日本开发了一种参照样本老人的护理等级评估标准时间来评估服务申请者护理等级的评估标准制定方法。设计思路是采用“分步法”，分两步评估服务申请者的护理等级。“一次评估”由计算机软件做出，最终评估由保健、医疗、福祉领域的专家组成的护理等级评估审查会决定。

护理等级评估的步骤：对服务申请者开展评估调查，获取服务申请者日常生活障碍和认知症状况的信息；将获取的评估调查信息录入计算机中，使用计算机软件，从样本老人护理服务数据库中查找与服务申请者身心状态或失智度得分最接近的样本老人组的平均护理时间，视其为服务申请者的护理标准时间，根据护理标准时间，由计算机做出服务申请者的护理等级初次评估，即所谓的“一次评估”；在此基础上，参考服务申请者评估调查表中的障碍特殊性或认知症问题行动应对所需“个性化”的护理服务内容和护理时间，以及主治医师意见书中的医师意见，由护理等级评估审查会判断是否需要对计算机做出的初次评估结果进行修改，进而评估服务申请者的最终护理等级，日本称之为“二次评估”。

（二）评估标准制定流程

日本护理等级评估标准的制定分为四步，流程如下。

第一步是开展评估调查，由调查员采用“1分钟工时研究”调查法，收集样本老人身心状态或失智度以及利用的护理服务内容和护理时间等信息。

第二步是开发评估调查信息处理方法。日本设计了代表身心失能状态的评估指标，开发了指标赋值法、“评估指标群”法、“树形图”法等评估调查信息分析法。

第三步是根据样本老人的护理等级与护理标准时间的相关关系，制定由计算机软件对样本老人的护理等级进行初次评估的“一次评估”标准。

第四步是制定修改“一次评估”结果、评估服务申请者最终护理等级的依据与方法。具体而言，护理等级评估审查会委员对40~64岁的第2号被保险人，根据主治医师意见书，判断其是否符合护理保险给付的16种特定疾病引发的生活障碍；根据基本调查特别事项记录和主治医师意见书，确认和判断是否有必要修改由计算机评估的服务申请者的护理等级，以及服务申请者失能状态维持或改善的可能性，设定评估有效期，提出疗养意见。

护理等级评估标准制定流程如图5-1所示。

三、评估调查

护理等级评估标准的制定始于评估调查，目的是获取样本老人的身心状态或失智度及利用的护理服务信息，为客观公正地判断失能老人的护理等级、制订防范护理风险的护理服务计划、制订护理报酬标准提供基础性材料支撑。

为使调查信息免受调查员自身经验及专业知识影响，确保高效、全面地收集护理等级评估标准制定所需信息，厚生劳动省制定了一套全国统一、由“概况调查表”“基本调查表”及“特别事项表”构成的评估调查表体系，规定调查员必须按照全国统一的评估调查员教材开展评估调查，从“能力”“介助方法”“有无”三个维度的二级指标中，勾选符合服务申请者身心状态的选项，并以书面形式详细地记录调查对象因身心障碍导致的不同于一般护理事例的特殊情况、护理时间及护理频度等信息。

（一）概况调查

概况调查的目的有二：一是了解服务申请者现在接受的护理服务状况，作为

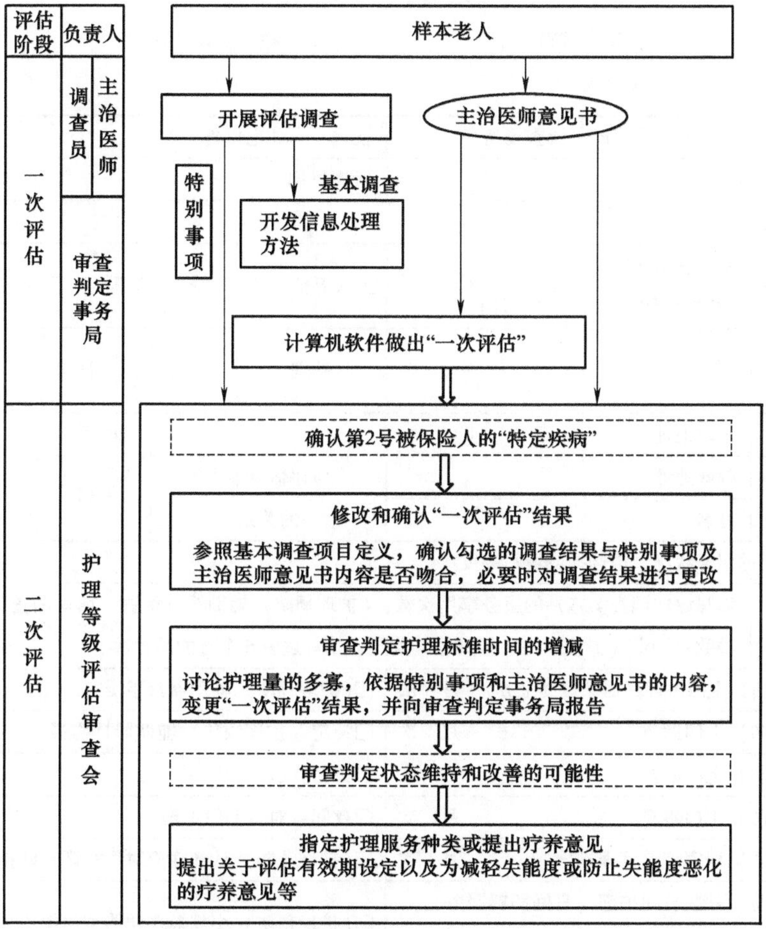

图 5-1　护理等级评估标准制定流程

资料来源：厚生労働省老人保健局．要介護認定　介護認定審査会委員テキスト [EB/OL]．(2018-04-01) [2020-05-12]．https://www.mhlw.go.jp/file/06-Seisakujouhou-12300000-Rouken-kyoku/0000116033.pdf.

护理等级评估审查会为服务申请者提供疗养意见时的参考材料；二是用概况调查特别事项表记录服务申请者的家庭成员构成、居住环境（影响外出的居住环境障碍）、辅助器具使用情况等信息，作为护理等级评估审查会委员评估服务申请者护理工作量时的参考。概况调查的内容详见表 5-1。

表 5-1　　评估调查表（概况调查）

保险人号码：　　被保险人号码：

Ⅰ调查员：　　填写人：

调查时间	年　月　日	调查场所	住宅　住宅以外（　　）		
填写人姓名			所属机构		
Ⅱ调查对象					
过去的评估	初次或第 2 次以后 （初次评估　年　月　日）		上次评估结果	不符合　援助（　）护理（　）	
Ⅲ评估申请人姓名		性别	男　女	出生日期	年　月　日 （　岁）
现住址	邮政地址			电话	
家属等联系人	邮政地址 姓名		与评估申请人的关系	电话	
Ⅳ现在接受的服务状况，请选择或填写频度					
享用的居家服务	填写评估调查实施月的服务享用次数；（护理预防）辅助器具租赁，填写调查日时点的品种数；特定（护理预防）辅助器具购买，填写过去 6 个月的品种数。				

□（护理预防）上门护理（居家援助服务）　月　次	□（护理预防）辅助器具租赁　品种
□（护理预防）上门助浴　月　次	□特定（护理预防）辅助器具购买　品种
□（护理预防）上门医护　月　次	□住宅改造　有　无
□（护理预防）上门康复　月　次	□夜间应对型上门护理　月　天
□（护理预防）居家疗养管理指导　月　次	□（护理预防）认知症应对型社区日间护理　月　天
□（护理预防）社区日间护理（日间照料服务）　月　次	□（护理预防）小规模多功能型居家护理　月　天
□（护理预防）社区日间康复训练（日间照料）　月　次	□（护理预防）认知症应对型共同生活护理　月　天
□（护理预防）短托生活护理（特别养护等）　月　天	□社区嵌入型特定机构入住者生活护理　月　天
□（护理预防）短托疗养护理（保健型诊所）　月　天	□社区嵌入型老人福利机构入住者生活护理　月　天
□（护理预防）特定机构入住者生活护理　月　天	□定期巡访、随时应对型上门护理　月　天
□复合型服务　月　天	
□市町村特别给付（　　）	

续表

□护理保险给付以外的居家服务（　　　　　　　　　　　　　　　　）	
享用的机构服务	护理机构联系方式
□福利型养老护理机构 □保健型养老护理机构 □护理疗养型医疗机构 □认知症应对型共同生活护理机构（共同居住型养老机构） □特定生活护理型适用机构（低费型养老机构） □医疗机构（医疗保险适用疗养病床） □医疗机构（疗养病床以外） □其他护理机构	护理机构名称 邮政编码 护理机构地址 电话
V在"概况调查特别事项"栏填写调查对象的家庭成员构成、居住环境（导致外出困难等的日常生活障碍）、日常生活是否使用辅助器具等。	

资料来源：独立行政法人福祉医療機構. 調查認定票（概況調查）[EB/OL]. [2020-05-11]. https://www.wam.go.jp/wamappl/bb05kaig.nsf/0/18487f3e5f70d4974925689a003b8747/$FILE/%E5%9F%BA%E6%9C%AC%E8%AA%BF%E6%9F%BB%E7%A5%A8.pdf.

（二）基本调查

为掌握服务申请者的身心障碍程度及医疗享用状况，2000年护理等级评估标准设计了85项基本调查项目，并设计了"基本调查表"，用来记录服务申请者残存生活能力的"共性化"信息，采用了由调查员勾选设定的调查项目选项的方式开展基本调查，以防止调查内容的发散与跑偏。基本调查的内容详见表5-2。

表5-2　评估调查表（基本调查）

1-1 有无麻痹

1. 无	2. 左上肢	3. 右上肢	4. 左下肢	5. 右下肢	6. 其他

1-2 关节活动范围是否受限

1. 无	2. 肩关节	3. 肘关节	4. 股关节	5. 膝关节	6. 足关节	7. 其他

2-1 翻身

1. 能	2. 拽着东西能	3. 不能

续表

2-2 起床

1. 能	2. 拽着东西能	3. 不能	

2-3 双足着地坐姿保持

1. 能	2. 自己用手支撑着能	3. 有人扶着能	4. 不能

2-4 双足不着地坐姿保持

1. 能	2. 自己用手支撑着能	3. 别人支撑着能	4. 不能

2-5 站立立姿保持

1. 能	2. 支撑着能	3. 不能	

2-6 走路

1. 能	2. 扶着东西能	3. 不能	

2-7 移乘

1. 自立	2. 需照看	3. 部分介助	4. 全部介助

3-1 起立

1. 能	2. 拽着东西能	3. 不能	

3-2 单足立姿保持

1. 能	2. 扶着东西能	3. 不能	

3-3 出入浴盆

1. 自立	2. 部分介助	3. 全部介助	4. 未洗浴

3-4 清洗身体

1. 自立	2. 部分介助	3. 全部介助	4. 未清洗

4-1 有无褥疮

褥疮		1. 无	2. 有
褥疮以外需处置的皮肤病		1. 无	2. 有

4-2 单手举到胸口

1. 能	2. 需介助	3. 不能	

4-3 吞咽

1. 能	2. 需照看	3. 不能	

4-4 尿意和便意

尿意	1. 有	2. 有时有	3. 无
便意	1. 有	2. 有时有	3. 无

4-5 排尿后处理

1. 自立	2. 需间接性援助	3. 需直接性援助	4. 全部介助

续表

4-6 排便后处理

1. 自立	2. 需间接性援助	3. 需直接性援助	4. 全部介助

4-7 食物摄取

1. 自立	2. 需照看	3. 部分介助	4. 全部介助

5-1 清洁卫生

	1. 自立	2. 部分介助	3. 全部介助
口腔清洁（刷牙等）	1	2	3
洗脸	1	2	3
梳头	1	2	3
剪指甲	1	2	3

5-2 脱穿衣服

	1. 自立	2. 需照看	3. 部分介助	4. 全部介助
系扣、解扣	1	2	3	4
脱穿上衣	1	2	3	4
脱穿裤子和内裤	1	2	3	4
脱穿鞋	1	2	3	4

5-3 居室清扫

1. 自立	2. 部分介助	3. 全部介助

5-4 服药

1. 自立	2. 部分介助	3. 全部介助

5-5 金钱管理

1. 自立	2. 部分介助	3. 全部介助

5-6 健忘

1. 无	2. 有时有	3. 有

5-7 对周围不关心

1. 无	2. 有时有	3. 有

6-1 视力

1. 普通（日常生活无障碍）	2. 能看到 1 m 远的视力表
3. 能看到眼前的视力表	4. 基本看不见
5. 不能判断	

6-2 听力

1. 普通	2. 勉强听见
3. 大声说能听见	4. 基本听不见
5. 不能判断	

续表

6-3 意愿传达（调查对象向他人传达自己的意愿）

1. 能	2. 有时能	3. 基本不能	4. 不能

6-4 对护理者指示的反应（理解护理者的指示）

1. 能	2. 有时能	3. 不能

6-5 理解

理解每天的日程安排	1. 能	2. 不能
回答自己的生日或年龄	1. 能	2. 不能
回忆调查前做了什么	1. 能	2. 不能
说出自己的姓名	1. 能	2. 不能
知道当前的季节	1. 能	2. 不能
说出自己所在的场所	1. 能	2. 不能

7 行动

被盗受害	1. 无	2. 有时有	3. 有
编造谎言讲给周围人	1. 无	2. 有时有	3. 有
幻视幻听	1. 无	2. 有时有	3. 有
哭笑无常，情绪不稳定	1. 无	2. 有时有	3. 有
夜间不睡觉或昼夜颠倒	1. 无	2. 有时有	3. 有
谩骂或暴力行为	1. 无	2. 有时有	3. 有
不断说同样的话或发出令人不愉快的声音	1. 无	2. 有时有	3. 有
大声喊叫	1. 无	2. 有时有	3. 有
抵触建议或护理	1. 无	2. 有时有	3. 有
漫无目的地徘徊	1. 无	2. 有时有	3. 有
总说回家不踏实	1. 无	2. 有时有	3. 有
外出后一个人回不了医院、机构或住宅	1. 无	2. 有时有	3. 有
总想独自外出，需要一直看护	1. 无	2. 有时有	3. 有
物品收集癖	1. 无	2. 有时有	3. 有
不关闭火源，不能管理用火	1. 无	2. 有时有	3. 有
破坏衣物	1. 无	2. 有时有	3. 有
不洁行为	1. 无	2. 有时有	3. 有
误食异物	1. 无	2. 有时有	3. 有
困扰周围的性行为	1. 无	2. 有时有	3. 有

续表

8 过去 14 天接受的医疗

处置内容	1. 点滴管理	2. 中心静脉营养	3. 透析	4. 人工肛门	5. 输氧疗法
	6. 人工呼吸器	7. 气管切开	8. 疼痛看护	9. 鼻饲	
特别应对	10. 监测（血压、脉搏、血氧饱和度等）		11. 褥疮		
失禁应对	12. 导管				

9 日常生活自立度

残障老人日常生活自立度（卧床度）	正常	J-1	J-2	A-1	A-2	B-1	B-2	C-1	C-2
认知症老人日常生活自立度（失智度）	正常	Ⅰa	Ⅱa	Ⅱb	Ⅲa	Ⅲb	Ⅳ	M	

资料来源：独立行政法人福祉医療機構. 調查認定票（基本調查）［EB/OL］.［2020-05-11］. https://www.wam.go.jp/wamappl/bb05kaig.nsf/0/18487f3e5f70d4974925689a003b8747/$FILE/%E5%9F%BA%E6%9C%AC%E8%AA%BF%E6%9F%BB%E7%A5%A8.pdf.

（三）特别事项记录

特别事项记录不是独立的调查项目，而是用来详细记录调查对象的真实情况，目的是将基本调查表不能详细记录的调查对象的真实情况传达给护理等级评估审查会，是对概况调查和基本调查项目的补充说明。以下几种情形，需要在“特别事项表”中进行详细记录。

1. 护理工作量比通常事例多或少的情形

用介助方法评价的调查项目，基本按照项目定义评价为“无需介助”“需照看”“部分介助”“全部介助”几种选项，即使勾选的评价相同，在护理工作量上也可能有较大差异，因此需要在特别事项栏中加以记录，作为护理等级“二次评估”确认或调整护理量的依据。

2. 用“有”和“无”评价的认知症调查项目

关于认知症的问题行动和心理症状项目，用“有”“有时有”“无”三种选项进行评价。即使问题行动发生，也未必需要护理，为了正确评估服务申请者的护理等级，需要基于特别事项记录的内容，由护理等级评估审查会确认计算机软件无法斟酌的护理量调整，据此决定是否修改计算机软件做出的护理等级“一次评估”的结果。

3. 依据频度探讨护理内容的情形

评价介助方法的调查项目，通常根据发生次数进行判断。比如：基本调查的选项为“全部介助”，实际上服务申请者有时得到部分介助就能完成某个动作，并非每次都是“全部介助”，因此护理等级评估审查会要做出能够真实反映服务申请者实际护理工作量的护理等级评估，需要参考特别事项栏中记载的护理服务量和服务次数比一般情况是多还是少，从而决定是否对“一次评估”的护理等级进行调整。

此外，当评估调查员认为“无需介助”或实际进行的介助不适合服务申请者时，可选择自己认为合适的介助方法，并在特别事项栏中说明选择理由，作为护理等级评估审查会修改“一次评估”的护理等级的依据。2000 年护理等级评估标准的特别事项调查表内容见表 5-3。

表 5-3　　　　　　　　　评估调查表（特别事项）

调查日期　　　　年　月　日	保险人号码	被保险人号码
1 关于麻痹和挛缩项目的特别事项记录 1-1 有无麻痹等、1-2 关节活动范围是否受限 (　　)		
2 关于移动项目的特别事项记录 2-1 翻身、2-2 起床、2-3 双足着地坐姿保持、2-4 双足不着地坐姿保持 2-5 站立立姿保持、2-6 走路、2-7 移乘 (　　)		
3 关于复杂动作的特别事项记录 3-1 起立、3-2 单足立姿保持、3-3 出入浴盆、3-4 清洗身体 (　　)		
4 关于特别护理项目的特别事项记录 4-1 有无褥疮、4-2 单手举到胸口、4-3 吞咽、4-4 尿意和便意、4-5 排尿后处理、4-6 排便后处理、4-7 食物摄取 (　　)		
5 关于日常生活照料项目的特别事项记录 5-1 清洁卫生、5-2 脱穿衣服、5-3 居室清扫、5-4 服药、5-5 金钱管理、5-6 健忘、5-7 对周围不关心 (　　)		
6 关于沟通交流项目的特别事项记录 6-1 视力、6-2 听力、6-3 意愿传达、6-4 对护理者指示的反应、6-5 理解 (　　)		

续表

7 关于问题行动项目的特别事项记录 行动 (　　)
8 关于特别医疗项目的特别事项记录 过去 14 天接受的医疗 (　　)

资料来源：独立行政法人福祉医療機構. 調査認定票（特記事項）[EB/OL].[2020-05-11]. https：//www. wam. go. jp/wamappl/bb05kaig. nsf/0/18487f3e5f70d4974925689a003b8747/$FILE/%E5%9F%BA%E6%9C%AC%E8%AA%BF%E6%9F%BB%E7%A5%A8. pdf.

第二节　评估调查的数据收集与分析方法

日本护理保险的护理等级评估标准制定使用的信息，是由经过培训的数据采集调查员采用“1 分钟工时研究”法，分别对护理机构、上门护理服务法人、日间护理服务机构进行了大规模实地调查获取的。厚生劳动省老人保健局老人保健科设计了失能老人残存生活能力评估指标，制定了指标评分标准，建立了样本老人护理服务数据库，开发了反映样本老人某一方面典型失能状态的“评估指标群”法与查找样本老人护理服务内容和护理时间数据的“树形图”法。

一、评估调查的信息收集

采集样本老人的身心状态、失智度及利用的护理服务内容和护理时间数据，是制定评估标准的第一步。评估调查收集的信息真实与否，直接关系到护理等级评估的信效度和即将发生的护理报酬的高低，进而影响到护理保险制度的正常运营。鉴于调查信息的重要性，日本采用了委托熟悉业务的调查员使用创新型评估调查方法，收集制定护理等级评估标准所需的信息。

（一）样本机构与样本老人的选定

1995 年，选定了 19 个护理能力较强的医院、17 个保健型养老护理机构、15

个特别养护老人机构作为机构护理服务的调查样本机构，采用“1 分钟工时研究”法开展了实地调查。被调查的样本机构中，共有 2 376 名护理职员接受了护理服务业务量调查，其中医院职员 1 161 名、保健型养老护理机构职员 594 名、特别养护老人机构职员 621 名。被调查的样本老人共计 3 443 名，其中医院患者 1 171 名、保健型养老护理机构老人 1 170 名、特别养护老人机构老人 1 102 名。

1996 年，对上门护理服务法人的上门护理职员和上门医护职员，采用“1 分钟工时研究”法开展了实地调查。选定了 10 个上门医护站，并从居家护理援助中心、社会福利协会、特别养护老人机构中选定了派遣上门护理职员和上门医护职员的 60 个派遣事业机构，作为调查的样本机构。接受服务业务量调查的职员共计 704 名，其中上门医护职员 204 名、上门护理职员 500 名。被调查的样本老人 704 名。

1997 年开展的日间照料服务调查，从全国选定了 7 个日间服务中心和日间照料中心作为调查的样本机构。接受服务业务量调查的护理职员共计 289 名，其中日间服务中心护理职员 181 名、日间照料中心护理职员 108 名。被调查的样本老人共计 1 604 名，其中日间服务中心老人 1 073 名、日间照料中心老人 531 名。

（二）评估调查员的资质与配置要求

为确保获取的调查信息真实可靠，对负责信息采集工作的调查员资质做了明确要求：一是具备正确阐述护士、家庭主要护理人等护理服务提供者为样本老人提供了怎样服务的能力；二是需要事先能说出接受护理服务的样本老人姓名，并为该服务法人雇用的护士、护理福利师、社会福利师等正规护理职员，临时工除外。

调查员与护理服务提供者的配置要求是，由护士记录其他护士为样本老人提供的医护服务内容，由理学疗法师记录其他理学疗法师为样本老人提供的训练服务内容，由护理福利师记录其他护理福利师为样本老人提供的护理服务内容，且 1 名调查员最多只能记录护理职员为 6 名老人在同一时间段提供的同样内容的服务。如此严格的规定，是为了确保记录的每项护理服务内容和护理时间符合实际情况，避免调查员的主观臆断。

（三）评估调查方法的创新

1. “他记式”“1 分钟工时研究”法的开发

以美国为首的西方国家开展评估调查时，为了节省调查费，且避免因调查员进入护理服务现场给接受服务的样本老人带来精神负担，均采用了“自记式”“1 分钟工时研究”法，由护理职员在完成护理服务工作后，通过回忆的方式记录提供的护理服务内容与护理时间。

为克服“自记式”“1 分钟工时研究”法获取的调查信息精准度低的问题，日本对国外的“自记式”“1 分钟工时研究”法进行了改良，开发了“他记式”“1 分钟工时研究”法。其内容为由正在从事现场护理工作的服务机构职员任专职调查员，跟随该机构提供护理服务的其他护理职员，以分钟为单位，用护理行为代码记录护士、理学疗法师、职业治疗师、社会福利师 48 小时（2 天）为每个样本老人提供的护理服务内容和所用护理时间，同时记录护理职员对于提供每项服务时的身心负担感。调查结束时，调查员按照事先规定的样本老人编号，从“1 分钟工时研究”记录表中抽出每名样本老人的调查表，填上护理行为代码。“1 分钟工时研究”记录表见表 5-4。

表 5-4　“1 分钟工时研究”记录表

机构号码		职员工号		职员姓名		
时间	护理服务内容		护理行为代码	住院患者、护理机构入住者号码	负担	
					身体	精神
20：00	给老人 A 穿衣服，从座椅马桶移动到床上，脱鞋		173	52	1	0
20：01	给老人 A 脱袜子，因其脚部浮肿而调高护理床		104	52	1	0
20：02	去厕所给老人 B 穿衣服，从便器移动到轮椅		47	43	1	0
20：03	给老人 B 洗手，从厕所移动到房间		116	43	0	0
20：04	给老人 B 脱背心，从轮椅移动到床上		107	43	1	0
20：05	给老人 B 脱袜子，围上护栏		29	43	0	0
20：06	洗手间消毒，与老人 C 打招呼		137	12	0	0

注：表中的负担是指护理职员回答的提供每项服务时的身心负担感。

资料来源：筒井孝子．図解よくわかる要介護認定［M］．東京：日本看護協会出版社，1999.

2. 护理行为代码的设置

为详细准确地把握护理职员提供的护理服务内容，避免调查信息受调查员自身知识、经验、见解等人为因素影响，同时便于对调查信息进行分类整理与统计分析，日本将所有护理行为分成了日常生活护理、用药与处置、机能训练、活动联络报告会研修、居家护理 5 大类，又将每一大类细分为若干中类，每一中类细分为若干小类，每一小类为一个护理行为，用一个护理行为代码表示，共设置了 511 项护理行为代码。采用“1 分钟工时研究”法，详细记录在哪个护理机构、什么样的护理职员为怎样的失能老人提供了多长时间的护理服务。下面以交流护理行为为例，介绍护理行为代码的设置方法，见表 5-5。

表 5-5　　交流护理行为分类表

中类	小类	护理行为代码	护理内容
交流	交流援助	133	给老人读书、代读信件
		134	代老人写信
		135	代理传话
		136	分发报纸、书信、杂志
	打招呼	137	日常聊天、打招呼
	了解需求	138	了解需求及诉求
		139	接听呼叫铃并回答
		140	通过呼叫铃等使住院患者或机构入住者移动
	心理援助	141	鼓励、安慰、咨询
	建议指导	142	就用餐、服药、尿路感染、褥疮预防等提出建议，并进行指导
	物品处理	143	替老人取东西、帮老人点烟等

资料来源：筒井孝子．図解よくわかる要介護認定［M］．東京：日本看護協会出版社，1999.

使用护理行为代码的好处，是可以将护理服务内容转化为用计算机进行统计分析的数据，以便将具有相同特征的样本老人组的护理标准时间用“树形图”表示出来。需要注意的是，设置的护理行为代码，仅限于为特定样本老人提供的直接护理服务，并不包括为不特定多数老人提供做饭、洗衣等生活方面的间接护理服务。此外，为确保获取的调查信息准确无误，还组织了200多名专家，对每份调查表记录的护理服务内容与护理行为代码是否一致进行了核实与校对，时间长达2个月。

选定护理能力较强的护理机构，由该机构内熟悉护理服务供需双方的护理职员担任调查员，采用“他记式”“1分钟工时研究”法开展评估调查，并将护理行为分类，为每一护理行为设置一个护理行为代码，是日本评估调查信息收集工作的一大特色。如此周到细致的设计，不仅确保了调查信息的可靠性，还为将调查信息转化为统计数据，开展统计分析工作，奠定了良好基础。

二、评估调查的信息分析

为将“1分钟工时研究”法获取的样本老人残存生活能力信息转化为可量化比较的统计数据，使身心状态相同的失能老人享用相同的护理服务，日本设计了反映样本老人身心状态的评估指标，开发了指标赋值法、“评估指标群”法及“树形图”法，以便达成基于样本老人组的平均护理标准时间划分服务申请者护理等级之目的。

（一）评估指标的设计与指标赋值法

为制定2000年《护理保险法》的护理等级评估标准，筒井孝子团队根据对样本机构样本老人评估调查的信息解析，设计了85个基本调查项目，将此85个基本调查项目设定为一级指标，并将其中73个反映样本老人日常生活障碍程度的一级指标，从“能力”“介助方法”“有无”三个维度，细分为若干二级指标。根据约16万名老人的回答选项，用“双对尺度”法（Dual-scale Method）进行统计处理后，得到了每个二级指标的分数，作为评估判断样本老人每个动作残存生活能力的评分标准。

身心障碍程度不同，二级指标得分也不相同，0分代表样本老人此项动作能力完全丧失，全部仰仗他人提供照料，无障碍动作的分数最高。评估指标及其评分标准见表5-6。

表 5-6　　评估指标及其评分标准

麻痹种类	左上肢、右上肢、左下肢、右下肢、其他	无				18.4				
		左上肢、右上肢、左下肢、右下肢中一个有麻痹				14.3				
		左下肢和右下肢有麻痹				12.7				
		左上肢和左下肢或右上肢和右下肢有麻痹				6.6				
		左上肢、右上肢、左下肢、右下肢均有麻痹				0				
挛缩（肩关节）	无		16.6	有	0					
挛缩（肘关节）	无		17.8	有	0					
挛缩（股关节）	无		16.5	有	0					
挛缩（膝关节）	无		13.6	有	0					
挛缩（足关节）	无		17.1	有	0					
翻身	能	14.3	拽着东西能	8	不能	0				
起床	能	14.6	拽着东西能	10.5	不能	0				
双足着地坐姿保持	能	15.0	自己用手支撑着能	9.8	有人扶着能	3.2	不能	0		
双足不着地坐姿保持	能	14.7	自己用手支撑着能	11.9	有人支撑着能	4.6	不能	0		
站立立姿保持	能	14.2	支撑着能	10.1	不能	0				
走路	能	13.2	扶着东西能	10.3	不能	0				
移乘	自立	14.0	需照看	11.6	部分介助	8.5	全部介助	0		
起立	能	25.7	拽着东西能	13.2	不能	0				
单足立姿保持	能	24.8	扶着东西能	14.9	不能	0				
出入浴盆	自立	24.0	部分介助	13.8	全部介助	0	未洗浴	1.1		
清洗身体	自立	25.5	部分介助	14.5	全部介助	1.4	未清洗	0		
褥疮	无	8.7	有	0						
褥疮以外需处置的皮肤病	无	3.6	有	0						
单手举到胸口	能	12.8	需介助	3.2	不能	0				
吞咽	能	14.0	需照看	6.0	不能	0				
尿意	有	12.1	有时有	6.3	无	0				
便意	有	12.1	有时有	5.7	无	0				

续表

排尿后处理	自立	11.7	需间接性援助	10.2	需直接性援助	8.0	全部介助	0		
排便后处理	自立	11.6	需间接性援助	10.4	需直接性援助	8.4	全部介助	0		
食物摄取	自立	13.4	需照看	8.3	部分介助	5.5	全部介助	0		
口腔清洁（刷牙等）	自立	8.5	部分介助	3.0	全部介助	0				
洗脸	自立	8.6	部分介助	2.9	全部介助	0				
梳头	自立	8.2	部分介助	3	全部介助	0				
剪指甲	自立	7.7	部分介助	5.7	全部介助	0				
系扣、解扣	自立	8.4	需照看	3.9	部分介助	3.1	全部介助	0		
脱穿上衣	自立	8.9	需照看	4.2	部分介助	3.1	全部介助	0		
脱穿裤子和内裤	自立	8.8	需照看	4.4	部分介助	3.6	全部介助	0		
脱穿鞋	自立	8.4	需照看	4.0	部分介助	3.5	全部介助	0		
居室清扫	自立	7.8	部分介助	6.1	全部介助	0				
服药	自立	8.6	部分介助	4.4	全部介助	0				
金钱管理	自立	7.4	部分介助	5.0	全部介助	0				
健忘	无	4.2	有时有	3.5	有	0				
对周围不关心	无	4.5	有时有	1.2	有	0				
视力	普通	11.8	能看到 1 m 远的视力表	10.2	能看到眼前的视力表	8.4	基本看不见	9.1	不能判断	0
听力	普通	12.7	勉强听见	11.6	大声说能听见	10.0	基本听不见	7.8	不能判断	0
意愿传达	能	12.0	有时能	7.2	基本不能	3.5	不能	0		
对护理者指示的反应	能	12.0	有时能	5.5	不能	0				
理解每天的日程安排	能	8.1	不能	0						
回答自己的生日或年龄	能	8.4	不能	0						
回忆调查前做了什么	能	8.3	不能	0						
说出自己的姓名	能	9.9	不能	0						
知道当前的季节	能	8.3	不能	0						
说出自己所在的场所	能	8.5	不能	0						
被盗受害	无	5.3	有时有	2.8	有	0				
编造谎言讲给周围人	无	5.7	有时有	2.7	有	0				
幻视幻听	无	4.9	有时有	2.5	有	0				

续表

哭笑无常情绪不稳定	无	4.4	有时有	2.4	有	0				
夜间不睡觉或昼夜颠倒	无	3.9	有时有	2.0	有	0				
谩骂或暴力行为	无	5.8	有时有	2.6	有	0				
不断说同样的话或发出令人不愉快的声音	无	5.1	有时有	2.3	有	0				
大声喊叫	无	5.1	有时有	2.3	有	0				
抵触建议或护理	无	5.2	有时有	2.5	有	0				
漫无目的地徘徊	无	5.7	有时有	2.4	有	0				
总说回家不踏实	无	6.2	有时有	3.0	有	0				
外出后一个人回不了医院、机构或住宅	无	4.2	有时有	1.7	有	0				
总想独自外出，需要一直看护	无	5.9	有时有	2.2	有	0				
物品收集癖	无	6.3	有时有	1.9	有	0				
不关闭火源，不能管理用火	无	3.6	有时有	2.6	有	0				
破坏衣物	无	7.1	有时有	2.2	有	0				
不洁行为	无	4.7	有时有	1.8	有	0				
误食异物	无	5.1	有时有	1.2	有	0				
困扰周围的性行为	无	5.8	有时有	2.0	有	0				

资料来源：筒井孝子．図解よくわかる要介護認定［M］．東京：日本看護協会出版社，1999.

（二）“评估指标群”法

1. 划分“评估指标群”的理由

在将获取的“1 分钟工时研究”数据进行分类时，出现了划分种类越细，调查结果受特定样本老人某项指标得分偏差影响越大的现象，从而导致护理标准时间的推算结果过度反映某个样本老人的失能或失智特性而失去一般代表意义的问题。为解决这一问题，日本开发了由若干个反映样本老人某一方面身心障碍程度或近期接受医疗状况的一组指标构成的“评估指标群”，以便用“评估指标群”的二级指标得分判断样本老人某方面生活能力的高低。

"评估指标群"法在某项评估指标得分与一般老人的评估结果存在较大偏差的情形下，使用评估指标群的总得分，可降低某项指标得分对样本老人身心障碍状态结果的影响度，以解决评估结果过度反映某一样本老人的失能或失智特性而失去一般代表性的问题。

2. "评估指标群"的划分方法

如上所述，2000 年《护理保险法》的护理等级评估标准共设定了 85 个一级指标，按照指标之间的关联性或相似性，将其中反映样本老人日常生活动作（ADL）障碍程度的 73 个指标，分成了麻痹和挛缩、移动、复杂动作、特别护理、日常照料、沟通交流、问题行动 7 个"评估指标群"，并将反映样本老人特别医疗需求的 12 个一级指标设定为 1 个特别医疗指标群。

第 1 群通过调查是否有导致肌肉不能自由活动的麻痹或关节活动范围受限的挛缩，掌握样本老人的日常生活动作障碍；第 2 群调查样本老人的日常生活基本移动能力；第 3 群考察样本老人站起、立姿保持和清洗身体等复杂动作的能力；第 4 群为反映样本老人褥疮、皮肤病、吞咽、排尿、排便等方面护理需求的指标群；第 5 群为反映样本老人脱穿衣服、居室清扫、金钱管理等日常生活能力的指标群；第 6 群为反映样本老人视力、听力、意愿传达及理解能力的指标群；第 7 群为判断认知症样本老人有无日常生活需要护理的问题行动指标群；第 8 群为反映样本老人最近 2 周接受透析、输氧疗法、经管营养等特别医疗状况的指标群。"评估指标群"的指标构成见表 5–7。

表 5–7 "评估指标群"的指标构成

第 1 群（麻痹和挛缩）
麻痹（左上肢）
麻痹（右上肢）
麻痹（左下肢）
麻痹（右下肢）
麻痹（其他）
挛缩（肩关节）
挛缩（肘关节）
挛缩（股关节）
挛缩（足关节）
挛缩（其他）

第 2 群（移动）
翻身
起床
双足着地坐姿保持
双足不着地坐姿保持
站立立姿保持
走路
移乘

第 3 群（复杂动作）
起立
单足立姿保持
出入浴盆
清洗身体

续表

第 4 群（特别护理）
褥疮
褥疮以外需处置的皮肤病
单手举到胸口
吞咽
尿意
便意
排尿后处理
排便后处理
食物摄取

第 5 群（日常照料）
口腔清洁（刷牙等）
洗脸
梳头
剪指甲
系扣、解扣
脱穿上衣
脱穿裤子和内裤
脱穿鞋
居室清扫
服药
金钱管理
健忘
对周围不关心

第 6 群（沟通交流）
视力
听力
意愿传达
对护理者指示的反应
理解每天的日程安排
回答自己的生日或年龄
回忆调查前做了什么
说出自己的姓名
知道当前的季节
说出自己所在的场所

第 7 群（问题行动）
被盗受害
编造谎言讲给周围人
幻视幻听
哭笑无常情绪不稳定
夜间不睡觉或昼夜颠倒
谩骂或暴力行为
不断说同样的话或发出令人不愉快的声音
大声喊叫
抵触建议或护理
漫无目的地徘徊
总说回家不踏实
外出后一个人回不来
总想独自外出，需一直看护
物品收集癖
不关闭火源，不能管理用火
破坏衣物
不洁行为
误食异物
困扰周围的性行为

第 8 群（特别医疗）
点滴管理
中心静脉营养
透析
人工肛门
输氧疗法
人工呼吸器
气管切开
疼痛看护
经管营养
心脏等监测
褥疮
导管

资料来源：厚生労働省老人保健局．要介護認定　介護認定審査会委員テキスト［EB/OL］.（2018-04-01）［2020-05-12］. https：//www. mhlw. go. jp/file/06-Seisakujouhou-12300000-Roukenkyoku/0000116033. pdf.

（三）“树形图”法的开发

1. 使用树形分析（tree-model）统计法的理由

享用怎样的护理服务，是由样本老人的生活障碍特性决定的。由于每个样本老人的护理服务内容不同，所需护理标准时间也不相同，在使用大量样本数据的情况下，需要考虑样本间的非均质性问题。将数据集进行适当分割的树形分析统计法，对于处理数据集样本间的非均质性有着独特优势。

树形分析统计法的算法是基于交叉验证（Cross Validation）、MDL 标准等模型选择标准，以说明变量为分层标准，将观测对象分成不同类型，使各类型的目的变量值接近均质而生成不同类型的护理树。“树形图”法在解析上，是以基于护理内容分类的护理标准时间为目的变量，以身心状况的相关信息为说明变量，去说明为各类型样本老人组提供的护理服务状况。使用“树形图”判断护理标准时间，可将老人复杂的身心状态作为评估调查项目间的关联性表示出来，并将身心状态直接反映到护理标准时间的评估结果中去，是能够体现现场护理实际状况的一种有效方法。

2. 护理“树形图”的绘制

2000 年日本《护理保险法》实施时，为将样本老人的身心状态与护理标准时间（护理行为代码）关联起来，对评估指标按护理行为进行了分类。根据对“1 分钟工时研究”数据的解析结果，按照指标之间的关联性或相似性，将护理行为代码分成了 9 类。使用 S-PLUS 数理系统的“树形图”功能，输入按护理行为分类的护理标准时间，根据指标群之间的平方和分散最大、指标群之内的平方和分散最小的标准，将样本老人分成特征不同的样本老人组，并以反映样本老人日常生活动作（ADL）障碍程度的“评估指标群”得分和某方面指标得分为判别点，绘制了食物摄取、排泄、移动、清洁保持、间接生活护理（家务援助）、问题行动应对、身体机能训练、医疗相关行为 8 个“树形图”，用以表示为不同失能程度的样本老人组提供护理服务所需平均护理标准时间。2009 年护理等级评估标准的“树形图”名称及护理标准时间见表 5-8。

表 5-8　　2009 年“树形图”名称及护理标准时间

树形图名称		护理标准时间/min
直接生活护理	食物摄取	1.1~71.4
	排泄	0.2~28.0
	移动	0.4~21.4
	清洁保持	1.2~24.3
间接生活护理（家务援助）		0.4~11.3
问题行动应对		5.8~21.2
身体机能训练		0.5~15.4
医疗相关行为		1.0~37.2

资料来源：厚生労働省老人保健局. 要介護認定　介護認定審査会委員テキスト［EB/OL］.（2018-04-01）［2020-05-12］. https：//www. mhlw. go. jp/file/06-Seisakujouhou-12300000-Roukenkyoku/0000116033. pdf.

3. 护理树的分类标准

依据表 5-8，将“树形图”分为 5 类护理树，包括直接生活护理树、间接生活护理树、问题行动应对护理树、身体机能训练护理树、医疗相关行为护理树。用 5 类护理树的护理标准时间之和，加上特别医疗护理标准时间，即为样本老人接受各种护理服务的护理标准时间。

直接生活护理树的分类标准是，直接接触身体的洗浴、排泄、食物摄取等护理，包括清洗身体、洗脸、洗发、起居移动等相关护理行为。

间接生活护理树的分类标准是洗衣、日用品整理等日常生活护理，包括洗衣、用餐的准备和善后工作、清扫、交流护理行为。

问题行动应对护理树的分类标准为找寻走失者、处理不洁行为、应对暴力行为等。

身体机能训练护理树的分类标准是，实施吞咽训练、辅助走路训练等身体机能训练或辅助行为，包括翻身、起床、坐姿、站起、移乘、日常生活训练等。

医疗相关行为护理树的分类标准是，呼吸管理、褥疮处置等辅助性诊疗工作，包括灌肠、便秘药的使用、中心静脉营养、输氧疗法管理、褥疮处置等特别医疗。

第三节　现行护理等级评估标准的内容

日本护理保险最初的护理等级评估标准于 1999 年投入使用，经过 2003 年、2006 年及 2009 年对评估指标设计与指标赋值法、指标群划分及“二次评估”依据的变更与修订，日臻完善。2009 年修改后的护理等级评估标准一直被沿用至今，其内容由厚生劳动省颁布的护理等级“一次评估”标准和护理等级评估审查会进行“二次评估”的依据构成。

一、护理等级“一次评估”标准

（一）“一次评估”标准的内容

2009 年制定的护理等级“一次评估”标准，由“评估指标群”与指标评分标准、8 种护理服务“树形图”、护理等级划分标准 3 部分构成。

1. “评估指标群”的划分与指标评分标准

为反映失能老年人身心状态的最新变化情况，2007 年日本再次对 1997 年评估调查时选定的样本护理机构的样本老人开展了失能状态信息收集调查，并采用 1997 年的数据分析法，对调查信息进行解析。基于解析结果，厚生劳动省将基本调查项目由最初（2000 年标准）的 85 个变更为 74 个，并设置了 67 个一级指标，根据指标之间的关联性或相似性，将其中反映样本老人日常生活动作（ADL）障碍程度的 55 个一级指标分成了 5 个“评估指标群”，用来反映样本老人的身体机能或起居动作、生活能力、认知能力、精神或行动障碍及社会生活适应性，并继续沿用 2000 年评估标准中的特别医疗指标群，反映样本老人的特别医疗需求。

在此需要补充说明的是，由身体机能或起居动作的 13 项一级指标构成的第 1 个“评估指标群”中，麻痹种类设置了 5 个 2 级指标、挛缩种类设置了 4 个 2 级指标，其余 65 个一级指标均只设置了 1 个二级指标。因此，2009 年护理等级评估标准共设置了 74 个二级指标，并重新制定了二级指标评分标准，见表 5–9。

表 5-9　　2009 年“评估指标群”与指标评分标准

身体机能或起居动作	麻痹种类	无	6.5	一个肢体	5.5	两下肢	3.9	左或右上下肢	3.3	其他	0
	挛缩（肩关节）	无	2.3	有	0						
	挛缩（股关节）	无	2.7	有	0						
	挛缩（膝关节）	无	1.1	有	0						
	翻身	能	9.0	拽着东西能	6.5	不能	0				
	起床	能	8.8	扶着东西能	6.7	不能	0				
	坐姿保持	能	10.0	自己支撑着能	8.4	需支撑	4.7	不能	0		
	双腿立姿	能	8.7	需支撑	6.2	不能	0				
	走路	能	7.6	扶着东西能	5.5	不能	0				
	起立	能	9.7	拽着东西能	7.1	不能	0				
	单脚立姿	能	7.3	需支撑	5.4	不能	0				
	洗身	无需介助	6.2	部分介助	4.4	全部介助	0	没有洗	0		
	剪指甲	无需介助	4.1	部分介助	2.8	全部介助	0				
	视力	普通	5.2	看到 1 m 远	4.0	看见眼前	2.9	基本看不见	0	不能判断	0
	听力	普通	10.8	勉强听见	10.6	大声能听见	9.8	基本听不见	9.0	不能判断	0
生活能力	移乘	无需介助	9.1	需照看	6.9	部分介助	3.5	全部介助	0		
	移动	无需介助	8.1	需照看	6.4	部分介助	3.7	全部介助	0		
	吞咽	能	10.2	需照看	7.2	不能	0				
	食物摄取	无需介助	9.8	需照看	6.8	部分介助	4.6	全部介助	0		
	排尿	无需介助	7.2	需照看	5.9	部分介助	5.1	全部介助	0		
	排便	无需介助	7.2	需照看	5.7	部分介助	4.9	全部介助	0		
	口腔清洁	无需介助	9.3	部分介助	5.2	全部介助	0				
	洗脸	无需介助	9.0	部分介助	5.1	全部介助	0				
	梳头	无需介助	7.9	部分介助	4.1	全部介助	0				
	脱穿上衣	无需介助	9.4	需照看	8.0	部分介助	5.7	全部介助	0		
	脱穿裤子	无需介助	8.7	需照看	7.3	部分介助	5.4	全部介助	0		
	外出频度	周 1 次以上	4.1	月 1 次以上	3.4	月 1 次以下	0				
认知能力	意愿传达	能	17.7	有时能	12.5	基本不能	4.2	不能	0		
	每日活动安排的理解	能	7.6	不能	0						

续表

认知能力	说出自己生日	能	11.3	不能	0						
	短期记忆	能	7.0	不能	0						
	说出自己姓名	能	16.3	不能	0						
	知道当前的季节	能	9.1	不能	0						
	对场所的理解	能	11.6	不能	0						
	徘徊	无	9.5	有时	2.7	有	0				
	外出回不来	无	9.9	有时	4.7	有	0				
精神或行动障碍	被盗受害	无	7.0	有时	3.2	有	0				
	说谎话	无	8.2	有时	3.4	有	0				
	情绪不稳定	无	5.0	有时	2.5	有	0				
	昼夜颠倒	无	4.2	有时	1.9	有	0				
	反复说同样话	无	4.9	有时	3.0	有	0				
	大声喊叫	无	7.0	有时	2.8	有	0				
	抵触护理	无	6.1	有时	2.4	有	0				
	总说回家	无	7.8	有时	2.1	有	0				
	总想独自外出	无	8.7	有时	2.3	有	0				
	物品收集癖	无	8.3	有时	1.6	有	0				
	破坏物品衣物	无	10.7	有时	2.3	有	0				
	健忘	无	4.0	有时	3.3	有	0				
	自说自笑	无	6.5	有时	2.3	有	0				
	随意行动	无	6.3	有时	3.0	有	0				
	说话矛盾	无	5.3	有时	1.9	有	0				
社会生活适应性	服药	无需介助	21.2	部分介助	9.9	全部介助	0				
	金钱管理	无需介助	18.2	部分介助	9.5	全部介助	0				
	日常决定	能	22.5	除特殊情况能	13.7	平时困难	5.5	不能	0		
	对集体不适应	无	6.1	有时	1.8	有	0				
	购物	能	16.6	需照看	9.2	部分介助	7.4	全部介助	0		
	简单烹饪	能	15.4	需照看	9.0	部分介助	8.6	全部介助	0		

资料来源：厚生労働省老人保健局．要介護認定　介護認定審査会委員テキスト［EB/OL］．（2018-04-01）［2020-05-12］．https：//www.mhlw.go.jp/file/06-Seisakujouhou-12300000-Roukenkyoku/0000116033.pdf.

2. 护理服务“树形图”

（1）“树形图”的绘制。采用 1997 年评估调查的解析方法，对 2007 年“1 分钟工时研究”法获取的调查信息进行解析，绘制了由食物摄取、排泄、移动、清洁保持、间接生活护理（家务援助）、问题行动应对、身体机能训练、医疗相关行为构成的 8 种护理服务“树形图”。“树形图”的内容如图 5-2~图 5-9 所示。

（2）护理标准时间计算。使用“树形图”找出与服务申请者残存生活能力得分最接近的样本老人组每种护理服务的平均护理时间，加上服务申请者特别医疗及认知症应对所需护理标准时间，即为服务申请者的护理标准时间，见表 5-10。

表 5-10　　　　　　　　护理标准时间计算表

护理行为		标准时间/min	护理服务内容
①直接生活护理	食物摄取		食物摄取、排泄、洗浴、移动等护理服务
	排泄		
	移动		
	清洁保持		
②间接生活护理（家务援助）			洗衣、打扫房间等家务援助
③问题行动应对			寻找走失者、处理不洁行为等
④身体机能训练			提供走路训练、日常生活训练等机能训练
⑤医疗相关行为			输液管理、褥疮处置等辅助治疗
“树形图”的护理标准时间合计			⇨申请者的护理标准时间
特别医疗			

资料来源：厚生労働省老人保健局. 要介護認定　介護認定審査会委員テキスト［EB/OL］.（2018-04-01）［2020-05-12］. https：//www. mhlw. go. jp/file/06-Seisakujouhou-12300000-Roukenkyoku/0000116033. pdf.

这里需要对表 5-10 中的特别医疗护理标准时间加以说明。特别医疗护理标准时间不是根据“树形图”查找的样本老人组每种医疗的平均护理时间，而是厚生劳动省参考实际测量的试点机构样本老人过去 14 天内接受特别医疗的情况而统一规定的护理标准时间，见表 5-11。

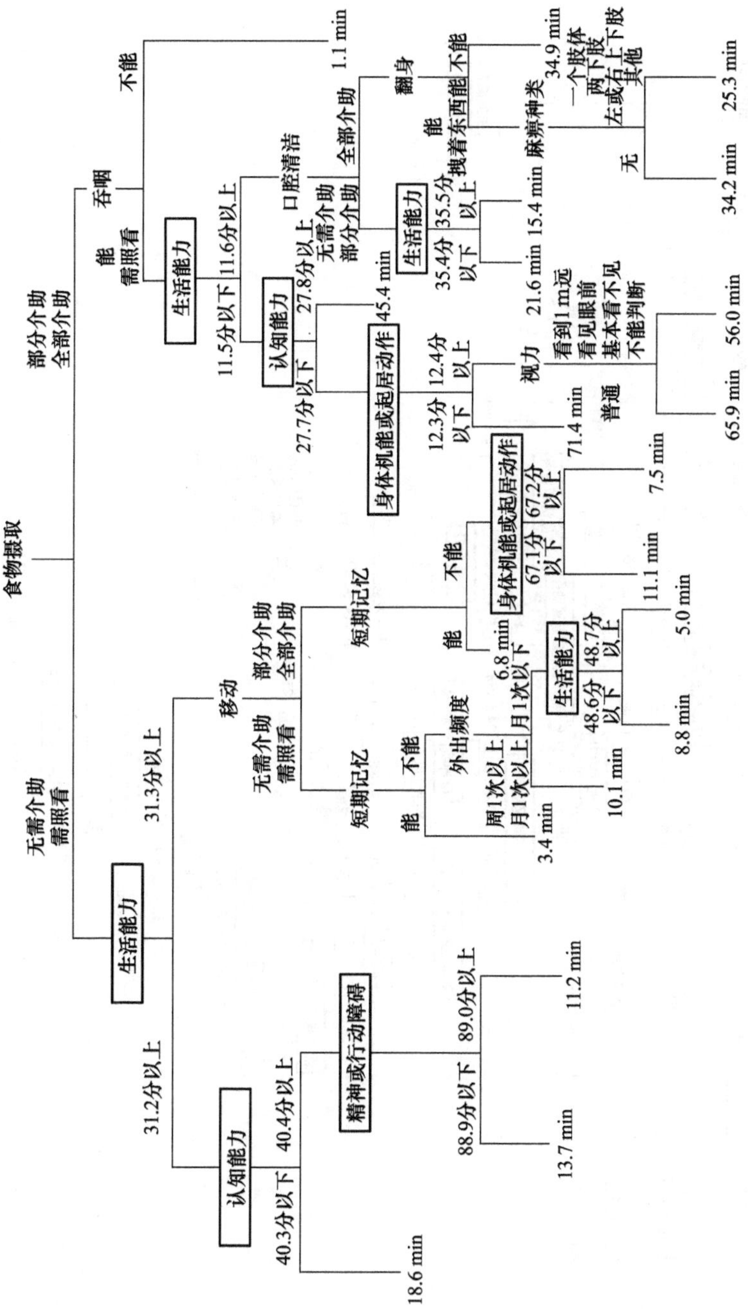
食物摄取
无需介助
需照看
部分介助
全部介助
生活能力
31.2分以上
31.3分以上
认知能力
40.3分以下
40.4分以上
18.6 min
精神或行动障碍
88.9分以下
89.0分以上
13.7 min
11.2 min
移动
无需介助
需照看
部分介助
全部介助
短期记忆
能
不能
外出频度
周1次以上
月1次以上
月1次以下
3.4 min
10.1 min
6.8 min
生活能力
48.6分以下
48.7分以上
8.8 min
5.0 min
身体机能或起居动作
67.1分以下
67.2分以上
11.1 min
7.5 min
能
需照看
吞咽
不能
1.1 min
生活能力
11.5分以下
11.6分以上
认知能力
27.7分以下
27.8分以上
45.4 min
身体机能或起居动作
12.3分以下
12.4分以上
71.4 min
视力
普通
看到1 m远
看见眼前
基本看不见
不能判断
65.9 min
56.0 min
口腔清洁
无需介助
部分介助
全部介助
生活能力
35.4分以下
35.5分以上
21.6 min
15.4 min
翻身
能
搀着东西能
不能
麻痹种类
无
一个肢体
两下肢
左或右上下肢
其他
34.2 min
25.3 min
34.9 min

图 5-2　食物摄取树形图

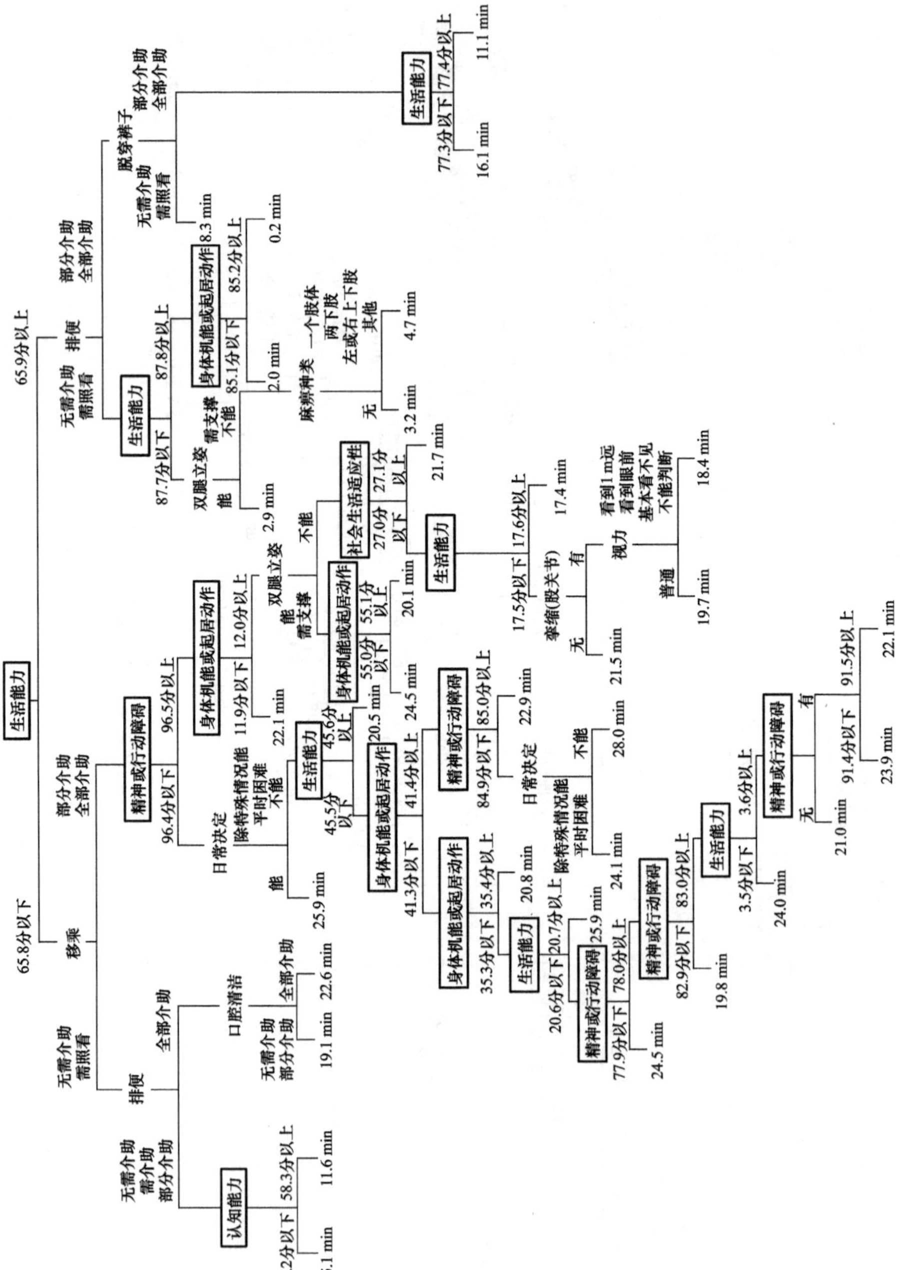
生活能力
65.8分以下
65.9分以上
移乘
排便
无需介助
需照看
部分介助
全部介助
无需介助
需介助
部分介助
全部介助
认知能力
58.2分以下
58.3分以上
15.1 min
11.6 min
口腔清洁
无需介助
部分介助
全部介助
19.1 min
22.6 min
精神或行动障碍
96.4分以下
96.5分以上
日常决定
除特殊情况能
平时困难
不能
能
25.9 min
生活能力
45.5分以下
45.6分以上
身体机能或起居动作
41.3分以下
41.4分以上
35.3分以下
35.4分以上
20.8 min
20.6分以下
20.7分以上
25.9 min
77.9分以下
78.0分以上
24.5 min
82.9分以下
83.0分以上
19.8 min
3.5分以下
3.6分以上
24.0 min
91.4分以下
91.5分以上
21.0 min
23.9 min
22.1 min
84.9分以下
85.0分以上
22.9 min
28.0 min
24.1 min
20.5 min
24.5 min
55.0分以下
55.1分以上
20.1 min
双腿立姿
需支撑
11.9分以下
12.0分以上
22.1 min
社会生活应性
27.0分以下
27.1分以上
21.7 min
17.5分以下
17.6分以上
17.4 min
挛缩(股关节)
无
有
21.5 min
视力
普通
19.7 min
看到1 m远
看到眼前
基本看不见
不能判断
18.4 min
87.7分以下
87.8分以上
2.9 min
2.0 min
麻痹种类
一个肢体
两下肢
左或右上下肢
其他
3.2 min
4.7 min
85.1分以下
85.2分以上
0.2 min
8.3 min
脱穿裤子
77.3分以下
77.4分以上
16.1 min
11.1 min

图5-3　排泄树形图

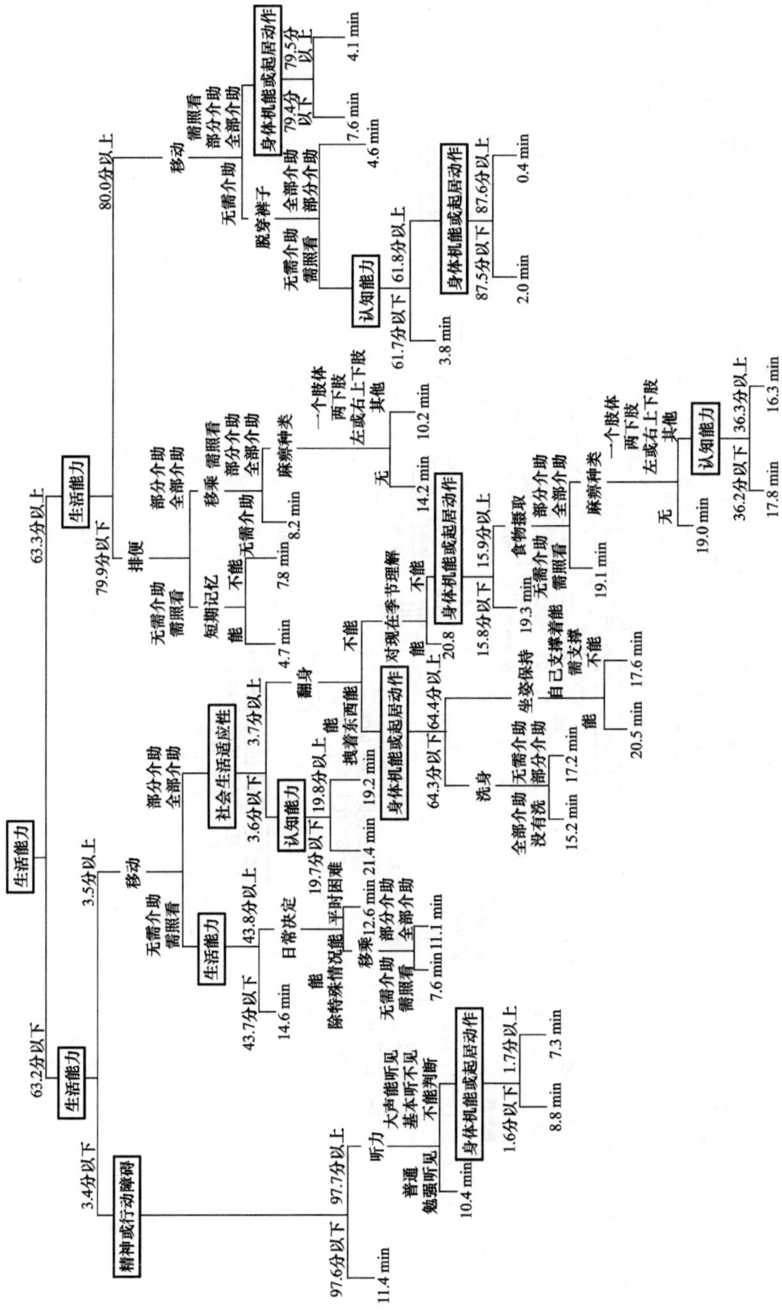

生活能力
63.3分以上
63.2分以下
生活能力
80.0分以上
79.9分以下
移动
无需介助
需照看
部分介助
全部介助
身体机能或起居动作
79.4分以下
79.5分以上
7.6 min
4.1 min
4.6 min
脱穿裤子
认知能力
61.8分以上
61.7分以下
3.8 min
87.5分以下
87.6分以上
2.0 min
0.4 min
排便
短期记忆
能
不能
4.7 min
7.8 min
移乘
8.2 min
麻痹种类
一个肢体
两下肢
左或右上下肢
其他
无
10.2 min
14.2 min
15.9分以上
15.8分以下
食物摄取
19.3 min
19.1 min
36.3分以上
36.2分以下
19.0 min
16.3 min
17.8 min
3.5分以上
3.4分以下
社会生活适应性
3.7分以上
3.6分以下
翻身
对现在季节理解
20.8
19.8分以上
19.7分以下
搜着东西能
19.2 min
21.4 min
64.4分以上
64.3分以下
洗身
没有洗
15.2 min
17.2 min
坐姿保持
自己支撑着能
需支撑
不能
20.5 min
17.6 min
43.8分以上
43.7分以下
14.6 min
日常决定
除特殊情况能
平时困难
12.6 min
7.6 min
11.1 min
精神或行动障碍
97.7分以上
97.6分以下
11.4 min
听力
普通
勉强听见
大声能听见
基本听不见
不能判断
10.4 min
1.7分以上
1.6分以下
8.8 min
7.3 min

图 5-4　移动树形图

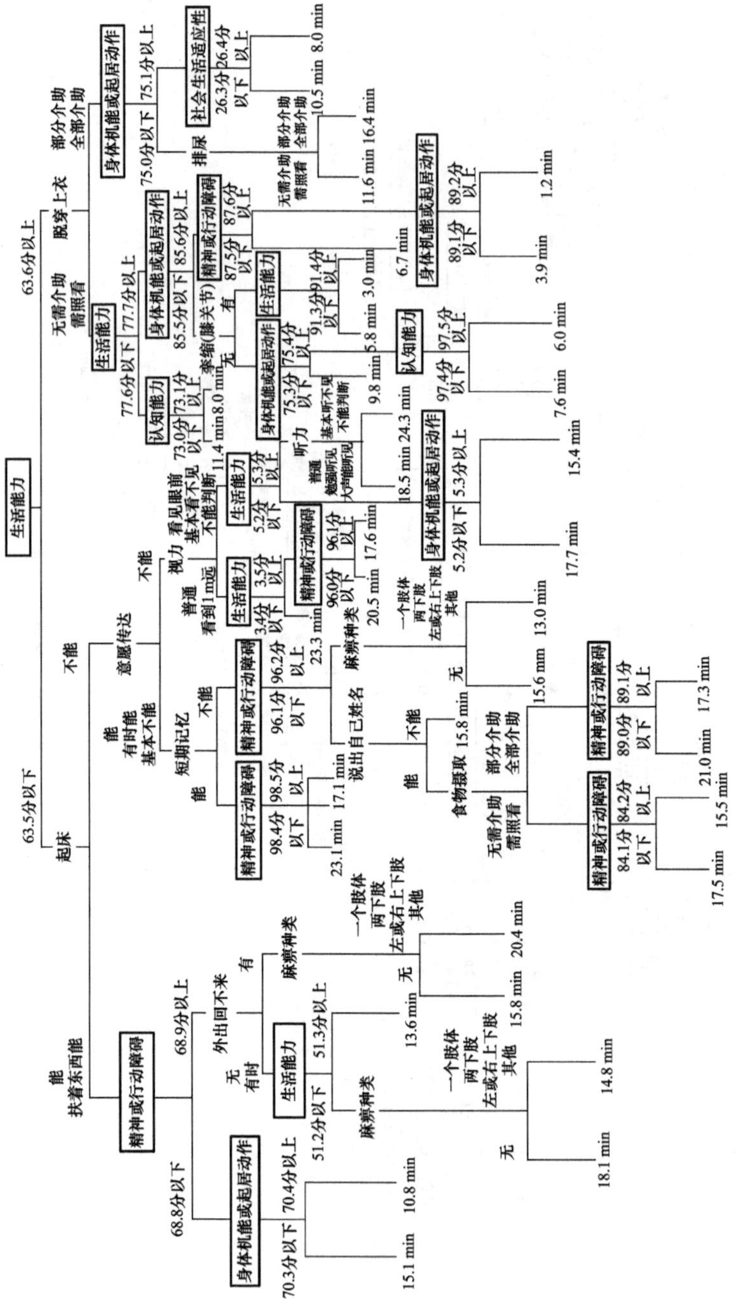
生活能力
63.6分以上
63.5分以下
无需介助
需照看
脱穿上衣
部分介助
全部介助
身体机能或起居动作
75.0分以下
75.1分以上
社会生活适应性
26.3分以下
26.4分以上
10.5 min
8.0 min
排尿
11.6 min
16.4 min
起床
不能
能
扶着东西能
精神或行动障碍
68.8分以下
68.9分以上
70.3分以下
70.4分以上
15.1 min
10.8 min
外出回不来
生活能力
51.2分以下
51.3分以上
麻痹种类
一个肢体
两下肢
左或右上下肢
其他
18.1 min
14.8 min
13.6 min
15.8 min
20.4 min
意愿传达
短期记忆
视力
听力
认知能力
说出自己姓名
食物摄取
17.7 min
15.4 min
17.5 min
15.5 min
21.0 min
17.3 min

图 5-5　清洁保持树形图

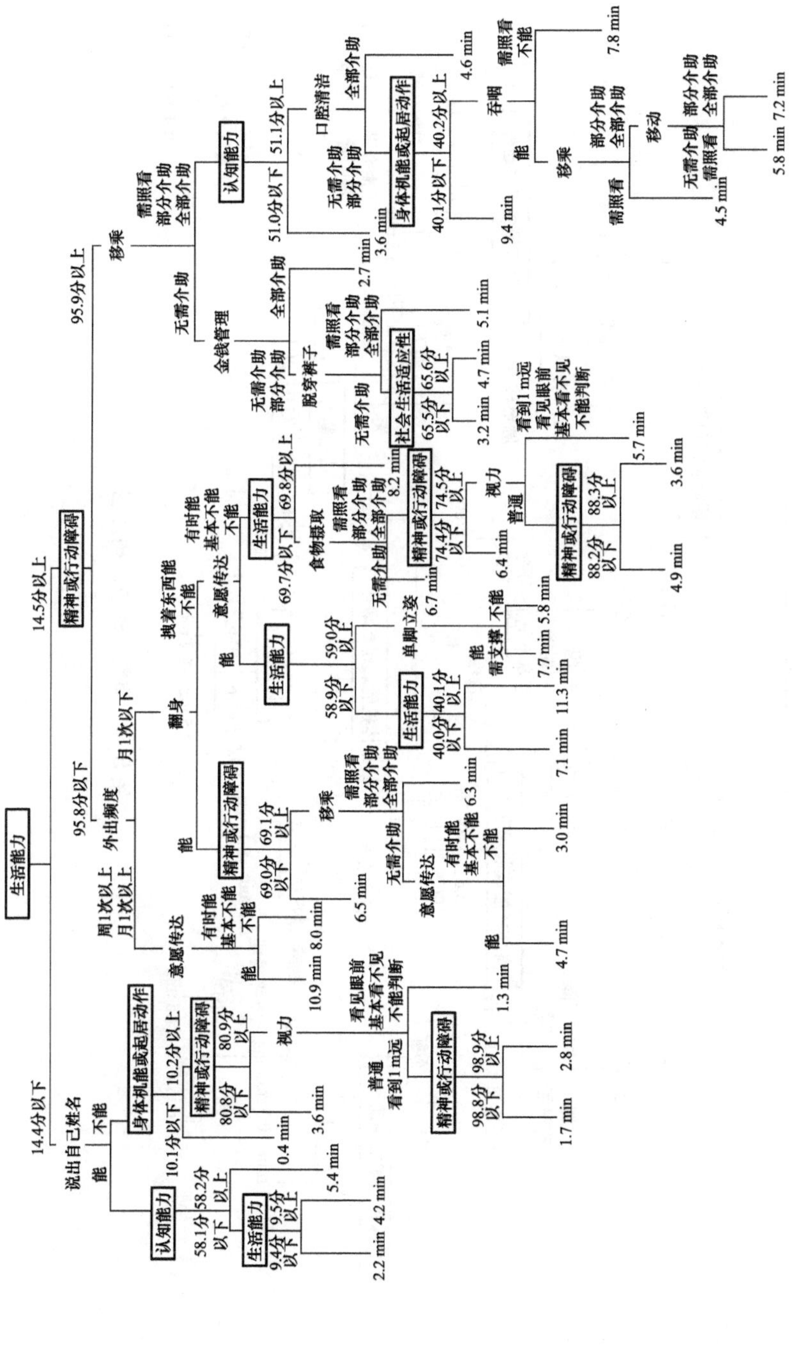

图 5-6　间接生活护理（家务援助）树形图

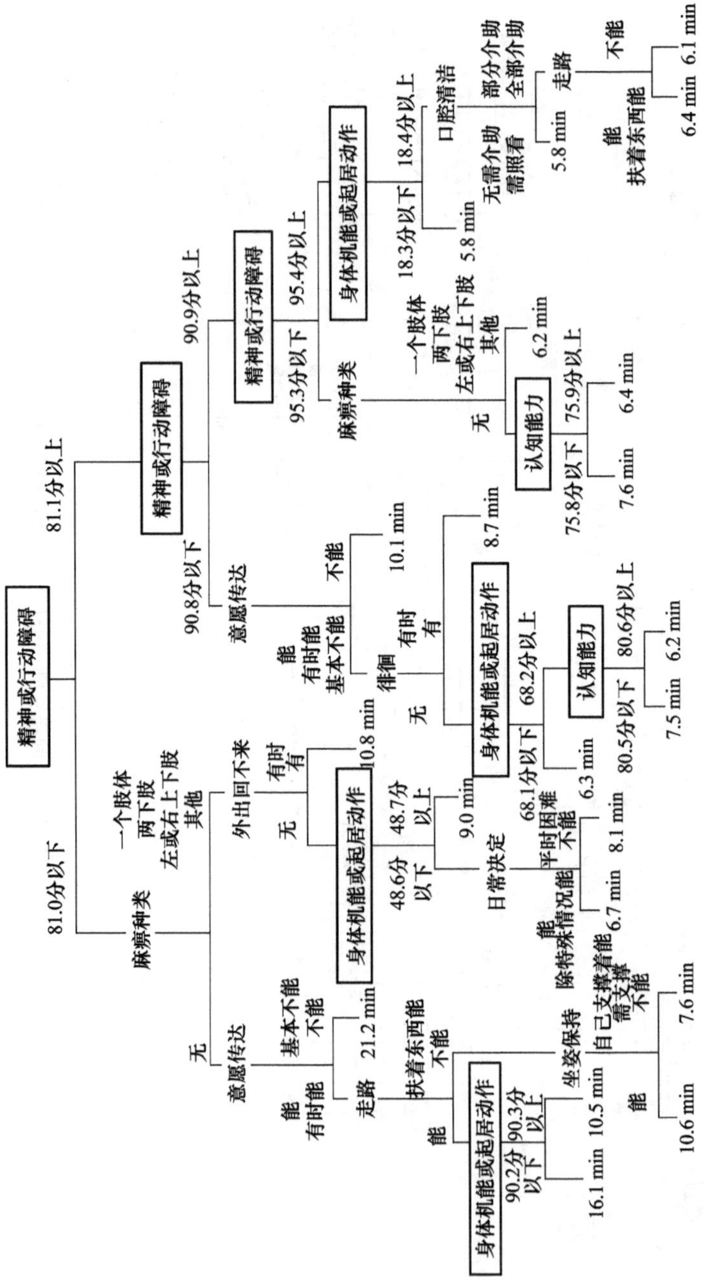

图 5-7　问题行动应对树形图

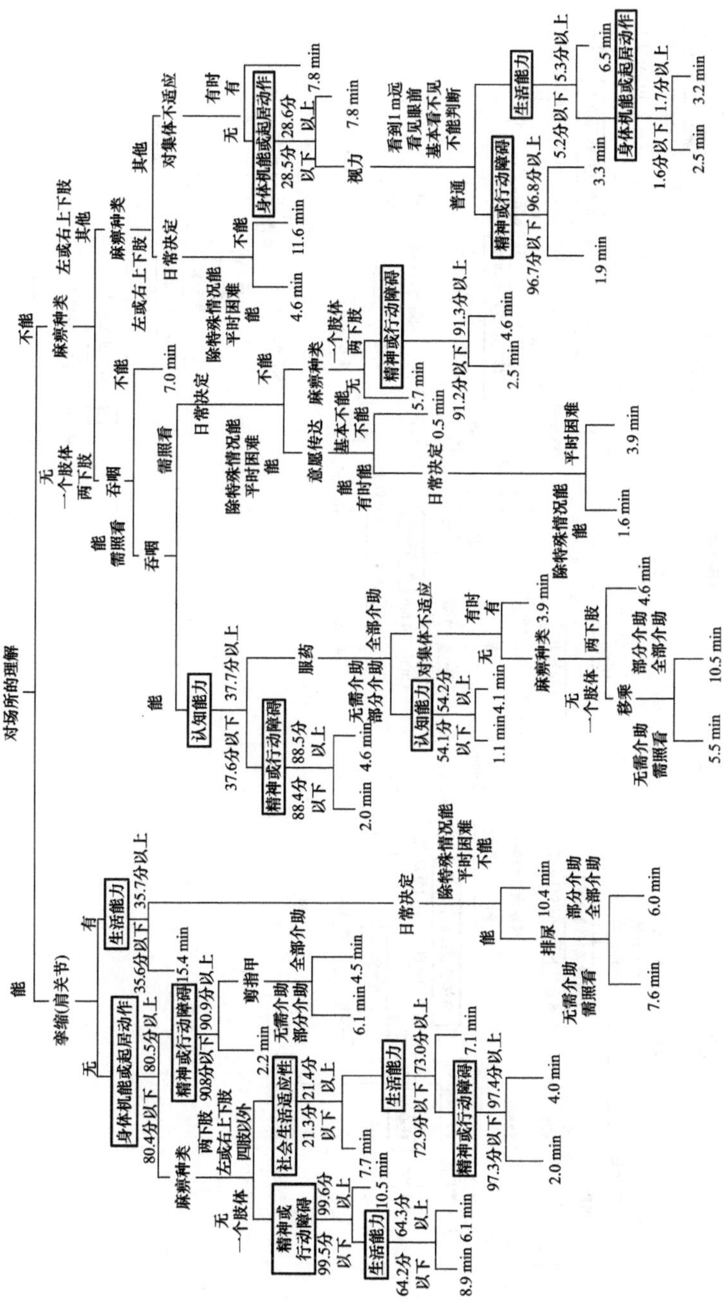

图 5-8　身体机能训练树形图

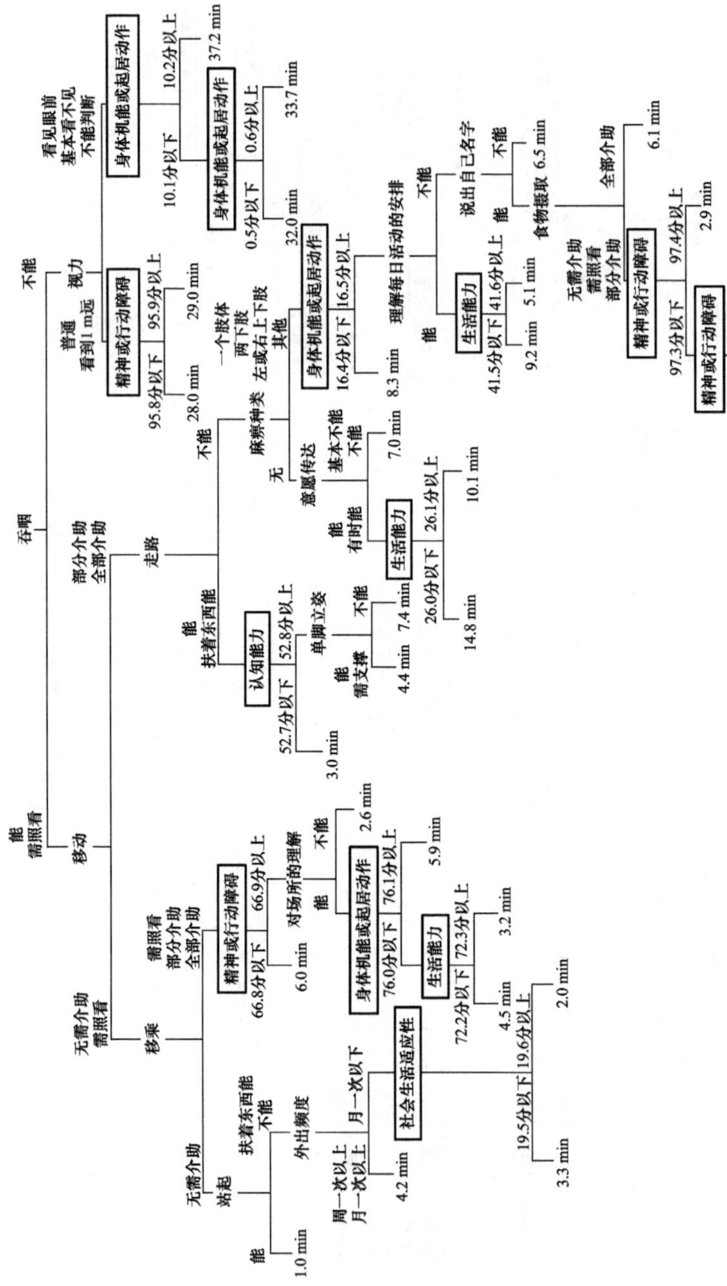

图 5-9　医疗相关行为树形图

表 5-11　　特别医疗护理标准时间

护理行为		标准时间/min
特别医疗	点滴管理	8.5
	中心静脉营养	8.5
	透析	8.5
	人工肛门	3.8
	输氧疗法	0.8
	人工呼吸器	4.5
	气管切开	5.6
	疼痛看护	2.1
	经管营养	9.1
	心脏等监测	3.6
	褥疮	4
	导管	8.2

资料来源：厚生労働省老人保健局．要介護認定　介護認定審査会委員テキスト［EB/OL］.（2018-04-01）［2020-05-12］. https：//www.mhlw.go.jp/file/06-Seisakujouhou-12300000-Roukenkyoku/0000116033.pdf.

3. 护理等级划分标准

厚生劳动省 2009 年第 58 号令颁布的护理等级“一次评估”标准，是用表示样本老人护理必要度（所需护理服务工作量）的护理标准时间划分服务申请者护理等级的评估标准。其制定的逻辑是，基于样本老人身心失能状态与所需护理服务的“1 分钟工时研究”数据解析结果，找出样本老人组平均护理标准时间与护理等级之间的关系，从样本数据库中找出与服务申请者残存生活能力得分最接近的样本老人组的护理标准时间，视为服务申请者的护理标准时间，并根据时间的长短，评估服务申请者的护理等级。护理等级“一次评估”标准的内容见表 5-12。

表 5-12　　2009 年护理等级“一次评估”标准

护理等级划分	护理标准时间评估
不符合	25 min 以下
援助 1 级	25 min 以上 32 min 以下或与此相当的失能状态
援助 2 级和护理 1 级	32 min 以上 50 min 以下或与此相当的失能状态

续表

护理等级划分	护理标准时间评估
护理 2 级	50 min 以上 70 min 以下或与此相当的失能状态
护理 3 级	70 min 以上 90 min 以下或与此相当的失能状态
护理 4 级	90 min 以上 110 min 以下或与此相当的失能状态
护理 5 级	110 min 以上或与此相当的失能状态

资料来源：厚生労働省．要介護認定はどのように行われるか［EB/OL］．［2021-03-14］. https：//www. mhlw. go. jp/stf/seisakunitsuite/bunya/hukushi_kaigo/kaigo_koureisha/nintei/gaiyo2. html.

（二）护理等级“一次评估”的过程

1. 护理等级“一次评估”的步骤

护理等级的“一次评估”分 4 步进行，具体步骤如下。

（1）评估调查员将服务申请者的评估调查结果，即由评估调查员勾选的 74 个基本调查项目选项输入计算机。

（2）由计算机软件根据二级指标评分标准，计算出每个二级指标和“评估指标群”得分。

（3）以评估调查项目的选项和“评估指标群”得分为判别点，利用软件中的“树形图”，找出与服务申请者 5 个“评估指标群”得分最接近的数据库样本老人 8 种生活场景的护理标准时间，视为服务申请者的护理标准时间。

（4）计算直接生活护理、间接生活护理等 5 个护理领域 8 种生活场景护理标准时间的合计，加上特别医疗的护理标准时间，得到服务申请者的护理标准时间，使用厚生劳动省制定的护理等级划分标准，初步评估服务申请者的护理等级，评估流程如图 5-10 所示。

2. 护理等级“一次评估”软件

为确保护理等级评估结果客观公正，免受评估人员自身知识、经验等主观因素的影响，厚生劳动省根据护理等级的评估步骤，开发了“一次评估”用计算机软件，其内容如图 5-11 所示。

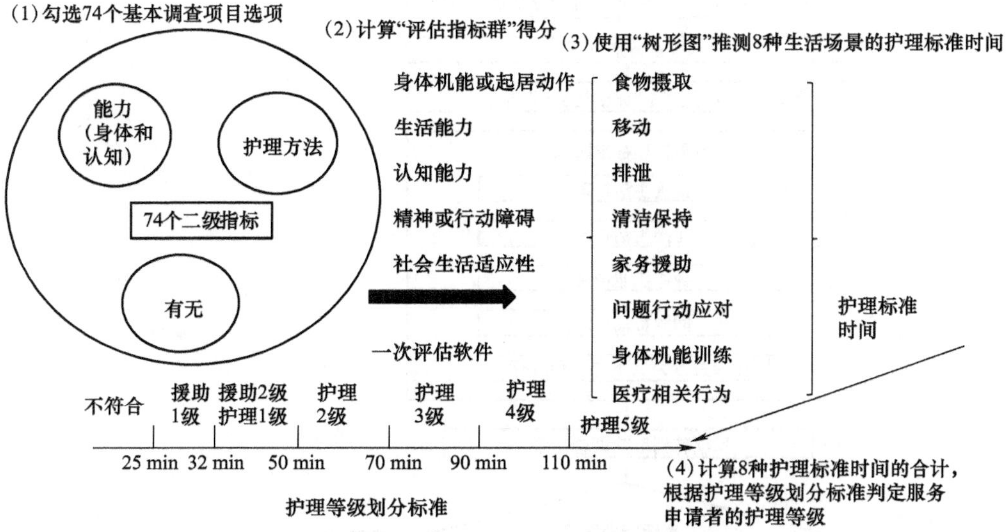

图 5-10　护理等级“一次评估”步骤

资料来源：厚生労働省老人保健課．認定調査に基づく一次判定　要介護認定の仕組みと手順［EB/OL］．［2020-05-12］．https：//www.mhlw.go.jp/file/05-Shingikai-11901000-koyoukintoujidoukateikyoku-Soumuka/0000126240.pdf.

二、护理等级“二次评估”的依据及评估工作

护理评估审查会基于护理等级“一次评估”的结果，参考基本调查特别事项记录和主治医师意见书中失能老人日常生活自立度及主要障碍信息，决定是否修改以及如何修改“一次评估”结果，进而做出服务申请者护理等级的最终判定。

（一）护理等级“二次评估”的依据

1. 特别事项记录

评估调查员使用基本调查“特别事项调查表”，详细记录不能在“基本调查表”中反映的服务申请者的“个性化”护理需求信息及护理注意事项，作为护理评估审查会推断服务申请者“个性化”护理需求所需护理标准时间比通常事例多寡或护理频度不同的材料，也是决定是否修改或如何修改“一次评估”结

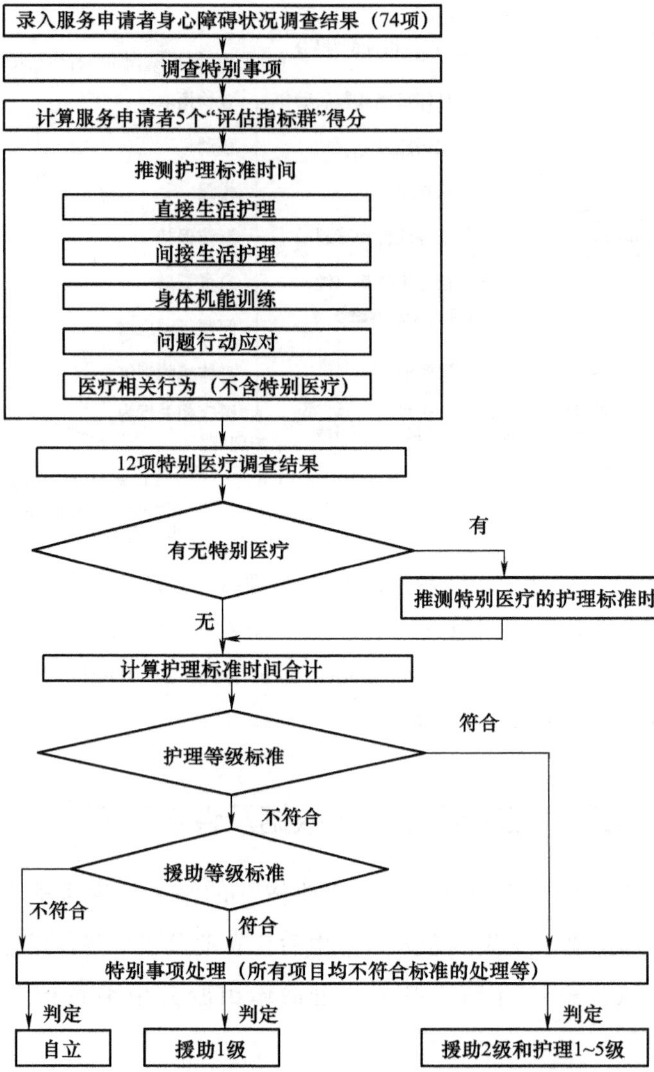

图 5-11　护理等级“一次评估”软件的内容

资料来源：作者参考 2006 年“一次评估”软件的内容制作。

果的重要依据。鉴于此，厚生劳动省统一规定了“特别事项调查表”的格式与填写方法，见表 5-3。

2. 日常生活自立度评估标准

为客观简洁地判断失能老人的日常生活自立程度，厚生劳动省制定了《残障老人日常生活自立度评估标准》（卧床度）和《认知症老人日常生活自立度评估标准》（失智度）。

（1）《残障老人日常生活自立度评估标准》。为使各地护理机构现场的保健师等能够用较短时间客观地评估失能老人的日常生活自立度，1991 年厚生劳动省制定了《残障老人日常生活自立度评估标准》（卧床度）。护理保险制度建立后，该评估标准成为护理评估审查会决定“一次评估”结果修改与否的参考依据，被沿用至今。

《残障老人日常生活自立度评估标准》的主要内容为，依据失能老人的生活状态，尤其是移动时的状态，将残障老人分为 4 类：第 1 类为虽然有某种残障，但日常生活基本自理，能独自外出；第 2 类为室内生活基本自理，没有介助不能外出；第 3 类为室内生活需要某种介助，白天以在床上生活为主，能保持坐姿；第 4 类为整天在床上度过，用餐、排泄、穿脱衣服需要介助。见表 5-13。

表 5-13　　残障老人日常生活自立度评估标准（卧床度）

残障老人	生活自立	J	虽然有某种残障，但日常生活基本自理，能独自外出
	准卧床	A	室内生活基本自理，没有介助不能外出
	卧床	B	室内生活需要某种介助，白天以在床上生活为主，能保持坐姿
		C	整天在床上度过，用餐、排泄、穿脱衣服需要介助

资料来源：厚生労働省老人保健局．要介護認定　認定調査員テキスト［EB/OL］.（2018-04-01）［2020-03-10］.https：//www. mhlw. go. jp/file/06-Seisakujouhou /0000077237. pdf.

表 5-13 中的 4 类，每一类又被细分为以下两种不同的情形。

J-1：利用公交车、电车等公共交通工具主动外出到距离较远的地方。

J-2：去附近购物或参加老人会活动等市町村内的近距离外出。

A-1：能自主地睡觉、起床，除了食物摄取、排泄、更衣以外，白天离床时间较多，如果身边有人陪护的话，会选择外出。

A-2：能自主地睡觉、起床，离床时间较多，即使有人陪护，也较少外出。

B-1：无他人辅助能移乘到轮椅上，食物摄取、排泄时离床。

B-2：在他人辅助下，移乘到轮椅上，食物摄取或排泄时需要他人援助。

C-1：平时卧床，自己能翻身、变更体位。

C-2：自己不能翻身，平时卧床。

在评估残障老人的日常生活自立度时，允许使用辅助器具或自助工具等。要留意的是，在早晨、白天、夜间等不同时间段，或因身体状况等能力程度不同时，需要观察一定时间（过去1周）的状况，可用频度表示能力程度的不同，并将平时的状况详细记录到特别事项栏。

（2）《认知症老人日常生活自立度评估标准》。为评估认知症老人的护理必要度，1993年厚生劳动省制定了《认知症老人日常生活自立度评估标准》（失智度），目的在于通过提供护理服务，防止认知症老人智力持续下降，无法正常生活的问题。护理保险制度建立后，该评估标准也成为护理评估审查会决定“一次评估”结果修改与否的参考依据，被沿用至今。

《认知症老人日常生活自立度评估标准》的主要内容为，根据认知症对日常生活的影响程度，将认知症老人分成5类：第1类为有些失智，但日常生活无论居家还是在家庭以外的地方基本能自理；第2类为多少会有影响日常生活的症状、行动及沟通交流困难，若有人提醒的话，生活能自理；第3类为有引起日常生活障碍的症状、行动及沟通交流困难，需要护理；第4类为引起日常生活障碍的症状、行动及沟通交流困难频繁出现，需要经常性护理；第5类为有明显的精神症状、问题行动或重度身体疾患，需要专门治疗，见表5-14。

表5-14　　认知症老人日常生活自立度评估标准（失智度）

认知症老人	Ⅰ	有些失智，但日常生活无论居家还是在家庭以外的地方基本能自理
	Ⅱ	多少会有影响日常生活的症状、行动及沟通交流困难，若有人提醒的话，生活能自理
	Ⅱa	在家庭以外的地方有Ⅱ的症状
	Ⅱb	在家里出现Ⅱ的症状
	Ⅲ	有引起日常生活障碍的症状、行动及沟通交流困难，需要护理
	Ⅲa	主要是白天有Ⅲ的症状
	Ⅲb	主要是夜间有Ⅲ的症状
	Ⅳ	有引起日常生活障碍的症状、行动及沟通交流困难频繁出现，需要经常性护理
	M	有明显的精神症状、问题行动或重度身体疾患，需要专门治疗

资料来源：厚生労働省老人保健局. 要介護認定　認定調査員テキスト［EB/OL］.（2018-04-01）［2020-03-10］. https：//www. mhlw. go. jp/file/06-Seisakujouhou /0000077237. pdf.

在服务申请者卧床且患有认知症、生活不能自理的情形下，护理评估审查会需参考护理等级分布的统计结果，判断是否修改服务申请者的“一次评估”结果。残障老人的卧床度和认知症老人的失智度，是护理评估审查会决定是否修改“一次评估”结果的重要指标。

3. 主治医师意见书

《护理保险法》第27条第3项规定，市町村在受理了被保险人的护理等级评估申请后，必须向主治医师征求被保险人引起身体、精神障碍疾病或受伤情况的意见，若被保险人没有主治医师的话，可由作为市町村职员的医师或市町村指定的医师开具“主治医师意见书”。厚生劳动省统一制定了供市町村使用的“主治医师意见书”样本，并要求主治医师按照厚生劳动省的“主治医师意见书指南”填写意见。

“主治医师意见书”的内容主要包括：主治医师是否同意将该意见书用于护理服务计划的制订、意见书的制定次数、有无在其他科室就诊、伤病名称及发病日期、症状稳定性、治疗经过与治疗内容、过去14天内接受的特别医疗、日常生活自立度（卧床度与失智度）、认知症的核心症状及周边症状、其他精神和神经疾患。护理评估审查会根据“主治医师意见书”掌握服务申请者的医疗管理状况，确认评估调查员的基本调查选项是否正确，审核40~64岁第2号被保险人是否符合厚生劳动省规定的护理保险给付条件，探讨是否变更“一次评估”的护理等级。“主治医师意见书”的内容见表5-15。

表5-15　　主治医师意见书（示例）

填写日期　　年　月　日

申请者	姓名		男	邮政编码
	出生日期　　年　月　日	（岁）	女	联系方式

对于申请者的意见

作为主治医师，对于本意见书用于护理服务计划的制订　　□同意　□不同意

医师姓名　　电话

医疗机构名称　　传真

医疗机构地址

（1）最终就诊日期	年　月　日
（2）意见书制定次数	□初次　□第2次以后

续表

（3）有无在其他科室就诊	□有　　□无 （有的情况下）□内科　□精神科　□外科　□整形外科 □皮肤科　□泌尿科　□妇科　□眼科　□耳鼻喉科 □康复科　□牙科　□其他（　　）

1. 关于伤病的意见
（1）伤病名称（填写特定疾病或生活能力低下直接诱因的伤病名称）及发病日期

（2）症状稳定性　　□稳定　□不稳定　□不明确
不稳定的情况下，填写具体症状

（3）生活能力低下直接诱因的伤病或特定疾病的治疗经过及包括用药在内的治疗内容
填写（最近 6 个月内）对护理有影响的伤病和特定疾病的诊断依据

2. 特别医疗（过去 14 天内接受的医疗全部勾选）
处置内容　□点滴管理　□中心静脉营养　□透析　□人工肛门　□输氧疗法　□人工呼吸机
□气管切开　□疼痛护理　□鼻饲
特别应对　□监测（血压、脉搏、血氧饱和度等）
失禁的应对　□导管等

3. 关于身心状态的意见
（1）日常生活自立度等
· 残障老人的日常生活自立度（卧床度）　□自立　□J1　□J2　□A1　□A2　□B1　□B2　□C1　□C2
· 认知症老人的日常生活自立度（失智度）　□自立　□Ⅰ　□Ⅱa　□Ⅱb　□Ⅲa　□Ⅲb　□Ⅳ　□M

（2）认知症的核心症状（包括认知症以外有同样症状的疾患）
· 短期记忆　□没有问题　□有问题
· 决定日常意愿的认知能力　□自立　□有些困难　□需照看　□不能判断
· 意愿传达能力　□能　□有些困难　□限于具体要求　□不能传达

（3）认知症周边症状（符合的项目全部勾选：包括与认知症有同样症状的非认知症疾患）
□无　□有｛□幻视和幻听　□妄想症　□昼夜颠倒　□谩骂　□暴力行为　□抵触护理
□不能管理用火　□不洁行为　□吞食异物　□性问题行动　□其他（　　）

（4）其他精神和神经症状
□无　□有（症状名称：　　　　　　　　）；有无接受专科诊疗　□有　□无

资料来源：公益社团法人宫城県医師会. 主治医意見書［EB/OL］.［2021-03-14］. https://www.pref.miyagi.jp/uploaded/attachment/311425.pdf.

（二）护理等级的“二次评估”

1. 护理等级“二次评估”的理由

使用计算机软件处理服务申请者保健、医疗及护理方面的调查信息，一是可避免不同专业背景的评估专家受自身专业知识及实践经验的影响，对残存生活能力相同的服务申请者的护理等级做出不同的评估结果，确保护理等级评估工作的公正性与客观性；二是可降低由人工查找与计算服务申请者的护理标准时间所需的成本。基于上述考虑，日本采用了由计算机软件评估服务申请者护理等级的方法。但是，计算机软件无法根据服务申请者“个性化”的护理服务需求信息进行判断，为此日本采用了“分步式”的护理等级评估方式，即基于与服务申请者残存生活能力得分最接近的样本老人组“共性化”的护理服务供给信息，由计算机软件初步评估服务申请者所需护理工作量，即所谓的“一次评估”，再由医疗、保健、护理领域的专家构成的护理评估审查会，根据服务申请者“个性化”的护理需求信息和主治医师意见，做出是否修改“一次评估”结果的判断，以确保评估的护理等级能够真实地反映为服务申请者提供的实际护理工作量，弥补计算机软件不能依据“个性化”的护理需求信息进行斟酌判断的缺陷。

2. 护理等级“二次评估”的工作内容

（1）核实或修改评估调查项目选项。提供给护理评估审查会的服务申请者护理等级评估结果，是根据评估调查员勾选的基本调查表的调查项目选项，由计算机软件做出的初步判断。鉴于评估调查员勾选的基本调查项目选项尚未经过核实，其选择正确与否直接影响“一次评估”结果的真实性。因此，“二次评估”的首要任务，是对评估调查员勾选的基本调查项目选项进行核实或修改。

核实或修改基本调查项目选项的依据是“特别事项调查表”及“主治医师意见书”，内容包括核实评估调查员的选项是否正确，特别事项记录与医师的意见是否吻合，对于评估调查员勾选的举棋不定的调查项目进行确认或修改，确认特别医疗的满意度、目的及实施时间，审查基本调查项目中残障老人和认知症老人的日常生活自立度选项是否正确。在发现评估调查员的选项与“特别事项调查表”或“主治医师意见书”的内容相矛盾时，要根据评估调查项目定义，变更基本调查项目选项，根据“特别事项调查表”或“主治医师意见书”的内容写出变更理由，并对是否修改“一次评估”结果做出判断。

若“主治医师意见书”的医师意见与评估调查结果截然不同，或记录过少导致护理评估审查会难以做出“二次评估”，护理评估审查会可以终止审查，要求护理评估审查会事务局重新部署评估调查。

（2）评估护理工作量的多寡。基于“特别事项调查表”和“主治医师意见书”的内容，评估服务申请者的护理工作量有 3 个参考依据。一是与通常事例做比较，判断服务申请者的护理工作量的多寡。厚生劳动省并未对护理工作量的通常事例进行界定，因此需要根据每个评估调查项目的定义和护理评估审查会委员的经验，以协商的方式进行判断。二是对评估介助方法的调查项目，根据特别事项记录，确认护理行为发生的频度，据此判断服务申请者所需护理工作量的多寡。三是参考服务申请者“一次评估”结果的护理标准时间距相邻护理等级的护理标准时间分界点的远近，判断服务申请者的护理工作量的多寡。比如：护理 3 级的护理标准时间定义为 70 min 以上 90 min 以下，服务申请者的护理标准时间评估为 70. 5 min，据此可判断服务申请者的护理工作量是接近护理 2 级的护理 3 级。

即使判断结果为服务申请者的护理工作量比通常事例多或少，也未必需要变更服务申请者的护理等级。只有在服务申请者的护理标准时间调整后，发生了跨越两个护理等级标准时间的分界点的情形下，才需要变更服务申请者的护理等级。

（3）划分援助 2 级与护理 1 级。由于援助 2 级与护理 1 级的护理标准时间相同，均为 32 min 以上 50 min 以下，而计算机软件的“一次评估”只能表示服务申请者的护理等级为援助 2 级或护理 1 级，无法进行具体划分。因此，需要由护理评估审查会根据服务申请者失能状态维持或改善的可能性，判定服务申请者的护理等级。

为了基于“认知能力评估”结果和“状态稳定性评估”结果，客观公正地划分护理标准时间为 32 min 以上 50 min 以下的服务申请者的护理等级，厚生劳动省规定了护理等级划分要件。服务申请者存在下面两个要件的情形为护理 1 级，两个要件均不符合的情形为援助 2 级。

两个要件：①因认知功能、思考和感情等障碍，正确理解预防给付有困难（大致标准是认知症老人的日常生活自立度为Ⅱ以上或 M）；②预测短期内服务申请者的身心状态会发生恶化，护理等级重度化的发生率高，大概在 6 个月内需要重新评估护理等级，如图 5-12 所示。

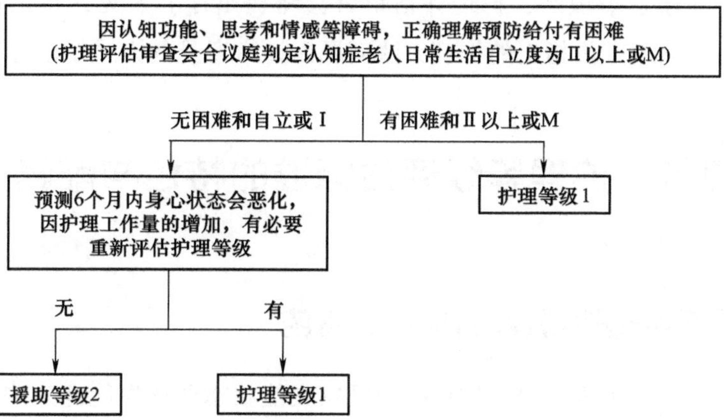

图 5-12　援助 2 级与护理 1 级的区分方法

资料来源：厚生労働省老人保健局. 要介護認定　介護認定審查会委員テキスト［EB/OL］.（2018-04-01）［2020-05-12］. https：//www. mhlw. go. jp/file/06-Seisakujouhou-12300000-Rouken-kyoku/0000116033. pdf.

（4）出具评审意见。护理评估审查会在决定了服务申请者的护理等级后，认为有必要时，可附上设定评估有效期和防止失能状态恶化的疗养意见，为市町村提供参考，以确保被保险人获得最佳护理服务。

1）关于评估有效期。厚生劳动省根据各种条件，原则上规定了评估有效期。然而，由于每个服务申请者的身心障碍程度持续的时间不同，因此其评估有效期要由护理评估审查会凭借知识和经验设定。

对于新的护理服务申请者或护理等级变更的申请者，原则上规定的评估有效期为 6 个月，护理评估审查会可以设定的评估有效期范围为 3～12 个月；对于正在利用护理援助或护理服务、申请服务更新的被保险人，原则上规定的评估有效期为12个月，护理评估审查会可以设定的评估有效期范围为3~36个月。具体而言，对于身心或精神障碍程度不稳定的护理1级的服务申请者，评估有效期设定为6个月以下较为妥当；对于障碍程度稳定、护理工作量长期不会发生较大变化的重度护理等级服务申请者，评估有效期可以设定得长些。

2）关于评审意见。为减轻服务申请者的失能状态或防止其失能状态进一步恶化，基于护理等级评估资料判断，服务申请者有必要接受疗养或了解享用居家或机构服务的注意事项时，护理评估审查会将提出疗养意见，指定护理服务类型，也可将评估调查员指出的护理方法问题以评审意见的方式予以答复。

第四节　护理等级评估标准的特色与配套条件

一、日本护理等级评估标准的特色

与国际上由医师等专家通过调查与观察失能状态评估失能老人护理等级的常用方法相比，日本的护理等级评估标准具有基于护理标准时间划分护理等级、采用计算机与人工相结合的“分步式”评估方式、依法由厚生劳动大臣决定等特色。

（一）基于护理标准时间划分护理等级

与美国、澳大利亚、德国等国际上由医师等专家根据调查与观察到的失能状态判定护理等级的评估标准相比，日本开发了使用样本老人组平均护理标准时间划分服务申请者护理等级的评估标准，即基于护理现场48小时内为样本老人提供的各种护理服务时间数据与样本老人的失能状态信息解析，使用树形统计法，分层解析不同样本老人组平均护理标准时间与失能状态之间的相关关系，开发了基于护理标准时间划分护理等级的评估标准，既克服了最小限数据集（MDS）不能根据评估结果判定服务申请者护理等级的问题，又可适用于护理、医疗及保健康复服务领域，成功地解决了美、澳、德等国按医疗、护理、保健、康复等服务领域分别制定评估标准，难以通过护理保险为失能老人提供综合性的医疗、护理、保健、康复服务问题，为医疗、护理、保健及康复服务的有机结合奠定了基础。

（二）采用“分步式”护理等级评估方式

不同于北欧诸国、德国等由评估调查专家直接判定服务申请者护理等级的评估方式，日本采用了迂回方式，分两步评估护理等级：第一步是掌握服务申请者目前的身心状况与失智度信息，将这些信息转化为服务申请者残存生活能力得分，从数据库中找出与服务申请者残存生活能力得分最接近的样本老人组平均护理标准时间，视为服务申请者的护理标准时间，根据护理标准时间与护理等级之间的相关关系，由计算机软件初步判定服务申请者的护理等级，即所谓的护理等级的“一次评估”；第二步由护理评估审查会根据服务申请者“个性化”的护理需求信息，推断服务申请者的实际护理标准时间较通常事例的平均护理标准时间的多寡，据此决定是否修改或如何修改“一次评估”的护理标准时间，得到反映服务申请者“个性化”护理需求的最终护理等级。

“分步式”的护理等级评估方式，实现了计算机软件与人工判定的有机结合，既弥补了计算机软件不能依据“个性化”信息进行评估判断的缺陷，又使护理等级评估免受评审专家自身知识与经验的影响，从而确保了护理等级评估结果的公平性与客观性。

（三）依法由厚生劳动大臣决定

与美国、澳大利亚等国护理等级评估标准由州政府制定的做法形成鲜明对比的是，日本的护理等级评估标准及其制定方法均由厚生劳动大臣决定，这是为了确保护理等级评估工作的公平性而做出的制度安排，即基于《护理保险法》第7条等相关条款的规定，厚生劳动省在1999年4月30日颁布的厚生省令第58号中，规定护理等级评估标准以及护理等级标准时间的推算方法均由厚生劳动大臣决定，并公布了失能老人护理等级评估标准。

此后，为了适应《护理保险法》的修订，日本于2003年、2006年、2009年分别对护理等级评估标准进行了大幅度修订，但标准的制定权和护理等级标准时间的推算方法依然掌握在厚生劳动大臣手中，这为全国统一的护理等级评估标准的制定与使用提供了法律与制度保障。

二、护理等级评估标准使用的配套条件

护理等级评估标准自2000年《护理保险法》实施以来，每年从几百万护理服务申请者中，精准地筛选出需要护理或援助的给付对象，并妥当地划分每个给付对象的护理等级。护理等级评估标准之所以能有效地发挥作用，得益于政府在法律、人员及资金方面为其创造的配套条件。

（一）评估调查表的制定与填写

护理等级的"一次评估"，是将评估调查员获取的调查信息录入计算机，由计算机软件做出的。因此，调查信息全面与否，直接关系到护理等级"一次评估"结果的准确度，并对护理评估审查会的"二次评估"具有重要影响。

为了确保评估调查员高效、无遗漏地收集服务申请者的护理服务相关信息，《护理保险法》第27条第2项规定，市町村在接到被保险人的护理等级评估申请时，要派遣其职员面见被保险人，对被保险人的身心状况及所处环境依据厚生劳动省规定的事项进行调查。为此厚生劳动省制定了规范统一的评估调查表。评估调查员要依据厚生劳动省制定的评估调查指南填写调查表，以避免评估调查员对调查信息的主观臆断，确保调查信息的客观性与真实性。

（二）评估调查员的资格要件与培训内容

评估调查员自身的专业知识和职业素养，不仅影响护理等级"一次评估"所用调查信息的精准度，而且由其提供的评估调查特别事项记录，还是护理评估审查会进行护理等级最终评估的重要依据。鉴于此，厚生劳动省对评估调查员的资格与培训内容做了统一规定。

根据《护理保险法》第24条第2项规定、厚生劳动省制定的《关于护理评估认定等的实施》规定，评估调查员的资格为：①市町村职员；②指定市町村事务受托法人的护理援助专员等；③指定居家护理援助机构、社区嵌入护理型老人福利机构、护理保险机构或社区综合援助中心的护理援助专员；④（自雇型）护理援助专员。上述人员必须参加都道府县或指定都市举办的评估调查员研修，且研修课程结业。

2020年修改的《护理保险法施行规则》，放宽了评估调查员的资格要件，增

加了具有护理现场业务经验 5 年以上的医师、药剂师等 21 种专业人员以及有1 年以上评估调查经验的人员可从事评估调查工作的规定。其中对于初次申请护理服务的失能老人的评估调查，由市町村职员或事务受托法人的护理援助专员负责；对于护理等级不变、申请护理期限更新的评估调查，可由厚生劳动省认可的护理机构或护理援助专员承担。厚生劳动省之所以做出此项规定，是为了在确保评估调查高质量的同时，解决评估调查员人手不足的问题。

此外，厚生劳动省还以老人保健局局长通知的形式颁布了《评估调查员研修实施纲要》，规定以都道府县为主体开展评估调查员研修，并明确了研修的内容与方法。都道府县开展研修的经费由国库补助。厚生劳动省还组织编写了研修用统一教材《护理评估认定——评估调查员教材》，制作了网络培训动画，供各都道府县或指定都市的评估调查员研修使用。此外，都道府县或指定都市通过集体工作研修、定期会议、网上授课等培训方式，努力提升评估调查员的技能。

（三）护理评估审查会的设置及工作要求

《护理保险法》第 14 条规定，为了开展评估审查工作，在市町村设置护理评估审查会。审查会委员由在保健、医疗、福利领域学识渊博且业务经验丰富者担任，由市町村长或特别区长任命。护理评估审查会由会长指定委员组成合议机构，负责审查和评估工作。合议机构委员的定员标准为 5 人，其人员配置要综合考虑身体障碍、智力障碍、精神障碍、疑难杂症等各专业的均衡，经当地医师会或福利法人机构等推荐产生，由市町村长任命。审查会会长通过审查会委员互选产生，任期 2 年，可以连任。会长负责护理评估审查会的运营。会长不能参加审查工作时，可由其指定的审查会委员代理工作。

厚生劳动省老人保健局颁布的《关于护理评估审查会的运营》规定，护理评估审查会要以计算机的“一次评估”结果为原始方案，参考特别事项记录和主治医师意见，对服务申请者的护理等级做出最终（二次）评估。

为了确保护理等级评估工作的公平性与公正性，厚生劳动省老人保健局制定了《护理评估审查会委员等研修实施纲要》，明确以都道府县为主体，对护理评估审查会委员及评估审查会委员的受托者开展评估研修，并进一步规定了研修的内容与方法、授课讲师资格、研修时间等。都道府县开展研修工作的经费由国库补助。厚生劳动省还组织编写了研修用统一教材《护理评估——护理评估审查会委员教材》，供各都道府县使用。

上述法律法规，为护理等级评估人员使用统一的护理等级评估标准开展评估工作提供了法律、人员及资金方面的保障，从而最大限度地确保了护理等级评估标准的正确使用。

第六章　护理服务计划[①]

为了将失能度评估中发现的生活障碍反映到日常护理服务中去，防范护理风险的发生，合理配置护理资源，为失能老人提供最佳护理服务，使其过上有尊严的自立生活，日本厚生劳动省通过《护理保险法》及其实施细则，详细规定了护理服务计划制订者的资格要件，护理服务计划制订的流程、要领与方法，并规定了统一的护理服务计划标准样式和课题（护理需求）分析评估工具，明确了各种服务提供者之间的合作义务与内容，以确保护理服务计划制订方法的科学性与规范性，以及护理服务计划内容的合理性。

本章内容如下：第一节护理服务计划概述，介绍护理服务计划制订的理由，护理服务计划的内涵、种类、制订主体及制订流程；第二节护理服务计划的制订依据，介绍护理服务计划制订的法律依据与流程规范，内容包括《护理保险法》关于护理服务计划制订者资格的规定、各种护理援助机构与护理服务法人运营标准中有关护理服务计划制订流程与制订方法的规定；第三节居家护理服务计划制订方法的实例演示，通过茨城县山田爱子的护理服务计划制订过程，介绍居家护理服务计划制订方法。

① 本章是天津市2017年度哲学社会科学规划课题“我国失能老人能力评估及照护等级认定标准的制定方法研究”（TJSR 17-001）的阶段性成果。

第一节　护理服务计划概述

一、护理服务计划制订的理由

失能老人的失能状态与失能程度不同，所需护理的内容与方法也不相同。有的失能老人需要入住护理机构或保健医疗机构；绝大部分失能老人会选择居家生活，由护理服务法人提供上门服务，且需要租赁辅助器具。不仅如此，即使同一失能老人，也需要因身心状态的变化及时调整服务内容。

为将失能度评估中发现的生活障碍反映到日常护理服务中去，防范护理风险的发生，合理配置护理资源，为失能老人提供最佳护理服务，日本厚生劳动省根据《护理保险法》，制定了护理援助机构与护理服务法人运营标准，对护理服务计划制订的流程与方法做了详尽规定，以期实现《护理保险法》援助失能老人，使之过上有尊严、高质量的自立生活的初衷。

二、护理服务计划的内涵

护理服务计划就是明确需要护理的失能老人的护理需求，并表明如何满足其护理需求的计划。

为确保服务利用者获取最佳护理服务，日本《护理保险法》及其实施细则——护理援助机构与护理服务法人运营标准规定，护理服务计划由护理援助专员或社区综合援助中心的专业职员，使用厚生劳动省规定的课题分析评估工具，对服务利用者的身心状态、生活环境、家属护理能力等进行评估；基于评估结果，使用厚生劳动省统一规定的标准样式与制订要领，填写护理服务计划表，提出综合性的援助方针和服务内容周详、援助目标明确的计划书。

三、护理服务计划的制订主体

护理服务计划可委托护理援助机构或护理预防援助机构制订，也可由服务利用者及其家属制订，制订主体因服务利用者的护理等级评估结果而异。一般情况下，护理等级为护理 1~5 级的失能老人，护理服务计划委托居家护理援助机构或护理机构的护理援助专员制订；护理等级为援助 1~2 级的失能老人，护理预防服务计划由服务利用者居住地社区综合援助中心的专业职员制订。但是，有的服务利用者为了保护自己的隐私，担心难以将自己期待的生活方式准确地传达给服务计划制订者，或者对将护理服务计划委托给他人制订感到不安或担心结果不理想，会选择由自己或家属制订护理服务计划，按照自己的意愿来选定护理服务法人，并负责护理报酬的支付工作。

与服务利用者自己制订护理服务计划相比，选择委托护理援助专员或社区综合援助中心的专业职员制订护理服务计划，不仅可以利用计划制订者渊博的学识和丰富的经验，保障计划制订的高质量，还可将与医师等服务人员以及护理机构、预防护理机构等服务法人的联络和给付管理工作，由受托的护理服务计划制订者代办，无须支付任何费用，减轻服务利用者本人及家属的负担。

四、护理服务计划的种类

护理服务计划按照服务提供场所，分为居家护理服务计划与机构护理服务计划两大类；按照护理服务的性质，分为护理服务计划与护理预防服务计划两大类。

（一）居家护理服务计划

居家护理服务计划是探讨服务利用者在家接受护理服务的计划，适用对象为护理 1~5 级的失能老人，既可接受上门医疗、上门保健、上门康复、上门护理的服务，也可入住保健、医疗或社区护理机构，接受短期集中性的护理服务或日间服务。

（二）机构护理服务计划

机构护理服务计划是由配置在福利型养老护理机构（特别养护老人机构）、保健型养老护理机构、护理疗养型医疗机构的护理援助专员或社区综合援助中心的专业职员制订，服务利用者通过入住护理服务计划安排的护理机构接受护理服务的计划。

这里需要注意的是，护理服务计划安排的护理机构并不仅限于护理保险的给付机构，也包括非护理保险给付机构。选择怎样的机构提供护理服务，是基于服务利用者的生活愿望和为服务利用者提供最佳服务的原则，由护理服务计划制订者与服务利用者协商，经服务利用者同意后的安排。其中，保健型养老护理机构和护理疗养型医疗机构原则上接受护理1~5级的失能老人入住，福利型养老护理机构原则上只接受护理3级以上的中度和重度失能老人入住。

（三）护理预防服务计划

护理预防服务包含在居家护理服务中，是基于2006年4月的护理保险制度改革新增设的一种护理服务，目的是防止老人陷入护理状态，维持或提升其生活能力而提供预防性上门护理和社区日间护理服务，适用对象为援助1~2级及护理1~5级的失能老人。被援助者的护理预防服务计划主要由居住地社区综合援助中心的专业职员或受托的民间居家护理援助机构的护理援助专员制订。

五、护理服务计划的制订流程

护理服务计划的制订流程，因制订主体、护理服务种类不同而异。下面按照制订主体和护理服务种类，分别介绍护理服务计划的制订流程。

（一）不同制订主体的计划制订流程

按照制订主体，护理服务计划分为由受托人制订的护理服务计划和服务利用者本人（包括家属）制订的护理服务计划两种类型。

1. 受托人制订护理服务计划的流程

受托人制订的护理服务计划包括由护理援助专员制订的居家护理服务计划和机构护理服务计划，以及由社区综合援助中心的专业职员或受托的护理援助专员制订的社区预防护理服务计划。制订流程如下。

（1）受理服务利用者及其家属的咨询。寻找护理服务计划制订受托人的途径有两种。一是服务利用者本人或家属通过电话或直接到市町村护理保险科或社区综合援助中心的问询窗口，咨询护理服务计划制订事宜。通过交谈，决定是否委托接待人员制订护理服务计划。二是由问询窗口的接待人员为服务利用者介绍其住处附近的护理援助专员或社区综合援助中心的专业职员，作为护理服务计划制订的受托人。

受托人通过受理咨询工作，向服务利用者本人及其家属等收集制订计划所需的基本信息。

（2）分析评估生活障碍课题。护理援助专员或社区综合援助中心的专业职员，在接受制订护理服务计划的委托后，根据《护理保险法》实施细则的规定，使用厚生劳动省规定的课题分析标准项目或基本信息确认清单，上门当面了解服务利用者的失能状态、所处环境及家属护理能力，对服务利用者的身心状态进行分析评估。

（3）制订护理服务计划草案。计划制订受托人通过信息收集与课题分析评估，掌握服务利用者的兴趣爱好、生活愿望或意向，确定护理服务的长期与短期目标，设计实现目标所需护理服务的种类、内容、次数、时间，计算服务费用，选择合适的服务法人，使用厚生劳动省规定的护理服务计划标准样式，制订护理服务计划草案，写明由何人、何时、以何种方式提供怎样的服务援助。

（4）召开“服务提供者会议”。护理援助专员或社区综合援助中心的专业职员，将制订的护理服务计划草案向服务利用者及其家属说明，在征得服务利用者及其家属同意后，召集服务利用者及其家属、护理服务法人的负责人与服务提供者、主治医师等相关人员，召开“服务提供者会议”，讨论护理服务计划草案的内容，向服务提供者征求修改意见及护理注意事项，完善并确定护理服务计划的内容。

（5）实施监察、评价与再评估。服务提供者开始提供护理服务后，护理服务计划制订者依照《护理保险法》实施细则的相关规定，定期或不定期地对护理服务内容及服务提供过程进行监察，使用厚生劳动省颁布的评价表，记录监察与评价结果，以确认护理服务内容与护理方法是否适合服务利用者以及设定的护理目标能否实现，必要时修改护理服务计划，联系各种服务提供者调整服务内容与护理方法，或者根据需要对服务利用者进行再评估。

2. 服务利用者制订护理服务计划的流程

为了安心地接受护理服务，在掌握了护理服务计划制订流程与护理注意事项后，服务利用者（包括家属）可按照自己的意愿制订护理服务计划，选定适合自身需要的护理服务法人。制订流程如下。

（1）领取护理服务计划制订材料。去市町村护理保险科或社区综合援助中心的问询窗口咨询，向接待人员说明自己制订护理服务计划的想法，领取护理服务计划制订材料，对于材料中难以理解的内容，当面向接待人员请教。

（2）确定护理服务目标。服务利用者及其家属应根据服务需求，确定护理服务目标。确定目标时，要考虑服务利用者本人的兴趣爱好与生活愿望，写出影响生活自立的具体障碍、成因以及克服障碍所需护理服务的内容与方法。

（3）制订护理服务计划草案。收集护理服务法人的信息，决定拟利用的服务内容，根据护理保险的护理等级评估结果和护理报酬标准数表，计算护理服务计划安排的每种护理服务的给付单位数及费用额，制订护理服务计划草案。

（4）召开“服务提供者会议”。组织各种护理服务法人的负责人、服务提供者及主治医师等参加“服务提供者会议”，讨论护理服务计划草案的内容，向服务提供者征求修改意见与护理注意事项，完善并确定护理服务计划的内容。

（5）提交护理服务计划。检查计划表每个必填项目是否存在漏填问题，设定的目标是否能实现自己的生活愿望，实现目标的障碍是否明确，克服障碍的护理内容是否具体，在与相关护理服务法人约定好各种服务后，将护理服务计划提交给市町村护理保险科加盖公章，而后邮寄给每个护理服务法人，开始接受护理服务。

（6）调整与修改护理服务计划。在接受护理服务期间，直接与护理服务法人沟通联络，根据自己身心状况的变化，协商服务内容变更事宜，同时修改护理服务计划的内容。

（7）办理护理服务费给付业务。服务利用者每月在护理保险制度规定的日期内，将上个月实际接受的护理服务进行汇总，报送给市町村护理保险科，办理护理服务费给付业务。

（二）不同服务种类的护理服务计划制订流程

一般情况下，居家护理服务计划由配置在居家护理援助机构的护理援助专员制订，社区护理预防服务计划由社区综合援助中心的专业职员制订。两者的共同之处是，计划制订者与服务提供者分别隶属于不同的法人，是法人之间的合作。而机构护理服务计划由机构内的护理援助专员制订，计划制订者与服务提供者均为同一机构的职员，是同一机构内部不同部门之间的合作。因此，机构护理服务计划与居家护理服务计划和社区护理预防服务计划的制订流程有所不同。

1. 居家护理服务计划制订流程

这里的居家护理服务计划包括居家护理预防服务计划，其制订流程如下。

（1）护理援助机构的护理援助专员，为服务利用者提供护理服务计划制订咨询服务，受服务利用者委托，负责制订护理服务计划。

（2）使用厚生劳动省颁布的课题分析评估工具，收集服务利用者的基本信息和详细信息，开展生活障碍课题分析评估；基于评估结果，制订护理服务计划草案。组织服务利用者、每个护理服务法人的负责人、服务提供者及主治医师等，召开“服务提供者会议”，共同讨论护理服务计划草案的内容，确定护理服务计划，并向服务利用者及其家属进行说明，取得服务利用者的同意。

（3）将护理服务计划同时交付服务利用者与居家护理服务法人。

（4）居家护理服务法人的服务提供者，根据护理援助专员的护理服务计划，制订更加详细的个别服务计划。

（5）居家护理服务法人将制订的个别服务计划内容向服务利用者说明，取得服务利用者的同意。

（6）按照个别服务计划，由服务提供者为服务利用者提供服务。

（7）月末，服务利用者向居家护理服务法人支付自己应负担的护理服务费。

在服务提供过程中，护理援助专员发现护理服务内容不能满足服务利用者的需要时，会与服务提供者协商护理服务计划变更事宜，按照变更后的护理服务计划调整相关服务的内容。居家护理服务计划制订流程如图 6-1 所示。

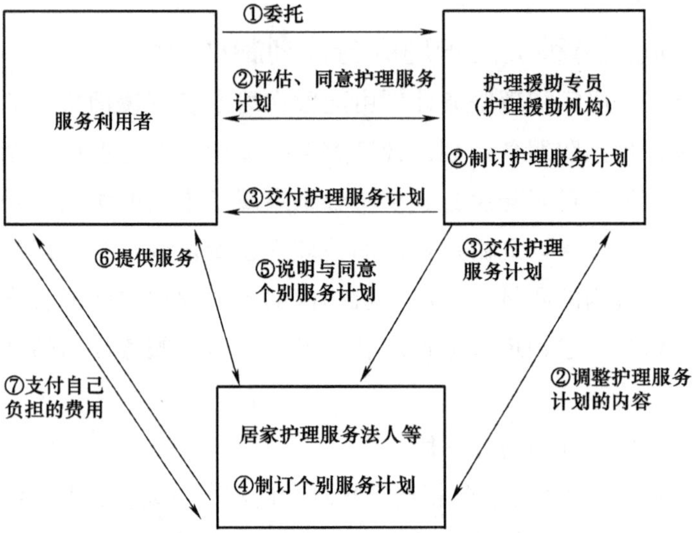

图 6-1　居家护理服务计划制订流程

资料来源：厚生劳働省.ケアマネジメントのあり方［EB/OL］.［2020-03-21］. https://www.mhlw.go.jp/file/05-Shingikai-12601000-Seisakutoukatsukan-Sanjikanshitsu_Shakaihoshoutantou/0000122362.pdf.

2. 机构护理服务计划制订流程

这里的机构是指有配置护理援助专员法定义务的福利型养老护理机构、保健型养老护理机构、护理疗养型医疗机构、特定生活护理型机构（自费型老人机构等）、认知症应对型共同生活护理机构、小规模多功能型居家护理机构、社区嵌入型护理老人福利机构入住者生活护理机构、社区嵌入型特定机构入住者生活护理机构、护理预防特定机构入住者生活护理机构、护理预防认知症应对型共同生活护理机构、护理预防小规模多功能型居家护理机构。其护理服务计划制订流程如下。

（1）由机构的护理援助专员向入住该机构的服务利用者说明生活障碍课题分析评估与护理服务计划制订的必要性，使服务利用者了解护理服务计划。

（2）护理援助专员使用厚生劳动省规定的评估工具，对入住该机构的服务利用者进行信息收集与生活障碍课题分析评估；基于评估结果，制订护理服务计划草案；召集服务利用者及其家属，服务法人的生活咨询员、护理员、护士、营养师等服务提供者，参加“服务提供者会议”，共同讨论护理服务计划草案的内容，确定护理服务计划，向服务利用者及其家属进行说明。在取得服务利用者同意后，由该机构的生活咨询员、护理员、护士、营养师等为服务利用者提供护理服务。

（3）月末结算时，服务利用者将应由自己负担的护理服务费直接支付给护理机构管理者。

通过图 6-2 可见，机构护理服务计划的制订者是隶属于该机构的职员，护理服务计划的制订、执行、调整及收费等各项工作均是护理服务机构的内部事务，不涉及外部的护理服务提供者。护理援助专员与服务利用者在同一护理机构，可以随时观察服务利用者的身心变化状况，及时了解护理服务计划的内容是否适合服务利用者。因此，服务提供者无须制订个别服务计划，制订流程较为简单。

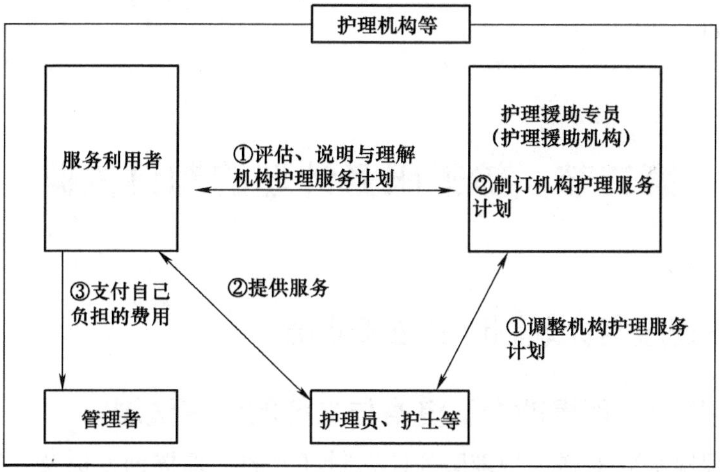

图 6-2　机构护理服务计划制订流程

资料来源：厚生労働省. ケアマネジメントのあり方［EB/OL］.［2020-03-21］. https：//www.mhlw.go.jp/file/05-Shingikai-12601000-Seisakutoukatsukan-Sanjikanshitsu_Shakaihoshoutantou/0000122362.pdf.

综上所述，可将护理服务计划制订流程每一环节的主要内容归纳为图 6-3。

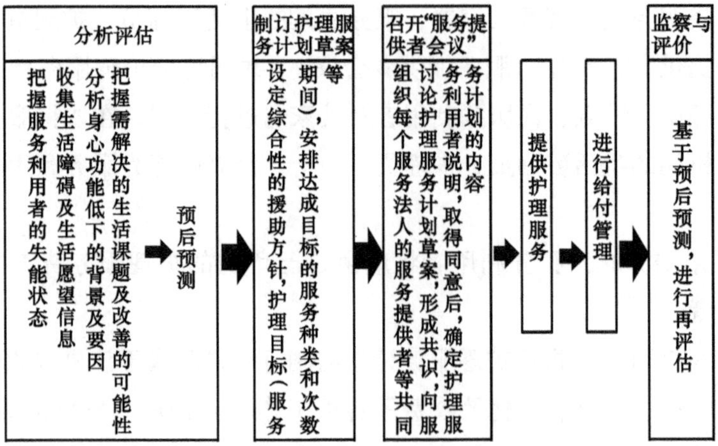

图 6-3　护理服务计划制订环节的主要内容

资料来源：厚生劳働省. ケアマネジメントのあり方［EB/OL］.［2020-03-21］. https：//www.mhlw.go.jp/file/05-Shingikai-12601000-Seisakutoukatsukan-Sanjikanshitsu_Shakaihoshoutantou/0000122362.pdf.

第二节　护理服务计划的制订依据

一、护理服务计划制订的法律依据

（一）关于护理援助专员资格与义务的法律法规

《护理保险法》对作为护理服务计划制订者的护理援助专员及其资格与义务做了明确规定。

1. 护理援助专员的界定

护理援助专员是指根据被护理者或被援助者的咨询信息及身心状况，为被护理者或被援助者接受居家护理服务、社区嵌入型护理服务、机构服务、护理预防服务或社区嵌入型护理预防服务、特定护理预防服务及日常生活援助等，而与市町村及各种护理服务法人进行联络与协调，使被护理者或被援助者过上自立的日常生活，而提供必要援助、具有专业知识和技术、持有护理援助专员证的专职人员（《护理保险法》第 7 条）。

2. 护理援助专员的资格要件

护理援助专员应是在保健医疗福利领域有 5 年以上实务经验，完成都道府县知事基于厚生劳动省令组织的实务研修课程，研修考试合格，取得护理援助专员证的医师、护士、社会福利师、护理福利师等。护理援助专员证的有效期为 5 年，期满后，护理援助专员要更新护理援助专员证，必须接受都道府县知事基于厚生劳动省令组织的实务研修（《护理保险法》第 69 条）。

3. 护理援助专员的义务

《护理保险法》对护理援助专员的义务做了追加规定。护理援助专员必须尊重被护理者的人格，站在被护理者的立场，公正且诚实地开展工作，以便不失偏颇地为被护理者提供居家、社区及机构护理服务；护理援助专员必须按照厚生劳动省令的相关规定开展业务；为了援助被护理者过上自立的日常生活，护理援助专员必须努力提升自己的专业知识和技术水平（《护理保险法》第 69 条）。

（二）关于护理服务计划制订者的相关法规

厚生劳动省根据《护理保险法》制定的护理援助机构及护理服务法人运营标准，对各种护理服务计划的制订者做出了明确规定。具体而言，《关于指定居家介护支援等事业的人员及运营标准》（1999 年厚生劳动省令第 38 号、2015 年厚生劳动省令第 4 号最终修改）规定，居家护理服务计划由指定居家护理援助机构的护理援助专员制订；《关于指定介护老人福祉设施的人员、设备及运营标准》（1999 年厚生劳动省令第 39 号）、《关于介护老人保健设施的人员、设施和设备及运营标准》（2003 年厚生劳动省令第 31 号追加、2018 年厚生劳动省令第 4 号修改）、《关于指定介护疗养型医疗设施的人员、设备及运营标准》（1999 年厚生劳动省令第 41 号）及《关于介护医疗院的人员、设施和设备及运营标准》（2018 年厚生劳动省令第 5 号）规定，机构护理服务计划由该机构配置的护理援助专员制订；《关于指定介护预防支援等事业的人员和运营及关于指定介护预防支援等介护预防有效支援方法的标准》（2006 年厚生劳动省令第 37 号）规定，护理预防服务计划由社区综合援助中心的专业职员制订。

（三）关于护理服务计划制订流程与制订方法的法律法规

厚生劳动省基于《护理保险法》的相关规定，按照护理服务种类和提供单位的性质，分别制定了适用于护理援助机构、护理服务法人、护理预防援助机构和护理预防服务法人的运营标准。每个运营标准均详细规定了该种护理援助机构或护理服务法人的护理服务计划制订流程与制订方法。

由于篇幅所限，这里只介绍《关于指定居家介护支援等事业的人员及运营标准》第 13 条中关于居家护理服务计划制订的规定。

第 4 号规定，护理服务计划的制订，从援助服务利用者日常生活全局的立场出发，要将非护理保险给付对象的保健医疗服务或护理服务以及社区居民自发性的志愿服务列入居家护理服务计划。

第 5 号规定，为便于服务利用者选择各种护理服务，要适当地将该社区的指定居家护理服务法人的服务内容与费用信息提供给服务利用者及其家属。

第 6 号规定，护理援助专员在制订居家护理服务计划时，要采用适当的方法对服务利用者的生活能力、已接受的居家护理服务及其所处环境等进行评估，把握服务利用者实现生活自立需解决的课题。

第 7 号规定，护理援助专员为掌握服务利用者的生活障碍课题，必须登门拜访，与服务利用者本人及其家属面谈。

第 8 号规定，居家护理服务计划草案的制订，要基于服务利用者的生活愿望以及对服务利用者的分析评估结果，探讨解决服务利用者护理需求问题的最佳服务组合，内容应包括服务利用者及其家属的生活愿望和意向、综合性的援助方针、生活诸方面需解决的课题、护理服务目标和期限、服务种类、护理内容、护理费用及服务提供时的注意事项。

第 9 号规定，探讨护理服务计划草案的“服务提供者会议”，要以服务利用者及其家属的参加为要件，召集居家护理服务计划安排的服务法人负责人和服务提供者参加。

第 10 号规定，护理援助专员必须将居家护理服务计划的内容向服务利用者或其家属说明，并以书面形式取得服务利用者或其家属的同意。

第 11 号规定，必须将制订的居家护理服务计划提交给服务利用者和护理服务法人双方。

第 13 号规定，护理援助专员负责掌握居家护理服务计划的落实情况，根据需要修改变更护理服务计划，与护理服务法人联络，调整护理服务的内容。

第 14 号规定，护理援助专员要对护理服务计划的执行情况进行监察，至少每月登门拜访服务利用者 1 次，监察结果至少记录 1 次。

第 15 号规定，在服务利用者接受护理等级更新或护理等级变更评估时，必须组织召开“服务提供者会议”，向服务提供者征求意见。

上述详尽的规定，为居家护理服务计划的制订与变更提供了法律保障，可防止护理援助专员根据自己的主观臆断制订或修改护理服务计划。

（四）关于护理服务计划制订者的义务与工作方法的规定

为确保护理服务计划制订工作的顺利开展，厚生劳动省在制定的护理援助机构和护理服务法人运营标准中，具体规定了护理服务计划制订者的义务与工作方法。

1. 在制订护理服务计划时，制订者要从满足服务利用者日常生活诸方面需求的立场出发，将非护理保险给付对象的保健医疗服务或福利护理服务、社区居民的志愿服务列入居家服务计划。此项规定明确了护理服务计划的内容，不应局限于护理保险的给付范围，还要考虑护理保险给付之外的保健医疗等其他服务的有效利用。此项规定为护理服务与保健医疗等服务的有机结合奠定了法律基础。

2. 如果被保险人的保险证上记载着护理评估审查会意见或护理评估审查会指定的居家或社区嵌入型护理服务，制订者应向服务利用者说明可以变更指定的护理服务内容，在取得服务利用者理解的基础上，基于指定的护理服务内容，制订护理服务计划。此项规定可确保护理评估审查会的意见得到尊重，避免护理服务计划的内容与护理等级评估专家的意见相矛盾。

3. 鉴于接受上门医护、上门康复、社区日间康复、居家疗养管理指导、短托疗养护理、定期巡回和随时应对型上门护理医护及医护小规模多功能型居家护理服务，需要经过主治医师或牙科医师的许可，护理援助专员或社区综合援助中心的专业职员在将上述服务列入护理服务计划时，必须确认是否有主治医师等的指示，在服务利用者希望接受上述护理服务时，计划制订者必须征求其主治医师等的意见。此外，在将医疗康复以外的居家护理服务列入护理服务计划时，必须严守主治医师等提出的服务注意事项。此项规定明确了护理服务计划的制订，必须尊重主治医师或牙科医师的意见。

4. 在制订护理服务计划时，计划制订者必须向服务利用者的主治医师、牙科医师等医疗服务提供者和护理服务法人收集信息，并将制订的护理服务计划草案通过召开“服务提供者会议”，征求具有专业知识和经验的服务提供者的意见，完善护理服务计划；在护理服务计划变更时，计划制订者必须与相关服务法人联络，协调与调整护理服务的内容；计划制订者要整理好为服务利用者提供的援助记录，从服务结束日起保存 2 年。

（五）关于服务法人的负责人和服务提供者义务的规定

为确保护理服务计划的制订得到市町村及相关服务法人的支持与配合，在护理服务法人的运营标准中，厚生劳动省规定了服务法人的负责人和服务提供者与护理服务计划制订者、市町村及其他服务法人合作的义务。具体而言，为服务利用者提供服务的护理服务法人的负责人和服务提供者，一是要重视与社区和居家护理服务的结合，努力与市町村（包括特别区）、其他居家服务法人及各种护理机构合作；二是在提供的服务结束时，要将服务利用者的信息及服务改进建议提供给指定的居家护理援助机构；三是将服务日期和服务内容记录到服务利用者的居家护理服务计划、机构护理服务计划或护理预防服务计划，护理服务法人的负责人和服务提供者要参加“服务提供者会议”，通过参与护理服务计划草案的讨论，实现与居家护理援助机构及其他相关服务法人的合作；四是整理好为服务利用者提供的服务记录，从服务结束日起保存 2 年；五是在服务利用者接受护理等级变更评估时，出席“服务提供者会议”，参与护理服务计划变更事宜的讨论。

二、护理服务计划制订规范

（一）《关于护理服务计划样式及需求分析标准项目的提示》

为了实现服务利用者及其家属的生活目标，确保护理服务计划的内容规范合理，厚生劳动省老人保健局企划科于 1999 年 11 月，以企划科科长通知的形式，颁布了《关于护理服务计划样式及需求分析标准项目的提示》，据此规定了居家护理服务计划表和机构护理服务计划表的标准样式、内容及填写方法，并要求制订护理服务计划的评估工具至少具备课题分析标准项目的内容。

1. 护理服务计划样式

（1）居家护理服务计划。居家护理服务计划由第 1 表居家护理服务计划（1）、第 2 表居家护理服务计划（2）、第 3 表居家护理周服务计划、第 4 表居家护理服务提供者会议纪要、第 5 表居家护理援助经过、第 6 表居家护理服务利用表（兼居家服务计划）、第 7 表居家护理服务利用表附表构成。[①] 其中第 1 表至第 3 表在内容上是相互关联的，规定了护理服务的方向和内容，第 6 表和第 7 表是为护理援助专员进行护理报酬给付管理而设置的。

第 1 表居家护理服务计划（1），旨在明确居家护理服务计划综合性的援助方针和服务利用者及家属的生活愿望与意向，使提供生活援助服务的护理者站在服务利用者的立场，与服务利用者朝着共同的方向努力。

第 2 表居家护理服务计划（2），是为实现居家护理服务计划（1）的“利用者及家属的生活愿望”，将评估发现的生活障碍课题排序，提出具体解决办法的计划，是整个居家护理服务计划的核心，具体包括：将服务利用者应解决的所有生活障碍课题排出先后顺序，确立援助的长期和短期目标，整理出服务利用者自身能克服的生活问题、家庭和社区应协力解决的生活问题，以及护理团队应援助解决的生活问题，明确具体的解决方法和手段；安排实现目标的援助内容、服务种类、频度、期限、规定何时由谁提供何种服务，预测预后状态，为护理服务计划的监察与修订提供依据。

第 3 表居家护理周服务计划，是将居家护理服务计划（2）设计的援助内容以周为单位表示出来的计划表。在掌握服务利用者生活规律的基础上，通过提供援助服务，了解服务利用者的生活变化。援助内容以周和时间段表示，服务管理者可据此掌握一周每天 24 小时为服务利用者提供的服务，护理团队成员之间也可了解彼此的服务内容，有助于服务提供者之间的合作。

第 4 表居家护理服务提供者会议纪要，用于记录“服务提供者会议”的内容，包括会议出席者、护理服务计划草案综合性的援助方针、服务内容、服务注意事项的讨论情况及结论、护理服务计划协议达成情况及今后的课题。

---

① 居家护理服务计划表样式详见本章附表 6-1～6-7。

第5表居家护理援助经过，用于记录护理服务提供者的姓名、服务提供日期、服务内容、服务时间、服务利用者及家属意见、满意度、援助目标的实现程度、服务法人的服务内容调整等。

第6表居家护理服务利用表（兼居家服务计划），用于记录居家服务法人为服务利用者提供服务的时间和服务内容，便于护理援助专员开展给付额上限管理工作，以及计算护理报酬中应由服务利用者负担的费用。

第7表居家护理服务利用表附表，用于按护理服务种类计算服务利用者的给付额上限及护理等级评估期间服务利用者的短托日数，其中部分内容可用护理保险综合数据库中的护理给付费明细表的信息代替。

（2）机构护理服务计划。机构护理服务计划，由第1表机构护理服务计划（1）、第2表机构护理服务计划（2）、第3表机构护理周服务计划、第4表机构护理日服务计划①、第5表机构护理服务提供者会议纪要、第6表机构护理援助经过构成，其中第1表、第2表、第3表、第5表的内容与居家护理服务计划基本相同，不再赘述。不同于居家护理服务计划的是，机构护理服务计划设置了一个日服务计划表，并未设置服务利用表和服务利用表附表，这是因为服务利用者每天生活在护理机构，护理机构需要制订日服务计划，安排服务利用者每天的生活起居，详细规定24小时为服务利用者提供的共同服务、个性化服务、随时添加的服务及周服务计划选定的其他服务。由于护理机构的护理报酬由内部的财务部门管理，不涉及外部的护理援助专员，也就没必要设置护理援助专员护理报酬支付用表。

2. 课题分析标准项目

厚生劳动省为了发现服务利用者的生活障碍，制定了由基本信息项目表和课题分析评估项目表构成的课题分析标准项目，作为居家护理服务计划和机构护理服务计划制订的评估工具。

（1）基本信息项目表。基本信息项目表由基本信息、生活状况、参保信息等9个项目构成，目的是收集护理服务计划制订所需的服务利用者基本信息，见表6-1。

---

① 机构护理日服务计划的样式，见本章附表6-8。

表 6-1　　基本信息项目表

号码	标准项目名称	项目主要内容（例）
1	基本信息（接待受理、服务利用者等基本信息）	记录护理服务计划制订所需的服务利用者的接待受理信息（接待时间、接待员、接待方法等）、服务利用者的基本信息（姓名、性别、出生日期、住址、电话等），以及服务利用者家属等基本信息
2	生活状况	记录服务利用者现在的生活状况与生活经历等
3	参保信息	记录服务利用者参保信息（护理保险、医疗保险、社会救助、身体障碍者手册等）
4	正在利用的服务现状	记录服务利用者现在接受的服务状况（不局限于护理保险的给付范围）
5	残障老人日常生活自立度	记录残障老人日常生活自立度
6	认知症老人日常生活自立度	记录认知症老人日常生活自立度
7	主要诉求	记录服务利用者和家属的主要诉求和生活愿望
8	评估信息	记录服务利用者评估结果（护理等级、评估审查会意见、给付上限额等）
9	课题分析（评估）理由	记录课题分析（评估）理由（初次、定期、出院或退出护理机构时等）

资料来源：厚生労働省. 介護サービス計画書の様式及び課題分析標準項目の提示について、ケアプラン点検援助マニュアル［EB/OL］.（1999-11-12）［2020-03-05］. http：//www.marimo.or.jp/～momo/kadaibunseki.html.

基本信息项目表的信息收集要点：第 1 项掌握主要咨询者及咨询契机；第 2 项通过了解服务利用者以往生活中的珍爱物件、职务以及固有价值观等，掌握服务利用者的个性；第 3 项掌握服务利用者参加护理保险、医疗保险以及享受社会救助等方面的信息；第 4 项掌握服务利用者现在利用的护理保险服务及满意度，并了解护理保险以外由家属、志愿者组织等提供的非正式服务利用状况；第 5 项和第 6 项了解残障老人和认知症老人的日常生活自立度，并通过观察，获取服务利用者最新的失能状态信息；第 7 项了解服务利用者的主要生活障碍以及服务利用者和家属的生活愿望；第 8 项了解服务利用者的护理等级评估结果，并确认服务利用者目前的失能状态；第 9 项确认收集的信息是否基于课题分析理由，避免信息的收集偏离护理服务计划制订初衷。

（2）课题分析评估项目表。课题分析评估项目表由服务利用者的健康状态、日常生活动作、日常生活相关动作、认知能力、沟通能力等 14 个项目构成，目的是了解服务利用者的健康状态、身心机能、日常生活能力、社会参与状况、生活环境、家属护理能力、居家生活的困难及成因、居住环境的安全隐患、需要特别注意的事项，见表 6–2。

表 6–2　　课题分析评估项目表

号码	标准项目名称	项目主要内容（例）
10	健康状态	记录服务利用者健康状态（既往病史、主要伤病、症状、疼痛等）
11	日常生活动作	记录日常生活动作（翻身、起床、移乘、走路、更衣、洗浴、排泄等）
12	日常生活相关动作	记录日常生活相关动作（烹饪、清扫、购物、金钱管理、服药状况等）
13	认知能力	记录决定日常意愿的认知能力程度
14	沟通能力	记录意愿传达、视力、听力等沟通能力
15	社会参与	记录社会参与（社会活动参与愿望、社会参与变化、丧失感、孤独感等）
16	排尿和排便	记录失禁状况、排尿排便后的处理、控制方法、频度等
17	褥疮和皮肤问题	记录褥疮的程度及皮肤清洁状况
18	口腔卫生	记录牙齿、口腔内的状态及口腔卫生
19	食物摄取	记录食物摄取（营养、食物摄取次数、水分等）
20	问题行动	记录问题行动（谩骂和暴力行为、徘徊、抵触护理、收集癖、用火管理、不洁行为、吞食异物等）
21	护理能力	记录服务利用者家属的护理能力（有无护理人、护理人的护理意愿、护理负担、主要护理人信息等）
22	居住环境	记录有无住房改造的必要、居住环境的安全隐患
23	特殊情况	记录特殊情况（遭受虐待、临终护理等）

资料来源：厚生労働省．介護サービス計画書の様式及び課題分析標準項目の提示について、ケアプラン点検援助マニュアル［EB/OL］．（1999-11-12）［2020-03-05］．http：//www.marimo.or.jp/～momo/kadaibunseki．html.

课题分析评估项目表的信息收集要点：第 10 项了解服务利用者的健康状态；

第 11 项和第 12 项掌握服务利用者的日常生活动作能力和日常生活相关动作能力的现状，明确评估的方法与路径；第 13 项了解服务利用者是否患有健忘症或认知症；第 14 项确认服务利用者与朋友、家属及当地居民沟通交流与交往的情况；第 15 项了解服务利用者社会参与意愿及社会参与变化的情况，并确认其是否有感兴趣的社会活动或兴趣爱好；第 16 项了解服务利用者有无排泄方面的问题或要求，摸清问题的背景及成因；第 17 项了解服务利用者有无褥疮和皮肤病；第 18 项了解服务利用者的牙齿和口腔卫生状态；第 19 项了解服务利用者的营养状况和食物摄取方面的注意事项；第 20 项了解服务利用者有无使周围人感到困惑或给护理者造成负担的行为；第 21 项掌握服务利用者家属的护理能力及护理负担；第 22 项了解服务利用者的居住环境，住房是否存在安全隐患，是否需要改造；第 23 项掌握护理服务计划制订时需要留意的特殊事项，比如老人遭受虐待或需要临终护理等。

课题分析评估项目表是厚生劳动省规定的课题分析项目的最低标准，护理援助专员等制订护理服务计划时使用的课题分析评估工具的项目，不得少于该课题分析评估项目表的项目。

（二）《关于护理预防支援服务相关样式例的提示》和基本信息确认清单

2006 年修订的《护理保险法》增设了护理预防服务内容。为了确保制订的护理预防服务计划规范合理，厚生劳动省老人保健局振兴科于 2006 年 3 月颁布《关于护理预防支援服务相关样式例的提示》，规定了护理预防服务计划的标准样式、制订要领及填写方法，结合 2006 年 3 月制定的筛查老人身心机能有无衰退征兆的评估工具“基本信息确认清单”，供市町村判断 65 岁以上老人是否存在生活能力下降风险、初步筛选护理预防和生活援助综合事业的潜在服务对象时使用。

1. 护理预防服务计划的构成

护理预防服务计划由服务利用者基本信息表①、护理预防服务和援助计划表②、护理预防援助经过表（包括服务提供者会议纪要）、护理预防援助和服务

① 内容参见本章附表 6-9。

② 内容参见本章附表 6-10。

评价表构成。

护理预防服务利用者基本信息表，是为了解护理预防服务计划制订所需的服务利用者生活现状、日常生活自立度、日常生活能力、社会参与状况、生活环境、家属护理能力现状、经济状况、生活方式、兴趣爱好、紧急联系人等基本信息，为确定护理预防服务计划的综合性援助方针、护理目标及服务内容提供参考。

护理预防服务和援助计划表是护理预防服务计划的主干，包括运动和移动、家庭生活、社会参与、为人处世、沟通交流、健康管理各评估领域的日常生活状况及课题，服务利用者及其家属的生活愿望和意向，综合性课题，课题目标及具体对策，服务利用者及其家属对于具体对策的意见，援助计划的目标，援助要点，服务利用者自我护理，家属援助及民间服务的利用，护理保险或社区援助事业的服务种类，服务法人及援助时间，主治医师意见书，生活能力评估注意事项等内容。

护理预防援助经过表（包括服务提供者会议纪要），用于记录护理预防服务利用者和计划制订者的姓名及登门拜访、电话联络、“服务提供者会议”的联络咨询及决定事项的日期、联络内容、决定事项等。在计划制订者认为有必要修改护理预防服务计划时，也要留下记录。

护理预防援助和服务评价表，用于记录护理预防服务利用者和计划制订者的姓名、评价日期、护理预防和援助计划的目标、评价时间、目标实现状况、服务利用者及其家属对目标未实现的看法、计划制订者对目标未实现原因的看法、今后实现目标的方针、综合性的援助方针、社区综合援助中心的意见等内容。

2. 基本信息确认清单

基本信息确认清单是厚生劳动省为早期发现 65 岁以上老人生活能力下降的风险、防止老人健康状态恶化而制定的评估工具，目的在于通过提供护理预防服务，维持并提升服务对象的生活能力。①

（1）基本信息确认清单的项目。基本信息确认清单共设置了 25 个提问项目，据此判断评估对象是否存在身心机能衰退征兆，初步筛选护理预防和日常生活援助综合事业的潜在对象，见表 6-3。

① 资料来源：厚生労働省. 基本チェックリストの考え方について［EB/OL］.［2020-03-25］. https://www.mhlw.go.jp/topics/2007/03/dl/tp0313-1a-11.pdf.

表 6-3　　基本信息确认清单

<table>
<tr><td>住址</td><td colspan="2"></td><td>填写日期</td><td>年　月　日</td></tr>
<tr><td rowspan="2">姓名</td><td rowspan="2">（男　女）</td><td>被保险人号码</td><td rowspan="2">出生日期</td><td rowspan="2">年　月　日</td></tr>
<tr><td></td></tr>
</table>

请在回答栏的“是”或“否”处画“○”

序号	提问项目	回答
1	一个人乘公交车外出吗？	0. 是　1. 否
2	购买日用品吗？	0. 是　1. 否
3	自己存取款吗？	0. 是　1. 否
4	去朋友家吗？	0. 是　1. 否
5	向家人或朋友咨询吗？	0. 是　1. 否
6	上台阶时能不用扶手或不扶墙壁吗？	0. 是　1. 否
7	从椅子上站起时用扶东西吗？	0. 是　1. 否
8	能持续走路 15 min 左右吗？	0. 是　1. 否
9	一年内跌倒过吗？	1. 是　0. 否
10	对跌倒风险的担心大吗？	1. 是　0. 否
11	在 6 个月内体重减少了 2~3 kg 吗？	1. 是　0. 否
12*	身高____ cm，体重____ kg，脂肪指数 BMI=____	1. 是　0. 否
13	与半年前相比，硬食物更难咀嚼了吗？	1. 是　0. 否
14	喝茶或喝汤时会呛到吗？	1. 是　0. 否
15	担心口渴吗？	1. 是　0. 否
16	每周外出次数在 1 次以上吗？	1. 是　0. 否
17	与去年相比外出次数减少了吗？	1. 是　0. 否
18	被周围人指出过反复说同一件事情吗？	1. 是　0. 否
19	自己能查找电话号码后拨打电话吗？	0. 是　1. 否
20	有过不知道今天是几月几日的时候吗？	1. 是　0. 否
21	最近两周感到每天的生活不充实吗？	1. 是　0. 否
22	两周前做感到开心的事情，现在做感觉不到开心了吗？	1. 是　0. 否
23	两周前做不费力的事情，现在做感到困难了吗？	1. 是　0. 否
24	最近两周认为自己是个无用之人了吗？	1. 是　0. 否
25	最近两周感到莫名地疲惫吗？	1. 是　0. 否

* 脂肪指数 BMI=体重（kg）÷身高^2（m^2）。数值小于 18.5 的，选择“是”。

资料来源：厚生労働省. 基本チェックリストについての考え方、介護予防・日常生活援助総合事業のガイドラインについて［EB/OL］.（2015-06-05）［2020-03-25］. https：//www.mhlw.go.jp/file/06-Seisakujouhou-12300000-Roukenkyoku/0000088520_2.pdf.

（2）基本信息确认清单提问项目的设置意图。基本信息确认清单以提问的方式收集老人身心机能的信息，要求评估对象不必深思，凭主观感觉回答，至于回答得妥当与否，由基本信息确认清单的评估人决定；对于未设置期限的提问项目，由评估对象根据现在的状况回答；询问习惯的提问项目，也包含频度，评估对象根据本人的判断回答；评估人不能变更提问项目的表述。提问项目的设置意图如下：1~5 项是为了解评估对象日常生活相关动作的能力；6~10 项是为了解评估对象的运动和移动能力；11~12 项是为了解评估对象的营养状态；13~15 项是为了解评估对象的口腔机能；16~17 项是为了解评估对象的外出情况；18~20 项是为了解评估对象的认知能力；21~25 项是为了解评估对象罹患抑郁症的可能性。

（3）基本信息确认清单提问项目的选择标准。为了准确地判断评估对象的身心状态，厚生劳动省在《护理预防与日常生活援助综合事业指南》中详细规定了提问项目的选择标准，见表 6-4。

表 6-4　　护理预防提问项目的选择标准

回答选择“是”或“否”

序号	提问项目	选择标准
1	一个人乘公交车外出吗？	询问无家人陪伴，一个人是否能乘公交车外出，也包括开自家车外出
2	购买日用品吗？	询问是否能准确无误地购买所需日用品，频度根据本人的判断回答。若用电话订购，回答“否”
3	自己存取款吗？	询问是否亲自去银行存取款，包括办理手续。依据本人判断进行金钱管理的，回答“是”
4	去朋友家吗？	询问是否去朋友家。不包括电话交流，也不包括去亲戚家
5	向家人或朋友咨询吗？	询问是否向家人或朋友咨询。当面咨询和电话咨询都回答“是”
6	上台阶时能不用扶手或不扶墙壁吗？	询问上台阶时是否使用扶手或扶墙。不用扶手能上台阶，但习惯性地使用的话，回答“否”
7	从椅子上站起时用扶东西吗？	询问从坐在椅子的状态站起时是否需要扶东西。有时扶的话，回答“是”

续表

序号	提问项目	选择标准
8	能持续走路 15 min 左右吗?	询问是否能持续走路 15 min，室内、室外场所不限
9	一年内跌倒过吗?	询问最近一年是否有跌倒的事实
10	对跌倒风险担心大吗?	询问对跌倒担心大不大，凭主观感觉回答
11	在 6 个月内体重减少了 2~3 kg 吗?	询问 6 个月内体重是否减少了 2~3 kg
12	身高____ cm，体重____ kg，脂肪指数 BMI=____	身高、体重填整数，体重使用最近 1 个月内测量的数据，身高可用以前测量的数据，脂肪指数小于 18.5 的，回答“是”
13	与半年前相比，硬食物更难咀嚼了吗?	询问比半年前咀嚼能力是否下降。从半年前就难以咀嚼硬食物且状态未变化的，回答“否”
14	喝茶或喝汤时会呛到吗?	询问喝茶或喝汤时是否呛到，凭主观感觉回答
15	担心口渴吗?	询问是否担心口渴，凭主观感觉回答
16	每周外出次数在 1 次以上吗?	如果每周外出频度不一，可根据过去 1 个月的平均外出频度回答
17	与去年相比，外出次数减少了吗?	与去年相比，今年外出次数呈减少趋势的话，回答“是”
18	被周围人指出过反复说同一件事情吗?	本人认为自己健忘，未被周围人指出的话，回答“否”
19	自己能查找电话号码后拨打电话吗?	询问是否自己查找电话号码后打电话。向他人询问电话号码或请他人帮忙打电话的，回答“否”
20	有过不知道今天是几月几日的时候吗?	根据主观判断，回答是否知道今天是几月几日。月或日有一个不知道的，回答“是”
21	最近两周感到每天的生活不够充实吗?	最近两周的状况，根据主观感觉回答
22	两周前做感到开心的事情，现在做感觉不到开心了吗?	
23	两周前做不费力的事情，现在做感到困难了吗?	
24	最近两周认为自己是个无用之人了吗?	
25	最近两周感到莫名地疲惫吗?	

资料来源：厚生労働省．基本チェックリストについての考え方、介護予防・日常生活援助総合事業のガイドラインについて［EB/OL］．（2015-06-05）［2020-03-25］．https：//www.mhlw.go.jp/file/06-Seisakujouhou-12300000-Roukenkyoku/0000088520_2.pdf.

（4）护理预防和生活援助综合事业服务对象的判断标准。根据基本信息确认清单提问项目的回答结果，评估对象有一项分类符合表 6–5 中的评估标准，即可成为护理预防和生活援助综合事业的服务对象。

表 6–5　　　　护理预防和生活援助综合事业服务对象的评估标准

分类	多种生活能力低下	运动能力低下	营养不良	口腔能力低下	宅家不外出	认知能力低下	有抑郁的可能
提问项目	第 1～20 项	第 6～10 项	第 11～12 项	第 13～15 项	第 16～17 项	第 18～20 项	第 21～25 项
回答“是”的项目数	10 项以上回答“是”	3 项以上回答“是”	2 项均回答“是”	2 项以上回答“是”	第 16 项回答“是”	1 项以上回答“是”	2 项以上回答“是”

资料来源：厚生労働省．事業対象者に該当する基準，介護予防・日常生活援助総合事業のガイドラインについて［EB/OL］.（2015-06-05）［2020-03-25］. https：//www. mhlw. go. jp/file/06-Seisakujouhou-12300000-Roukenkyoku/0000088520_2. pdf.

三、《课题整理总括表和评价表使用手册》

（一）制定课题整理总括表与评价表的理由

在护理保险制度下，无论是护理服务计划还是护理预防服务计划，均存在着计划制订者对服务利用者的整体认识不全面、生活障碍课题分析不精准的问题，加之厚生劳动省规定的护理服务计划标准样式中，缺少如何根据评估结果提炼护理课题的思考过程内容，导致了两个不足：一是在多业种服务提供者合作时，计划制订者以外的其他护理服务提供者难以理解服务利用者的护理课题；二是护理服务计划的监察与评价结果，未能在下一轮护理服务计划制订中发挥应有的作用。

为将服务计划制订者收集信息与分析判断生活障碍课题的过程可视化，并有效地利用护理服务计划的监察与评价结果，厚生劳动省老人保健局振兴科制定了《课题整理总括表和评价表使用手册》，供都道府县护理保险主管部局及护理保险人参考使用。

（二）课题整理总括表与评价表的内容

1. 课题整理总括表

课题整理总括表用来整理记录护理服务计划制订者基于怎样的信息和想法提

炼护理课题（需求）的思考过程，将对服务利用者失能状态的把握与生活障碍课题的提炼过程文字化，便于护理服务提供者之间共享服务利用者的信息，加深对护理服务分工的理解，见表6-6。

表6-6　　课题整理总括表

利用者姓名______　　　　制定日期_____年____月____日

日常生活障碍的要因（身心状态、环境等）	①	②	③
	④	⑤	⑥

状况项目※1		现在状态※2	要因※3	改善或维持的可能性※4	备注（状况和援助内容等）
移动	室内移动	自理　需照看　部分介助　全部介助		改善　维持　恶化	
	室外移动	自理　需照看　部分介助　全部介助		改善　维持　恶化	
用餐	食材要求	无障碍　有障碍		改善　维持　恶化	
	食物摄取	自理　需照看　部分介助　全部介助		改善　维持　恶化	
	烹饪	自理　需照看　部分介助　全部介助		改善　维持　恶化	
排泄	排尿和排便	无障碍　有障碍		改善　维持　恶化	
	排泄动作	自理　需照看　部分介助　全部介助		改善　维持　恶化	
口腔	口腔卫生	无障碍　有障碍		改善　维持　恶化	
	口腔护理	自理　需照看　部分介助　全部介助		改善　维持　恶化	
服药		自理　需照看　部分介助　全部介助		改善　维持　恶化	
洗浴		自理　需照看　部分介助　全部介助		改善　维持　恶化	
更衣		自理　需照看　部分介助　全部介助		改善　维持　恶化	
清扫		自理　需照看　部分介助　全部介助		改善　维持　恶化	
洗衣		自理　需照看　部分介助　全部介助		改善　维持　恶化	
整理和管理物品		自理　需照看　部分介助　全部介助		改善　维持　恶化	
金钱管理		自理　需照看　部分介助　全部介助		改善　维持　恶化	
购物		自理　需照看　部分介助　全部介助		改善　维持　恶化	
沟通能力		无障碍　有障碍		改善　维持　恶化	
认知能力		无障碍　有障碍		改善　维持　恶化	
参与社会活动		无障碍　有障碍		改善　维持　恶化	

续表

状况项目※1	现在状态※2	要因※3	改善或维持的可能性※4	备注（状况和援助内容等）
褥疮和皮肤问题	无障碍　有障碍		改善　维持　恶化	
行动与心理症状	无障碍　有障碍		改善　维持　恶化	
护理能力（包括家庭）	无障碍　有障碍		改善　维持　恶化	
居住环境	无障碍　有障碍		改善　维持　恶化	
利用者及家属的生活愿望				
护理前景※5				
生活诸方面需解决的课题［方案］※6				

※1　本表并非评估工具，必须事先做好详细的情报收集与分析工作。状况项目依据课题分析项目填写，必要时可以追加。

※2　填写护理援助专员收集的客观事实，在选项处画“○”。

※3　现在状态是自理、无障碍以外的情形，引发状况的要因从本表另附的要因栏中选择，填写要因号码（可选择多个号码）。

※4　在护理评估期内，状况改善、维持或恶化的可能性，由护理援助专员判断，在给出的选项上画“○”。

※5　基于障碍要因和改善或维持的可能性，填写解决障碍问题的援助内容及援助后预估的状况（目标）。

※6　用数字填写本计划期课题的先后顺序。对于有必要解决但在本计划期难以解决的课题画“—”。

资料来源：厚生労働省老健局振興課. 課題整理総括表・評価表の活用の手引きの活用について［EB/OL］.（2014-06-17）［2020-03-02］. https：//www. mhlw. go. jp/file/06-Seisakujouhou-12300000-Roukenkyoku/0000114689. pdf.

2. 评价表

评价表是在护理服务计划有效期结束时，为反映护理短期目标的实现程度而设置的，由服务提供者分析并共享短期目标的实现程度及背景，掌握目标实现程度的要因及服务利用者新的生活障碍课题，为下一轮护理服务计划的制订提供参考，见表6-7。

表 6-7　　　　　　　　　　　评价表

服务利用者姓名______　　　　　　　　　　　　　　　　制定日期_____年____月____日

短期目标	（时间）	援助内容			结果*	评价（被认为是有效或需改进的服务）
		服务内容	服务种类	服务法人		

* 结果共分 5 个档次，用下列符号填写。◎表示短期目标比预期实现得好；○表示短期目标已经实现，再评估时需设定新的目标；△表示短期目标能够实现，但需延长护理时间；×1 表示短期目标实现困难，需修改；×2 表示短期目标和长期目标实现均有困难，需修改。

资料来源：厚生労働省老健局振興課. 課題整理総括表・評価表の活用の手引きの活用について [EB/OL]. (2014-06-17) [2020-03-02]. https://www.mhlw.go.jp/file/06-Seisakujouhou-12300000-Roukenkyoku/0000114689.pdf.

第三节　居家护理服务计划制订方法的实例演示

一、信息收集与分析评估

（一）基本信息收集

使用厚生劳动省制定的基本信息项目表（见表 6-1），护理援助专员井上和子通过与到护理保险科问询窗口咨询的山田爱子本人及其家属面谈，获取了山田爱子的基本信息，填写了基本信息表，见表 6-8。

表 6-8　　　　基本信息表

制定者：井上和子

<table>
<tr><td>服务利用者</td><td>山田爱子</td><td>性别</td><td>女</td><td>出生日期</td><td>1930 年 2 月 20 日</td></tr>
<tr><td>住址</td><td colspan="3">茨城县筑波市青叶区上杉 1-5-2</td><td>护理等级</td><td>护理 2 级</td></tr>
<tr><td>主要诉求</td><td colspan="5">【咨询内容】
因骨折不能洗浴，身体瘙痒，由儿媳幸英给予擦拭，希望助浴服务（长子）
【本人及家属意见】
本人：无人聊天，感到寂寞
家属：希望提供助浴服务及就医时的上下车援助服务</td></tr>
<tr><td>生活状况</td><td colspan="3">【性格和职业等】
出生于金属加工自营业者家庭，嫁到了农民家庭，共养育了 5 个子女，63 岁时丈夫去世。
无兴趣爱好及特殊技能，仅参加老人俱乐部的活动</td><td colspan="2">【家庭状况】
与长子夫妇一起生活
其他子女均在外县</td></tr>
<tr><td>日常生活自立度</td><td colspan="2">残障老年人日常生活自立度</td><td>B1</td><td>认知症老年人日常生活自立度</td><td>Ⅰ</td></tr>
<tr><td>居住环境</td><td colspan="5">室内有台阶，未安装扶手</td></tr>
<tr><td>服务决定者</td><td colspan="5">爱子本人、长子松男及儿媳幸英</td></tr>
</table>

（二）诊疗信息收集

包含用药状况的诊疗信息，是通过山田爱子的主治医师意见书获取的，见表 6-9。

表 6-9　　　　主治医师意见书

牛山居家援助机构

所长　坂本次郎先生

主治医师所属医疗机构地址：筑波市青叶区东照宫 2 丁目 1 番 2 号

名称：医疗法人 植松内科医院

电话号码 028-279-9251　传真 028-279-9273

医师姓名　植松忠　院长　　印章　　2019 年 2 月 25 日

患者姓名　山田爱子　　性别　男　（女）

患者住址　筑波市青叶区上杉 1-5-2　电话 028-423-3967

出生日期　1930 年 2 月 20 日（89）岁　职业　无

续表

伤病名称 #1. 高血压　#2. 狭心症　#3. 骨质疏松症　#4. 皮肤瘙痒症
病情报告
既往病史及家族病史 对药物无过敏史。乙型肝炎病毒抗体阴性、丙型肝炎病毒抗体阴性、梅毒反应阴性 2018 年 3 月 15 日左大腿骨颈部骨折（置换人工骨）。2018 年 11 月 22 日第 2 节腰椎压迫性骨折
病情经过及检查结果 2009 年因上述 4 种疾病，开始接受门诊治疗。2018 年 3 月 15 日在自家浴室跌倒，入住筑波市综合医院，被诊断为左大腿骨颈部骨折，接受了人工骨置换手术。康复后，可在室内走路和移乘，同年 7 月 1 日出院。2018 年 11 月 22 日，在家移乘便携式便盆时跌倒，入住上杉整形外科医院，被诊断为第 2 节腰椎压迫性骨折，接受保守治疗，使用老人步行器恢复走路后，于 2019 年 1 月 28 日出院
治疗经过 2018 年 3 月 15 日接受门诊治疗，血压为 137/75 mmHg，稳定，脉搏规律，虽然有时胸痛，据心电图判断为心肌缺血，无变化。血液检查无异常，今后需注意疼痛加剧。现在几乎不能下床，出现了身心废用综合征。皮肤瘙痒症需注意保湿观察
现在治疗用药 盐酸马尼地平，早饭后服用；舒胃整肠片，早、中、晚 3 次（饭后）服用；硝酸甘油，胸痛时服用；经皮肤吸收型镇痛消炎膏药，胸痛时贴敷

（三）生活障碍分析评估

护理援助专员井上和子对山田爱子的健康状态、日常生活能力、认知能力、社会参与等详细信息，使用茨城县制定的课题分析评估项目表逐项确认，并记录疾病症状、日常生活动作障碍、日常生活相关动作障碍、认知障碍、沟通障碍、社会参与障碍、排泄失禁、褥疮和皮肤问题、口腔卫生与营养失调状态、行动障碍、居家康复的困难、居住环境的安全隐患及其他特别情况，听取山田爱子本人及家属意见，见表 6-10。

表 6-10　　课题分析评估

制定者：井上和子　　2019 年 3 月 1 日

1. 健康状态	
（1）有必要观察与管理的疾病	骨质疏松症、老年性皮肤瘙痒症、高血压、狭心症。高血压服用降压药，血压稳定。有时出现胸痛，贴敷经皮肤吸收型镇痛消炎膏药 2018 年 3 月 15 日左大腿骨颈部骨折，住院至 2018 年 7 月 1 日。2018 年 11 月 22 日第 2 节腰椎压迫性骨折，住院至 2019 年 1 月 28 日
（2）症状	
1）身体症状	有时胸部表面有刺痛感，无勒紧感，贴敷经皮肤吸收型镇痛消炎膏药后疼痛减轻，无气喘。感觉身体瘙痒，但无严重抓痕
2）精神症状	无
（3）疼痛	有时感到胸部表面刺痛，无勒紧感，贴敷经皮肤吸收型镇痛消炎膏药后疼痛减轻
（4）病情变化	移乘便携式便盆时跌倒，2018 年 11 月 22 日至 2019 年 1 月 28 日因第 2 节腰椎压迫性骨折住院
（5）医疗器械	未使用
（6）保健预防	住院时接受了检查
（7）健康与生活	不吸烟，不喝酒，未见新病症，未见病情变化或恶化
（8）预定的护理与治疗	按医生指示服药
（9）用药	盐酸马尼地平，早饭后服用 1 片；舒胃整肠片，早、中、晚 3 次（饭后）服用 1 片；硝酸甘油，胸痛时服用；经皮肤吸收型镇痛膏药，胸痛时贴敷
［意见］	（本人）希望健康地生活 （家属）希望老人健康（长子）
2. 日常生活动作	
（1）翻身	能
（2）起床	用普通床，能自己躺下和起床
（3）移乘	抓住床沿能自己移乘，约 3 个月前移乘时跌倒骨折
（4）室内移动	由人搀扶双臂，走三四步后便蹲下去，腰和下肢用不上力
（5）室外移动	出院后一直未外出过
（6）上半身更衣	能
（7）下半身更衣	能

续表

（8）食物摄取	能自己用餐
（9）排泄	平时使用便携式便盆，拽住东西勉强自理
（10）梳洗	能
（11）洗浴	出院后一直未洗浴，由儿媳擦拭身体
（12）日常生活动作能力下降	出院时使用老人步行器能走 10 m 左右，现在由人搀扶双臂，只能走三四步
（13）活动及健康增进	出院后活动范围仅限于床周围，除排泄时移动外，身体基本未活动。上下楼梯时需要介助，出院后一直未外出，也不曾上下楼梯
（14）自立度改善的可能性	本人希望恢复到能走路的状态，家人希望提供训练走路援助服务
（15）护理状态变化	出院时使用老人步行器能走 10 m 左右，现在由人搀扶只能走三四步，需要提供移动援助
（16）跌倒	2018 年 11 月 22 日移乘便携式便盆时跌倒，因第 2 节腰椎压迫性骨折住院
[意见]	（本人）希望提供走路训练和洗浴援助服务 （家属）希望提供走路训练、洗浴及就医时的上下车援助服务（长子）
3. 日常生活相关动作	
（1）烹饪	因不能走路，烹饪由家属代劳
（2）一般家务（清扫、洗衣、整理等）	因不能走路，故而不能做一般家务，家务由家属代劳
（3）金钱管理	对金钱认知没有问题，由长子代管金钱
（4）服药管理	有服药管理能力，由家属代管
（5）使用电话	能拨打和接听电话，但未使用电话
（6）购物	物品的挑选与付款均无问题，因不能出门，无法购物
（7）交通工具利用	无
4. 认知能力	
（1）记忆	
1）短期记忆	无影响生活的健忘症
2）办手续的记忆	没有问题
3）日常生活判断	能自主判断
4）记忆及判断能力下降	无

续表

（2）谵妄 [意见]	无 （本人）无 （家属）无
5. 沟通能力 （1）听觉 （2）使对方理解 （3）理解对方 （4）沟通能力下降 （5）视觉 [意见]	 没有问题 没有问题 日常生活中的事情，通过对话能较好地传达，但需要放慢速度、用易于理解的方式交流 无 报纸上的小字看不清楚，但不影响日常生活动作，无视觉障碍和视力低下问题 （本人）无 （家属）无
6. 社会参与 （1）参与情况 （2）情绪 [意见]	 基本上一个人在床上度日，感到寂寞，精神上易消沉 去年腰椎骨折发生之前，与附近茶友聊天是老人的唯一乐趣，现在经常一人在家，感到寂寞，精神上易消沉 （本人）经常一人在家，情绪低落，希望与人聊天 （家属）希望老人愉快地生活（长子）
7. 排尿与排便 （1）尿失禁 （2）纸尿布 （3）便失禁 [意见]	 有尿意，未失禁 未使用 有便意，未失禁 （本人）无 （家属）无
8. 褥疮和皮肤问题 [意见]	身体瘙痒，但无抓痕 （本人）希望治愈瘙痒症 （家属）希望治愈瘙痒症（儿媳）
9. 口腔卫生 [意见]	佩戴满口假牙，无咀嚼问题 （本人）无 （家属）无

续表

10. 食物摄取 ［意见］	有食欲，吃饭时有时会呛到，但不会噎住 （本人）无 （家属）无
11. 问题行动 （1）行动障碍 1）徘徊 2）谩骂与暴力行为 3）制造混乱的行为 4）拒绝或抵触护理 5）行动障碍恶化 （2）抗精神病药 ［意见］	 无 无 无 无 无 无 （本人）无 （家属）无
12. 护理能力 （1）护理人 （2）护理负担与压力 ［意见］	 主要护理人是儿媳幸英，提供洗衣、清扫、烹饪及洗脸、更衣的准备等日常生活相关动作、日常生活动作及精神方面的援助服务，辅助护理人是长子松男，负责送餐、陪伴去医院、服药及精神方面的援助服务 幸英周一至周四工作，周五至周日休息时干农活。在家时照顾老人。最近经常感到疲惫，对自身健康感到不安，难以承担更多的护理工作。松男于2004年发生车祸，右手受伤，不能伸直，虽能干简单的农活及开车，但难以承担用手搀扶老人的护理工作，也无法承担更多的护理工作。他认为老人如果维持现在的失能状态的话，可利用居家护理服务 松男不希望妻子承担过多的护理工作，老人能做的事情要自己做。幸英在家时尽量照顾老人，她对自身健康也感到不安，不能抱老人洗浴及上下车 （本人）不希望给家属添太多麻烦 （家属）希望为老人提供洗浴援助（长子、儿媳）和上下车援助服务（长子）
13. 居住环境 ［意见］	室内有台阶，未安装扶手 （本人）无 （家属）必要时考虑室内改造，现在维持现状（长子）

续表

14. 特别情况 ［意见］	无 （本人）无 （家属）无
其他 ［意见］	长女和长子以外的儿子均住在外县，盂兰盆会和过年时回家，无法照顾老人 （本人）不希望给家属添太多麻烦 （家属）老人目前的状态适宜利用居家护理服务，等需要使用尿布、卧床时再考虑利用机构护理服务。不希望妻子的护理负担过重，老人能做的事情自己做（长子）

二、填写护理服务计划课题分析表

护理援助专员井上和子根据获取的基本信息、诊疗信息及生活障碍评估分析结果，填写护理服务计划课题分析表，见表6-11。

表6-11　　护理服务计划课题分析表

服务利用者姓名：山田爱子　　制定者：井上和子　　2019年3月1日

项目	细目	确认	有必要探讨的具体状况	要因	服务利用者及家属愿望	自立的可能性、维持的必要性、下降及恶化的危险性、护理的必要性	生活诸方面需解决的课题	护理方向
1. 健康状态	①既往病史	×	·狭心症。有时胸痛，贴敷经皮肤吸收型镇痛消炎膏药后，疼痛减轻 ·骨质疏松 ·第2节腰椎压迫性骨折 ·老年性皮肤瘙痒症，无抓痕。有时感到胸部表面刺痛，无勒紧感，无气喘	·跌倒 ·狭心症	（本人）健康地生活 （家属）老人健康	·主治医师指示：关注身体症状恶化 ·皮肤瘙痒问题使用褥疮和皮肤问题项目进行探讨	有必要观察疼痛等身体症状	注意症状的变化，必要时向主治医师汇报
	②主要伤病	○						
	③症状	○						
	④疼痛	○						
	⑤其他	○						

续表

项目	细目	确认	有必要探讨的具体状况	要因	服务利用者及家属愿望	自立的可能性、维持的必要性、下降及恶化的危险性、护理的必要性	生活诸方面需解决的课题	护理方向
2. 日常生活动作	①翻身	×	·抓着床沿能移乘，6个月前站起时跌倒骨折 ·搀扶双臂能走三四步便蹲下，腰和下肢无力。出院后未到过室外 ·洗浴需抱住老人或支撑其身体，出院后一直未洗浴，由儿媳擦拭身体 ·平时使用便携式便盆，拽住床沿勉强自立 ·出院后行动范围仅限于床周围，除排泄时移动外，身体基本不活动 ·2018年11月22日移乘便携式便盆时跌倒，第2节腰椎压迫性骨折住院。能自己移乘，但腰和下肢无力	·跌倒骨折后遗症 ·出院后基本没活动身体，考虑废用综合征的可能性	（本人） ·能多走几步路 ·洗浴 （家属） ·走路训练 ·老人能做的事情自己做 ·提供洗浴援助 ·提供上下车援助	·骨折后身体状况及病情无恶化，曾恢复到能走10 m，本人和家属均有恢复走路的愿望，有望改善走路能力 ·洗浴、上下车、移动目前均需援助 ·移乘便携式便盆时需防止跌倒	·能多走几步路 ·能洗浴 ·上下车援助 ·预防跌倒 ·移动援助	·锻炼下肢肌肉，恢复走路能力 ·能洗浴 ·能上下车 ·安全地移乘 ·通过援助和使用辅助器具，恢复其移动能力
	②起床	×						
	③移乘	○						
	④走路	○						
	⑤穿衣	×						
	⑥洗浴	○						
	⑦排泄	○						
	⑧其他	○						
3. 日常生活相关动作	①烹饪	○	·因走路困难，不能烹饪，由家人代劳 ·物品的挑选与付款均无问题，但不能出门，无法购物	跌倒骨折后遗症	（本人） 无特别要求 （家属） 无特别要求	家属可以承担，不列入护理计划		
	②清扫	○						
	③购物	○						
	④金钱管理	×						
	⑤服药情况	×						
	⑥其他	○						

续表

项目	细目	确认	有必要探讨的具体状况	要因	服务利用者及家属愿望	自立的可能性、维持的必要性、下降及恶化的危险性、护理的必要性	生活诸方面需解决的课题	护理方向
4. 认知	日常决定能力	×	无障碍					
5. 沟通能力	①意愿传达	×	无障碍					
	②视力	×						
	③听力	×						
	④其他	×						
6. 社会参与	①参加活动的愿望	×	无					
	②社会参与的变化	×						
	③丧失感或孤独感	○						
	④其他	×						
7. 排尿与排便	①失禁情况	×						
	②排泄后的处理	×						
	③控制方法	×						
	④频度	×						
	⑤其他	×						
8. 褥疮与皮肤问题	①褥疮程度	×	皮肤瘙痒，但无抓痕	老年性皮肤瘙痒症	（本人）解决瘙痒 （家属）解决瘙痒	清洁、保湿、观察	瘙痒症	通过清洁与保湿减轻瘙痒
	②皮肤清洁状况	×						
	③其他	○						
9. 口腔卫生	①牙齿状态	×	无					
	②口腔状态	×						
	③口腔卫生	×						

续表

项目	细目	确认	有必要探讨的具体状况	要因	服务利用者及家属愿望	自立的可能性、维持的必要性、下降及恶化的危险性、护理的必要性	生活诸方面需解决的课题	护理方向
10. 食物摄取	①营养	×	无					
	②摄取次数	×						
	③水分	×						
	④其他	×						
11. 问题行动（行动障碍）	①谩骂与暴力行为	×	无					
	②徘徊	×						
	③抵触护理	×						
	④收集癖	×						
	⑤用火管理	×						
	⑥不洁行为	×						
	⑦吞食异物行为	×						
	⑧其他	×						
12. 护理能力	①有无护理人	×	·儿媳在家时提供护理，但对自身健康也感到不安 ·长子因车祸后遗症，无法提供搀扶护理 ·无法洗浴 ·无法上下车	·儿媳有工作，对自身健康也感到不安 ·儿子有轻度障碍	（本人） ·担心给家属添太多麻烦 （家属） ·提供洗浴援助服务 ·提供上下车援助服务	因家属无法提供更多护理，有必要增加补充性的援助服务（日常生活动作项目）		
	②护理意愿	○						
	③护理负担	○						
	④主护理人信息	○						
	⑤其他	×						
13. 居住环境	①住房改造的必要性	○	室内有台阶，未安装扶手		（本人） 无要求 （家属） 无要求	·住房改造取决于洗浴及走路改善情况 ·目前使用辅助器具应对，与日常生活动作一并考虑		
	②危险场所等	×						

续表

项目	细目	确认	有必要探讨的具体状况	要因	服务利用者及家属愿望	自立的可能性、维持的必要性、下降及恶化的危险性、护理的必要性	生活诸方面需解决的课题	护理方向
14. 特殊情况	①遭受虐待	×	无					
	②临终关怀	×						
	③其他	×						

三、制订居家护理服务计划

（一）居家护理服务计划（1）

山田爱子的居家护理服务计划（1）由护理援助专员井上和子使用厚生劳动省统一制定的标准样式填写，内容包括护理服务利用者信息、评估信息、护理服务计划制订者姓名、居家护理援助机构名称及地址、评估有效期、护理等级、服务利用者及家属的生活愿望、综合性的援助方针等，见表 6-12。

表 6-12　　山田爱子的居家护理服务计划（1）

初次（圈选）　介绍　继续	已评估（圈选）　申请中

服务利用者姓名　山田爱子　出生日期　1930 年 2 月 20 日　住址　茨城县筑波市青叶区上杉 1-5-2

居家护理服务计划制订者姓名　井上和子

居家护理援助机构名称及地址　筑波居家护理援助中心　茨城县牛山郡牛山町西 2 丁目 2-2

居家护理服务计划制订（变更）日期 2019 年 3 月 15 日　初次居家护理服务计划制订日期 2019 年 3 月 15 日

评估日期 2019 年 3 月 1 日　评估有效期 2019 年 3 月 1 日至 2020 年 2 月 29 日

护理等级	援助 1 级　援助 2 级　护理 1 级　护理 2 级（圈选）　护理 3 级　护理 4 级　护理 5 级
利用者及家属的生活愿望	（利用者）至少能多走几步路，健康地生活，治愈瘙痒症，能洗浴，与人聊天 （家属）老人能做的事情自己做，健康地生活，提供洗浴援助服务，治愈瘙痒症
护理评估审查会意见及其指定的护理服务	无

续表

综合性援助方针	关注病情变化，必要时向主治医师汇报；提供身体训练机会，康复到能走路的状态；为老人提供洗浴训练和上下车训练；预防跌倒、安全地移乘
紧急联系人	紧急联络处　家庭 028-375-3479 幸英工作单位 028-113-2689 紧急情况应对医疗机构　筑波综合医院 028-324-3376
以生活援助为中心护理的理由	1. 独居生活　2. 家属有残障、疾病等　3. 其他（　　　　）

（二）居家护理服务计划（2）

山田爱子的居家护理服务计划（2）是由护理援助专员井上和子根据对山田爱子的生活障碍评估，发现生活障碍课题，提出的具体解决对策和解决顺序的计划，见表 6-13。

表 6-13　　山田爱子的居家护理服务计划（2）

服务利用者姓名　山田爱子　　　　2019 年 3 月 15 日

生活诸方面的课题（护理需求）	援助目标				援助内容					
	长期目标	时间	短期目标	时间	服务内容	※1	服务种类	※2	频度	时间
观察疼痛等身体症状	观察病情	2019/3/15—2020/2/28	应对病情变化	2019/3/15—2019/6/14	观察病情	○ ○	日间康复 短托生活护理	小林日间护理 坂田老人院	2 次/周 随时	2019/3/15—2019/6/14
多走几步路	能步行到饭厅	2019/3/15—2020/2/28	介助走 5 m	2019/3/15—2019/6/14	下肢肌肉康复训练	○	日间康复	小林日间护理	2 次/周	2019/3/15—2019/6/14
洗浴	能洗浴	2019/3/15—2020/2/28	能洗浴	2019/3/15—2019/6/14	洗浴援助	○	日间康复 短托生活护理	小林日间护理 坂田老人院	2 次/周 随时	2019/3/15—2019/6/14

续表

生活诸方面的课题（护理需求）	援助目标				援助内容					
	长期目标	时间	短期目标	时间	服务内容	※1	服务种类	※2	频度	时间
援助上下车	能上下车	2019/3/15—2020/2/28	能上下车	2019/3/15—2019/6/14	上下车援助	○	上门护理（护理出租车）	牛山居家援助	1次/月	2019/3/15—2019/6/14
预防跌倒	能预防跌倒	2019/3/15—2020/2/28	安全地移乘	2019/3/15—2019/6/14	租赁移动用杆	○	辅助器具租赁	茨城辅助器具		2019/3/15—2019/6/14
援助移动	能移动	2019/3/15—2020/2/28	能移动	2019/3/15—2019/6/14	移动援助	○ ○	日间康复 短托生活护理	小林日间护理 坂田老人院	2次/周 随时	2019/3/15—2019/6/14
					租赁轮椅及消除台阶坡度的滑板	○	辅助器具租赁	茨城辅助器具		2019/3/15—2019/6/14
与人交流	愉快地生活	2019/3/15—2020/2/28	与人聊天	2019/3/15—2019/6/14	交流援助 交流援助	○ ○	日间康复 短托生活护理	小林日间护理 坂田老人院	2次/周 随时	2019/3/15—2019/6/14
治疗瘙痒症	瘙痒症减轻	2019/3/15—2020/2/28	瘙痒症减轻	2019/3/15—2019/6/14	保持清洁 保湿	○ ○	日间康复 短托生活护理	小林日间护理 坂田老人院	2次/周 随时	2019/3/15—2019/6/14

※1　保险给付对象内的服务画“○”。

※2　填写服务法人。

本章附表

附表 6-1　　居家护理服务计划（1）

初次　介绍　继续	已评估　申请中

服务利用者姓名＿＿＿＿＿＿ 出生日期　　年　月　日　住址＿＿＿＿＿＿

居家护理服务计划制订者姓名＿＿＿＿＿＿

居家护理援助机构名称及地址＿＿＿＿＿＿

居家护理服务计划制订（变更）日期　　年　月　日　初次居家护理服务计划制订日期　　年　月　日

评估日期　　年　月　日　　评估有效期　　年　月　日

护理等级	援助 1 级　援助 2 级　护理 1 级　护理 2 级　护理 3 级　护理 4 级　护理 5 级
利用者及家属的生活愿望	
护理评估审查会意见及其指定的护理服务	
综合性援助方针 紧急联系人	
以生活援助为中心护理的理由	1. 独居生活　2. 家属有残障、疾病等　3. 其他（　　　　　　）

附表 6-2　　居家护理服务计划（2）

服务利用者姓名＿＿＿＿＿＿

生活诸方面的课题（护理需求）	援助目标				援助内容					
	长期目标	时间	短期目标	时间	服务内容	※1	服务种类	※2	频度	时间

※1　保险给付对象内的服务画“○”。

※2　填写服务法人。

附表 6-3　　居家护理周服务计划

服务利用者姓名____________　　制订日期_____年___月___日

		周一	周二	周三	周四	周五	周六	周日	主要日常生活活动
清晨	6：00—8：00								
上午	8：00—12：00								
下午	12：00—18：00								
晚间	18：00—22：00								
深夜	22：00—6：00								
计划外的服务									

附表 6-4　　居家护理服务提供者会议纪要

制定日期____年___月___日

服务利用者姓名________　　居家护理服务计划制订者（负责人）姓名________

会议出席者	单位（职业）	姓名	单位（职业）	姓名	单位（职业）	姓名
讨论的项目						
讨论的内容						
结论						
今后的课题 （下次召开时间）						

附表 6-5　　居家护理援助经过

服务利用者姓名________　　居家护理服务计划制订者姓名________

日期	内容	日期	内容

附表 6-6

居家护理服务利用表(兼居家服务计划)

已评估 申请中

居家护理援助机构及服务利用者

<table>
<tr><td rowspan="2">保险人
号码</td><td rowspan="2"></td><td rowspan="2">保险人名称</td><td rowspan="2"></td><td rowspan="2">居家护理援助
机构名称</td><td rowspan="2"></td><td rowspan="2">制订
日期</td><td rowspan="2">年
月 日</td><td colspan="4">服务利用者确认</td></tr>
<tr><td colspan="4"></td></tr>
<tr><td>被保险人
姓名</td><td colspan="3"></td><td>保险人
（盖章）</td><td></td><td colspan="2">交付日</td><td colspan="4">年 月 日</td></tr>
<tr><td>出生
日期</td><td></td><td>性别</td><td></td><td>护理等级</td><td>1 2 3 4 5</td><td colspan="2">给付上限标准 单位/月</td><td>给付上限
适用期间</td><td>年 月—
年 月</td><td>截至上月短期
护理服务利用</td><td>天</td></tr>
</table>

服务时间段	服务内容	护理服务提供单位名称	月服务计划与实际记录																																
			日期	1	2	3	4	5	6	7	8	9	10	11	12	13	14	15	16	17	18	19	20	21	22	23	24	25	26	27	28	29	30	31	合计
			周																																
			计划																																
			实际																																
			计划																																
			实际																																
			计划																																
			实际																																
			计划																																
			实际																																

附表 6-7-1

居家护理服务利用表 附表 1

护理等级给付上限管理与服务利用者负担额

制定日期 年 月 日

护理服务提供单位名称	护理服务提供单位号码	服务内容或种类	服务代码	单位数	优惠后		次数	超过种类给付上限标准的单位数	超过等级给付上限标准的单位数	等级给付上限内的单位数	单位单价	费用总额(保险对象)	给付率/%	保险给付额	利用者负担(保险)	利用者负担(全部)
					%	单位数										
等级给付上限标准							合计				—		—			

附表 6-7-2　　　　居家护理服务利用表　附表 2

按种类的给付上限管理

服务种类	种类给付上限标准（单位）	单位数合计	超过种类给付上限标准的单位数	服务种类	种类给付上限标准（单位）	单位数合计	超过种类给付上限标准的单位数
上门护理				短期入住机构生活护理			
上门助浴				短期入住机构疗养护理			
上门医护				夜间服务型上门护理			
上门康复				认知症应对型上门护理			
日间护理				认知症应对型共同生活护理			
日间康复				合计			
辅助器具租赁							

附表 6-7-3　　　　居家护理服务利用表　附表 3

护理评估期间短期机构服务利用天数

截止到上月的利用天数	本月计划利用天数	累计利用天数

附表 6-8　　机构护理日服务计划

服务利用者姓名________

		共同服务	提供者	个别服务	提供者	主要日常生活活动	共同服务实例
清晨	4：00—8：00						食物摄取援助 早饭 午饭 晚饭 助浴援助（周） 擦拭援助 洗漱援助 打扮援助 更衣援助 排泄援助 水分补给援助 体位变换援助
上午	8：00—12：00						
下午	12：00—18：00						
晚间	18：00—22：00						
深夜	22：00—6：00						
随时提供的服务							
其他服务*							

*可以利用周服务计划选定的其他服务。

附表 6-1~6-8 的资料来源：厚生労働省. 居宅サービス計画書の様式及び課題分析標準項目の提示について［EB/OL］.［2020-03-02］. https：//www. wam. go. jp/wamappl/bb05Kaig. nsf/vAdmPBigcategory20/9C78A7F227CAB8284925689A003B875B？OpenDocument.

附表6-9-1　护理预防服务利用者基本信息表（正面）

基本信息　　　　　　　　　　　　　　　　　　　　　　　　制定者：

<table>
<tr><td rowspan="2">咨询日期</td><td colspan="2" rowspan="2">年　月　日</td><td>问询窗口电话</td><td colspan="2">初次</td></tr>
<tr><td>其他</td><td colspan="2">再次（上次　　年　月　日）</td></tr>
<tr><td>本人现状</td><td colspan="5">居家　　　　住院　　　　入住机构</td></tr>
<tr><td>本人姓名</td><td colspan="2"></td><td>男　　女</td><td>出生日期</td><td>年　月　日（　岁）</td></tr>
<tr><td>住址</td><td colspan="3"></td><td colspan="2">电话
传真</td></tr>
<tr><td rowspan="2">日常生活自立度</td><td colspan="3">残障老人日常生活自立度</td><td colspan="2">自理　J1　J2　A1　A2　B1　B2　C1　C2</td></tr>
<tr><td colspan="3">认知症老人日常生活自立度</td><td colspan="2">自理　Ⅰ　Ⅱa　Ⅱb　Ⅲa　Ⅲb　Ⅳ　M</td></tr>
<tr><td>评估与综合事业情报</td><td colspan="5">不符合　援助1级　援助2级　护理1级　护理2级　护理3级　护理4级　护理5级
有效期限：　　　　年　月　日—　　年　月　日（上次的护理等级　　　）</td></tr>
<tr><td>残障等评估</td><td colspan="5">身体障碍（　　）、智力障碍（　　）、精神障碍（　　）、疑难杂症（　　）</td></tr>
<tr><td>本人居住环境</td><td colspan="5">自家住房　租赁住房　别墅　集体公寓　有无自己房间　（　　）层　房屋有无改造</td></tr>
<tr><td>经济状况</td><td colspan="5">国民年金　厚生年金　残障年金　社会援助</td></tr>
<tr><td>问询窗口咨询者
姓名</td><td colspan="3"></td><td rowspan="8">家属构成</td><td rowspan="8">家属构成
◎表示本人
☆表示主要成员
家属间的关系　[主] 表示主要护理人
[辅] 表示辅助护理人</td></tr>
<tr><td>地址</td><td colspan="3"></td></tr>
<tr><td rowspan="6">紧急联系人</td><td>姓名</td><td>与本人关系</td><td>地址</td></tr>
<tr><td></td><td></td><td></td></tr>
<tr><td></td><td></td><td></td></tr>
<tr><td></td><td></td><td></td></tr>
<tr><td></td><td></td><td></td></tr>
<tr><td></td><td></td><td></td></tr>
</table>

附表 6-9-2　　护理预防服务利用者基本信息表（反面）

护理预防事项

<table>
<tr><td>迄今的生活</td><td colspan="4"></td></tr>
<tr><td rowspan="5">现在的生活状况
（如何生活的）</td><td colspan="3">一天的生活方式</td><td>兴趣爱好、特长</td></tr>
<tr><td colspan="3"></td><td rowspan="2"></td></tr>
<tr><td>时间</td><td>本人</td><td>护理人和家属</td></tr>
<tr><td rowspan="2"></td><td rowspan="2"></td><td rowspan="2"></td><td>与朋友及当地社会的关系</td></tr>
<tr><td></td></tr>
</table>

现在的病情、既往病史及经过（采用时间倒序法，与现在疾病相关的情况必须填写）

日期	病名	医疗机构名称和医师姓名、联系方式 （在主治医师和治疗方案制定者处画☆）	经过	治疗中要填写治疗内容
年　月　日			治疗中 观察中 其他	
年　月　日			治疗中 观察中 其他	
年　月　日			治疗中 观察中 其他	
年　月　日			治疗中 观察中 其他	

现在利用的服务

公共服务	非公共服务

注：社区综合援助中心为开展护理预防事业，如果有必要了解服务利用者的状况，要同意将服务利用者的基本信息、援助和应对经过表、评估表等记录的个人信息出示给居家护理援助机构、居家服务提供单位、护理预防综合事业的服务提供单位、护理保险机构、主治医师及本事业开展涉及的其他相关单位与个人。

年　月　日　　　　姓名　　　　　盖章

附表 6-10

护理预防服务和援助计划表

第　号

利用者姓名　　评估日期　　年　月　日　　　　评估有效期　　年　月　日—　　年　月　日

初次　介绍　继续	已评估　申请中	支援 1　支援 2		社区援助事业

计划制订者姓名　　委托情形：计划制订援助机构名称及所在地（联系单位）

社区综合援助中心

计划制订（变更）日期　　年　月　日（初次制订日期　　年　月　日）

目标和生活

1 天		1 年	

评估领域和现在的状况	利用者和家属的生活愿望与意向	该领域的课题（背景与原因）	综合性课题	课题目标及具体对策建议	利用者和家属的意见	目标	援助计划					
							目标援助要点	利用者的自我护理、家属援助及民间服务	护理保险服务或社区援助事业	服务种类	服务机构	援助时间
运动和移动		□有　□无	1. 2. 3.	1. 2. 3.	1. 2. 3.	1. 2. 3.						
日常生活（家庭生活）		□有　□无										
社会参与、为人处世、沟通交流		□有　□无										
健康管理		□有　□无										

续表

关于健康状态 □基于主治医师意见书、生活能力评估等的注意事项	在本应提供的援助服务不能提供的情形下，援助服务的实施方针	综合性援助方针：生活消沉引发疾病的改善和预防要点

填写"基本信息确认清单"（符合项目数/提问项目数），在有必要参加的预防援助事业计划下面画"○"

增加运动量	改善营养	护理口腔	预防宅家不外出	预防健忘	预防抑郁

社区综合援助中心	【意见】 【确认盖章】

关于护理计划的意见

同意上述护理计划

年　月　日　　姓名　　盖章

附表6-9和6-10的资料来源：厚生労働省．介護予防援助業務に係る関連様式例の提示について[EB/OL]．[2020-03-02]．https://www.mhlw.go.jp/topics/2007/03dl/tp0313-1b-03.pdf.

第七章　护理报酬标准[①]

护理报酬标准制定得合理与否，直接关系护理服务机构的收入水平、被保险人承担的护理保险费的高低及服务利用者支付的护理费的多寡，还间接影响护理服务人员的工资水平、护理队伍的稳定性、护理服务质量及护理服务业的发展前景。本章旨在介绍日本护理保险制度下护理报酬标准制定的理念、原则、依据、方法以及现行护理报酬标准的内容与特征，由四节构成：第一节护理报酬标准概述；第二节护理报酬标准的设计思路与构成要素；第三节护理报酬标准制定方法；第四节现行护理报酬标准的内容与特征。

第一节　护理报酬标准概述

一、护理报酬标准的定义与支付流程

（一）护理报酬标准的内涵

日本护理保险制度下的护理报酬标准具有两层含义：其一是指都道府县指定的护理服务法人、制订护理服务计划的居家护理援助机构及护理保险机构在为护理保险给付对象提供护理服务时，作为服务等价物的护理报酬的计算标准；其二是指上述指定护理服务法人在提供护理服务后，从计算的护理服务费中，扣除服务利用者自己负担的费用后，向作为保险人的市町村请求的、护理保险给付范围

① 本章是天津市2017年度哲学社会科学规划课题“我国失能老人能力评估及照护等级认定标准的制定方法研究”（TJSR 17-001）的阶段性成果。

内的护理服务费。

具体而言，护理报酬额是根据厚生劳动大臣规定的“居家护理服务费”“居家护理服务计划费”“居家援助服务费”“居家援助服务计划费”“机构护理服务费”的给付标准计算的护理服务费。

根据上述界定，护理保险的护理报酬标准并不适用于指定的护理服务法人向服务利用者提供的超出护理保险给付范围的护理服务费。社会护理保险为服务利用者提供基本护理需求，超出基本护理需求的服务由市场提供，因此，其服务收费标准也由市场决定，以便促进多层次护理服务体系的发展。

根据《护理保险法》的规定，护理报酬标准由厚生劳动大臣在听取社会保障审议会护理给付费分科会的意见后决定，每 3 年修改一次。

（二）护理报酬支付流程

在护理保险制度下，被保险人依法向作为保险人的市町村缴纳护理保险费，在陷入失能状态后，由本人或家属向市町村的护理保险窗口或委托护理保险服务机构等提出护理等级评估申请，根据护理等级评估审查会的护理等级评估结果，由护理援助专员或被保险人等制订护理服务计划，护理服务法人按照护理服务计划提供护理服务后，将护理报酬请款单提交给服务利用者的保险人（市町村），由保险人用护理保险基金支付保险给付范围内的护理服务费。护理报酬支付流程如图 7-1 所示。

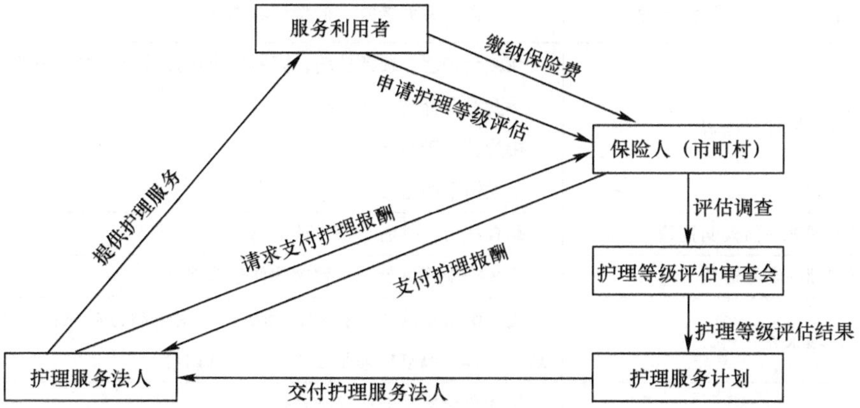

图 7-1　护理报酬支付流程

二、护理保险给付费的种类与护理服务内容

护理保险给付费，根据护理服务的性质，分为护理给付费和护理预防给付费两大类，具体内容见表 7-1 和表 7-2。

表 7-1　　护理给付费的种类与护理服务内容

护理给付费的种类	护理服务内容
居家护理服务费	接受指定的居家护理服务法人提供居家服务
①上门护理	
②上门助浴	护理人员提供服务
③上门医护	上门医护站和医疗机构提供上门医护服务
④上门康复	
⑤社区日间护理	社区日间照料服务
⑥社区日间康复	保健型养老护理机构等提供日间康复训练服务
⑦辅助器具租赁	
⑧居家疗养管理指导	为主治医师和牙科医师制订护理服务计划提供必要的情报、护理方法咨询指导、上门用药管理指导、上门营养饮食指导、上门牙科卫生指导
⑨短托生活护理	短期入住福利型养老护理机构
⑩短托疗养护理	短期入住医疗机构
⑪认知症应对型共同生活护理	认知症老人共同居住型护理机构提供服务
⑫特定机构入住者生活护理	入住自费型养老院、低费型养老院
特例居家护理服务费	在接受护理等级评估前，因紧急事由接受指定居家护理服务； 接受符合标准的居家护理服务； 接受相当于离岛护理服务； 上述情形的组合等
居家护理辅助器具购置费	购置洗浴、排泄等特定辅助器具
居家护理住宅改造费	安装扶手等进行一定程度的住宅改造
居家护理服务计划费	支付给指定的居家护理援助机构，用于制订居家护理服务计划和安排或调整护理服务法人的服务内容
特例居家护理服务计划费	接受符合标准的居家护理援助； 接受相当于离岛护理服务

续表

护理给付费的种类	护理服务内容
机构护理服务费 ①福利型养老护理机构 ②保健型养老护理机构 ③护理疗养型医疗机构	接受指定的服务机构提供服务 由指定福利型养老护理机构提供服务 由保健型养老护理机构提供服务 由指定的护理疗养型医疗机构提供服务
特例护理机构护理服务费	接受护理等级评估前，因紧急事由接受指定机构护理服务
高额护理服务费	利用者负担的居家护理服务费为高额时（要件由政令规定）

表 7-2　　　　护理预防给付费的种类与护理预防服务内容

护理预防给付费的种类	护理预防服务内容
居家援助服务费 ①上门护理 ②上门助浴 ③上门医护 ④上门康复 ⑤社区日间照料 ⑥社区日间康复 ⑦辅助器具租赁 ⑧居家疗养管理指导 ⑨短托生活护理 ⑩短托疗养护理 ⑪特定机构入住者生活护理	接受指定的居家护理服务法人提供居家护理服务 护理人员提供服务 上门医护站和医疗机构提供上门医护服务 社区日间照料服务 保健型养老护理机构等提供日间康复训练服务 为主治医师和牙科医师制订护理服务计划提供必要的情报、护理方法咨询指导、上门用药管理指导、上门营养饮食指导、上门牙科卫生指导 短期入住福利型养老护理机构 短期入住医疗机构 入住自费型养老院、低费型养老院等
特例居家援助服务费	在护理等级评估前，因紧急事由接受指定居家护理服务； 接受符合标准的居家护理服务； 接受相当于离岛护理服务； 上述情形的组合等
居家援助辅助器具购置费	购置特定辅助器具
居家援助住宅改造费	安装扶手等进行一定程度的住宅改造

续表

护理预防给付费的种类	护理预防服务内容
居家援助服务计划费	支付给指定的居家护理援助机构，用于制订居家服务计划和安排或调整护理服务法人的服务内容
特例居家援助服务计划费	接受符合标准的居家护理援助； 接受相当于离岛护理服务
高额居家援助服务费	利用者负担的居家援助服务费为高额时（要件由政令规定）

三、护理报酬标准制定的理念、原则及依据

（一）护理报酬标准的制定理念

《护理保险法》规定保险给付范围内的各种护理服务费，要使用厚生劳动大臣规定的标准计算，此标准被称为护理报酬标准。护理报酬标准的制定理念是建立简单明了的护理报酬体系，以服务利用者接受适当的护理等级评估为前提，以便确保护理保险基金的有效使用。

（二）护理报酬标准的制定原则

为了体现上述护理报酬标准的制定理念，厚生劳动省规定护理报酬标准的制定原则，是以各种护理服务内容的平均费用为基础，考虑护理服务法人和护理机构所在地的费用差异及服务利用者的护理等级等要素，根据实际调查结果确定各种服务的收费标准。制定此原则主要是基于以下三方面的考虑。

一是如何承担医疗保险中病情稳定患者的医护服务问题。护理保险制度设立的目的之一，是解决病情稳定患者长期入住疗养型医疗机构、占用宝贵医疗资源的问题。为了承接医疗保险中病情稳定的患者，护理保险的报酬标准，需兼容医疗保险制度下反映医护人员配置的住院患者的服务报酬制定方法。这是因为在医疗保险给付中，住院患者的服务费不是根据为每个患者提供的医护服务内容制定的，而是要反映医院或住院部整体人员的配置情况。鉴于此，护理保险制度下的护理报酬标准，也宜采用根据医护人员、护理人员、康复人员的服务时间和被护理者的护理等级，制定整个机构护理报酬的方法。在此基础上，对于医护和护理人员在特殊时间段或应对特殊情况提供的服务，按一般情况的护理报酬标准计

算，并进行增减额调整。

二是居家护理报酬，要基于标准服务利用实例设定，并设置起封顶作用的给付上限额。这是因为居家护理服务与机构护理服务提供的场所不同，护理人员提供上门服务需要在路上花费时间，因此有必要设定标准服务利用实例。此外，在护理保险制度实施前，政府认可的上门护理报酬单价是按上门护理人员提供服务的时间长短规定的，而上门医护报酬单价与上门次数无关，按平均每天收费的方法制定。在护理保险制度下，有必要对原来不统一的上门护理与上门医护报酬单价制定方法进行整合，并防止因报酬单价制定方法的改变而导致护理服务法人的平均收入大起大落。因此，采用设定标准服务利用实例的方法，并对护理报酬设定给付上限额，可控制不必要的服务内容和护理服务费，确保护理保险基金的有效使用。

三是要反映直接服务人员人工费的地区差异。由于护理服务是由服务利用者居住地附近的居家护理服务法人和护理服务机构提供的，而各地区的工资和物价水平不同，因此，日本采用了按地区设定护理报酬单位单价的方法，来反映护理人员人工费的地区差异。此方法被1997年制定的《护理保险法》采用，一直沿用至今。

（三）护理报酬标准制定依据

护理报酬标准的制定依据因护理给付费的种类而异。机构护理服务、社区护理服务及居家护理服务的报酬标准有共同之处，即均需体现护理服务法人所在地的人工费差异。不同之处是机构和社区护理服务的护理报酬标准，根据直接提供护理服务的人员配置和服务利用者的护理等级制定；居家护理服务的护理报酬标准，根据护理服务计划规定的护理服务时间制定；辅助器具购置费和住宅改造费的报酬标准根据实际需要制定，见表7-3。

表7-3　护理报酬标准制定依据

护理给付费的种类	护理报酬标准制定依据
居家护理服务费 ①上门护理 ②上门助浴 ③上门医护	基于各种服务内容的平均费用，考虑此种服务的内容和护理服务法人所在地

续表

护理给付费的种类	护理报酬标准制定依据
④上门康复 ⑤社区日间护理 ⑥社区日间康复 ⑦辅助器具租赁 ⑧居家疗养管理指导	
⑨短托生活护理 ⑩短托疗养护理 ⑪认知症应对型共同生活护理 ⑫特定机构入住者生活护理	基于各种服务内容的平均费用，考虑服务利用者的护理等级和护理机构所在地
居家护理辅助器具购置费	实际购置费
居家护理住宅改造费	实际改造费
居家护理服务计划费	考虑护理服务法人所在地的平均费用
机构护理服务费 ①福利型养老护理机构（特别养护院） ②保健型养老护理机构 ③护理疗养型医疗机构（疗养型病床群、老年认知症疗养住院部、护理功能强化医院）	基于各种服务内容的平均费用，考虑服务利用者的护理等级和护理机构所在地

资料来源：社会保険研究所. 単位数表等の基本的なしくみ［EB/OL］.［2020-05-12］. https：//www. shaho. co. jp/shaho/shop/usr_data/sample/11413-sample. pdf.

（四）护理报酬标准制定的基础工作

由于护理服务由各市町村的护理服务法人提供，而各地服务人员的薪酬水平差距较大，为了确保全国使用统一方法制定反映人工费和物价地区差异的护理报酬标准，日本将全国市町村分成不同等级地，用各等级地的报酬单位单价增额率调整全国平均报酬单位单价。因此，在护理报酬标准制定工作开始前，需将全国的市町村划分成不同的等级地，并规定各等级地报酬单位单价的增额率。

1. 等级地的划分方法

有国家或地方公务员津贴的市町村，原则上采用国家或地方公务员津贴的等级地作为各市町村的护理报酬等级地。然而，为了确保护理报酬等级地划分的公平性与客观性，对于与公务员津贴等级地相邻的市町村，设置了特例。

特例的要件是，向都道府县提出划分等级地的愿望或要求，由邻近的几个市町村联合形成1个保险人的市町村或处于被高档次等级地包围的地理条件，且人工费和物价等与周边等级地相同的市町村。特例市町村等级地的确定方法如下。

特例1为没有公务员津贴的市町村，与多个不同档次的公务员津贴等级地相毗邻（其中至少有一个公务员津贴增额率也为0%），如图7-2所示。依据国家或地方公务员津贴的等级地划分方法，该市町村本属于护理报酬单位单价增额率为0%的等级地。作为特例，它可继续选择作为单位单价增额率为0%的护理报酬等级地，也可从相邻的等级地中选择单位单价增额率除0%以外档次最低的等级地（6%）范围内任一档次（0%、3%、6%），作为其护理报酬等级地标准。

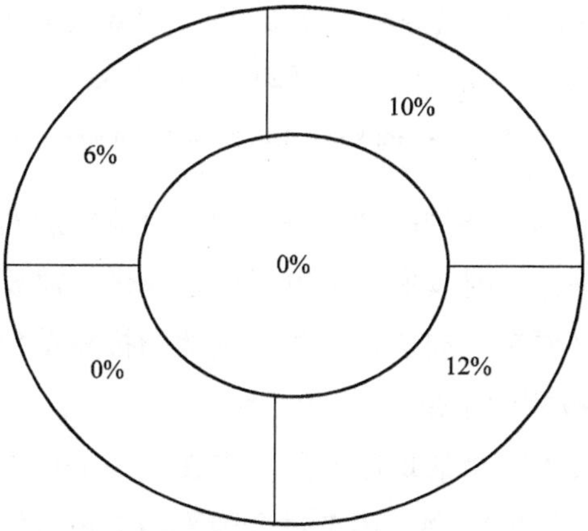

图7-2　市町村等级地划分特例1

资料来源：社保審—介護給付費分科会．地域区分，平成30年度介護報酬改定における各サービス毎の改定事項について［EB/OL］．［2020-03-12］．https：//www. mhlw. go.jp/file/05-Shingikai-12601000-Seisakutoukatsukan-Sanjikanshitsu_Shakaihoshoutantou/0000192302. pdf.

特例2为四周被档次高的等级地包围的市町村，如图7-3所示。依据国家或地方公务员津贴的等级地划分方法，该市町村本属于单位单价增额率为6%的等级地。作为特例，它可从相邻的等级地中档次最低的等级地（15%）范围内选择不低于原标准的档次（6%、10%、12%、15%），作为其护理报酬等级地标准。

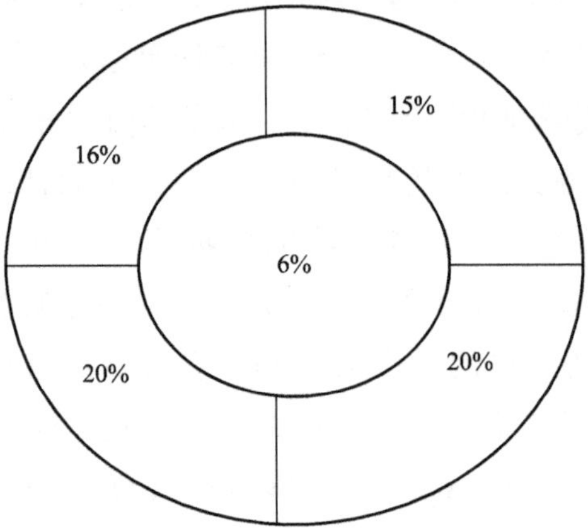

图 7-3　市町村等级地划分特例 2

资料来源：社保審一介護給付費分科会. 地域区分，平成 30 年度介護報酬改定における各サービス毎の改定事項について［EB/OL］.［2020-03-12］. https：//www. mhlw. go. jp/file/05-Shingikai-12601000-Seisakutoukatsukan-Sanjikanshitsu_Shakaihoshoutantou/0000192302. pdf.

设定市町村等级地划分特例的理由是，护理保险的运营主体为各市町村，但对于居民所需护理服务，有时其所属市町村难以提供，需要利用周边市町村的护理服务资源，因此有必要考虑周边市町村等级地的报酬单位单价增额率。

2. 各等级地护理报酬的单位单价增额率

为了体现护理人员人工费的地区差异，需在全国平均单位单价的基础上，制定不同等级地的单位单价增额率，用来对全国平均护理报酬单位单价进行调整。

（1）规定各等级地护理报酬增额率。如前所述，各市町村的等级地档次是参照公务员地区津贴的等级地划分方法划分的，其护理报酬增额率也采用了公务员地区津贴的增额率。比如，《护理保险法》（2000 年）将全国市町村分为东京都特别区、特甲地、甲地、乙地、其他地区 5 个等级地，并规定各等级地护理报酬增额率分别为 12%、10%、6%、3%、0%。

（2）计算直接服务人员的人工费在护理报酬中的占比。

1）护理机构。对护理保险制度实施前的各种护理机构进行调查，基于调查数据，将护理机构的护理报酬分为变动费用和固定费用两部分，其中变动费用为直接服务人员的人工费，固定费用为护理报酬减去变动费用后的余额。

这样划分护理报酬的目的，是为获取护理保险制度创设前某一时点提供护理服务的各种护理机构直接服务人员的人工费和设备折旧费在护理报酬中的占比数据，见表 7-4。

表 7-4　直接服务人员*的人工费和设备折旧费在护理报酬中的占比数据

机构类型	特别养老机构	保健型养老机构	设有疗养病床的医院
设备折旧费占比	1.4%	10.5%	4.0%
直接服务人员的人工费占比	36.1%（其他地区、社区 50 个床位）	38.0%	35.5%

* 直接服务人员是指为服务利用者提供直接服务的医护人员、护理人员、理学疗法师、职业治疗师。

2）居家上门服务法人。对护理保险制度实施前提供上门护理服务的营利法人和提供上门医护服务的护理机构进行调查，以便获取其直接服务人员的人工费在护理报酬中的占比数据，见表 7-5。

表 7-5　上门护理直接服务人员的人工费在护理报酬中的占比数据

机构类型	上门护理（营利法人）	上门医护（护理机构）
直接服务人员的人工费占比	62.0%	81.3%

（3）计算护理报酬的单位单价增额率。

1）护理机构。不同类型的护理机构提供的服务内容不同，所需设备也不相同，导致护理报酬中的设备折旧费无规律可循，因此在计算护理机构的护理报酬单位单价增额率时，不考虑设备折旧费的影响，其计算公式如下：

$$\text{护理机构的护理报酬单位单价增额率} = \text{等级地护理报酬增额率} \times \text{护理机构直接服务人员的人工费占比}$$

将每个等级地护理报酬增额率（东京都特别区 12%、特甲地 10%、甲地 6%、乙地 3%、其他地区 0%），分别乘以护理机构直接服务人员的人工费占比 40.0%，得到各等级地护理机构的护理报酬单位单价增额率，东京都特别区为

4.8%，特甲地为4.0%，甲地为2.4%，乙地为1.2%，其他地区为0.0%。

2）居家上门护理。居家上门护理服务法人的护理报酬单位单价增额率的计算公式为：

$$\frac{\text{居家上门护理的护理}}{\text{报酬单位单价增额率}}=\frac{\text{等级地护理}}{\text{报酬增额率}}\times\frac{\text{服务机构直接服务}}{\text{人员的人工费占比}}$$

居家上门护理服务法人调查样本的直接服务人员的人工费在护理报酬中的占比为62.0%，为了计算简便，按60.0%计算。将每个等级地护理报酬增额率（东京都特别区12%、特甲地10%、甲地6%、乙地3%、其他地区0%）分别乘以60.0%，得到各等级地居家上门护理服务法人的护理报酬单位单价增额率，东京都特别区为7.2%，特甲地为6.0%，甲地为3.6%，乙地为1.8%，其他地区为0.0%。

3）居家上门医护。如表7-5所示，提供居家上门医护服务的护理机构直接服务人员的人工费占护理报酬的比例为81.3%，但在实际接受调查的地区，不同等级地平均每小时的薪酬差异对平均每小时薪酬的影响非常小。因此，根据实际调查结果，厚生劳动省决定提供居家上门医护服务的护理机构，按护理机构直接服务人员的人工费占比计算其护理报酬单位单价增额率。即将每个等级地护理报酬增额率（东京都特别区12%、特甲地10%、甲地6%、乙地3%、其他地区0%）分别乘以40.0%，得到各等级地居家上门医护服务的护理机构护理报酬单位单价增额率，东京都特别区为4.8%，特甲地为4.0%，甲地为2.4%，乙地为1.2%，其他地区为0.0%。

将上述护理机构和居家上门服务单位的各等级地护理报酬单位单价增额率归纳列表，见表7-6。

表7-6　　2000年日本各等级地护理报酬单位单价增额率

各等级地护理报酬的单位单价增额率		东京都特别区	特甲地	甲地	乙地	其他地区
护理机构		4.8%	4.0%	2.4%	1.2%	0.0%
居家服务	短托生活护理 短托疗养护理	4.8%	4.0%	2.4%	1.2%	0.0%

续表

<table>
<tr><th colspan="2">各等级地护理报酬的单位单价增额率</th><th>东京都特别区</th><th>特甲地</th><th>甲地</th><th>乙地</th><th>其他地区</th></tr>
<tr><td rowspan="2">居家服务</td><td>通所康复
上门医护
上门康复</td><td>4.8%</td><td>4.0%</td><td>2.4%</td><td>1.2%</td><td>0.0%</td></tr>
<tr><td>上门护理
上门助浴
社区日间护理
居家护理援助（2003年4月追加）
认知症应对型共同生活护理
特定生活护理机构</td><td>7.2%</td><td>6.0%</td><td>3.6%</td><td>1.8%</td><td>0.0%</td></tr>
</table>

第二节　护理报酬标准的设计思路与构成要素

一、护理报酬标准设计思路

（一）设计统一的医疗与护理报酬标准的理由

日本在护理保险制度建立之前，护理服务费分别隶属于医疗保险中的诊疗费和老人福利费中的财政拨款或委托费，但两种费用的计算方法不同，缺乏统一性。在护理保险制度建立后，失能老人原来由医疗保险提供的病情恢复期的诊疗服务和由老年人福利制度提供的护理服务，均由护理保险制度保障，因此报酬标准有必要统一设计。

为了建立统一的护理报酬标准，厚生劳动省采用了护理报酬基于直接提供服务的医护、护理、康复等人员的人工费占总服务费的比例计算的办法（疗养型医疗护理机构的医师的人工费不计入护理报酬），本质上就是护理报酬根据为服务利用者提供直接服务的医护和护理人员在48小时内提供护理的标准时间而制定。目的在于统一护理服务法人与医疗机构的服务费计算方法，确保制定的护理报酬标准，既适用于护理服务法人为失能老人提供的护理服务，又适用于疗养型医疗护理机构为失能老人提供的医护服务，通过护理标准时间这一中间变量，使护理等级评估标准与护理报酬标准关联起来，通过评估的护理等级，控制服务利用者不合理的护理费用。

（二）护理报酬标准的设计思路

护理报酬标准的设计思路反映服务提供主体的性质、服务种类及直接服务人员人工费的地区差异。

1. 基于护理等级和服务人员配置的护理机构报酬设计

护理机构和社区日间服务的护理报酬，既要考虑服务利用者的护理等级，又要考虑护理机构的类型和人员配置。按护理等级设计护理报酬的理由是，既可适用于福利型护理机构，又可适用于护理病床型医疗机构，还能客观地体现直接护理人员投入工作量的多寡。

为了遵守厚生劳动大臣制定的护理机构人员配置标准，护理机构的护理报酬标准采用根据服务利用者的护理等级分布，确定整个护理机构的基本报酬，在此基础上，设置与人员配置、服务提供体制、疗养环境等因素相挂钩的基本报酬增额标准，以确保服务利用者的人身安全和护理服务质量的均质性。

此外，在满足服务利用者基本护理需求的基础上，还设计了增额项目给付标准，用以满足服务利用者个性化的护理需求，弥补护理机构为服务利用者提供个性化服务的额外支出。

2. 基于护理标准时间的上门护理报酬设计

日本在护理保险制度建立以前，上门护理人员以服务时间为单位计算护理报酬，而上门医护人员以平均服务天数为单位计算护理报酬，导致上门护理与上门医护的护理报酬计算方法不同。在护理保险制度下，为了确保护理报酬计算方法既适用于上门护理服务，又适用于上门医护服务，厚生劳动省采用了基于护理标准时间计算上门护理报酬的设计思路，统一了上门护理与上门医护的护理报酬制定方法。比如，《护理保险法》（2000年）规定，计算护理报酬的护理标准时间分为30 min以下、30 min以上1 h以下、1 h以上1.5 h以下3个档次，按照上门护理服务计划和上门医护服务计划规定的服务内容所需护理标准时间计算，并不是根据每次实际提供的护理服务时间计算。

3. 反映人工费地区差异的护理报酬单位单价设计

日本在护理保险制度建立以前，特别养老机构的护理报酬单价按地区制定，而诊疗服务的报酬单价与地区无关（全国使用统一价格）。由于护理机构与医疗机构的报酬单价定价方法不同，导致护理人员与医护人员的服务报酬计算方法不同。在护理保险制度建立后，统一了护理报酬与医护报酬的计算方法，开发了以全国护理报酬平均单位单价为基本单位单价，护理服务法人和护理机构按所在市町村的等级地增额率调整后的单位单价，计算其护理报酬的方法，使报酬标准反映人工费的地区差异。

4. 体现护理政策与个性化需要的增减额项目给付费设计

日本的护理报酬由基本报酬和增减额报酬构成。为确保护理服务的均质性，国家设置了对护理机构的人员配置、服务提供体制及疗养环境进行评价的增减额项目给付标准。为满足特定服务对象或一般服务对象的特殊需要，设置了增额项目给付标准，作为基本报酬的补充。

5. 明确护理保险给付范围的特定诊疗费项目设计

护理疗养型医疗机构为护理服务利用者提供专用病床，目的在于为病情稳定的患者提供日常医疗行为，患者病情恢复期的医疗服务原则上由护理保险提供，以便确保有限的医疗资源用于急性期的诊疗与救治。

由于急性期的诊疗与救治由医疗保险提供给付，为了明确划分护理保险与医疗保险的给付范围，《护理保险法》（2000年）规定了护理疗养型医疗机构的护理保险特定诊疗费项目和报酬计算标准。2005年修订的《护理保险法》将原来属于医疗保险给付范围的重度疗养管理划入护理保险特定诊疗费项目，对于重度入院患者使用人工呼吸器、人工透析的医学管理和必要处置也由护理保险进行评价。

护理疗养型医疗机构护理保险特定诊疗费项目见表7-7。

表 7-7　　护理疗养型医疗机构护理保险特定诊疗费项目

特定诊疗费项目名称	对应的诊疗报酬项目名称	单位数	内容
感染对策指导管理	医院内感染防止对策（未实行减额）	5 单位/天	医院内设置感染防止对策委员会，实施感染防止对策指导
褥疮对策指导管理	褥疮对策（未实行减额）	5 单位/天	设置由专任医师组成的褥疮对策团队，实施褥疮对策指导
初期住院诊疗管理	住院诊疗计划（未实行减额）	250 单位（诊疗方针有重大变更时，从住院时起 6 个月 2 次）	住院初期对患者问诊、检查，将确定的治疗方针对患者进行书面说明
重度疗养管理	—	120 单位/天	对处于一定状态、护理 4 级或 5 级的患者实行有计划的医学管理，以及进行必要的疗养处置
特定机构管理①	疑难病患者等住院诊疗增额	250 单位/天	—
特定机构管理②（对①的增额）	艾滋病感染者疗养环境特别增额	300 单位/天（单人间）、150 单位/天（双人间）	—
重度皮肤溃疡管理指导	重度皮肤溃疡管理增额	18 单位/天	—
护理营养饮食指导	住院营养饮食指导费	178 单位（以每月 1 次为限）	需要特别饮食的患者，由管理营养师制定具体菜谱进行指导
药剂管理指导	药剂管理指导费	350 单位（每周 1 次、以每月 4 次为限）	—
医学信息提供	诊疗信息提供费	医院之间或诊所之间的信息提供为 220 单位，医院和诊所之间的信息提供为 290 单位	医疗机构认为出院患者有必要在其他医院或诊所就诊时，会附上其诊疗档案，并向其他医院或诊所介绍患者的诊疗信息

续表

特定诊疗费项目名称	对应的诊疗报酬项目名称	单位数	内容
理学疗法Ⅰ~Ⅳ	理学疗法（个别疗法）Ⅰ~Ⅳ	50~250单位/次	·日常生活活动训练增额（30单位/次） ·康复计划增额（每3个月480单位） ·日常动作训练指导增额（300单位/月）
职业治疗疗法Ⅰ、Ⅱ	职业治疗疗法（个别疗法）	180~250单位/次	
言语听觉疗法Ⅰ、Ⅱ	言语听觉疗法（个别疗法）	180~250单位/次	—
进食机能疗法	进食机能疗法	185单位/天（以每月4次为限）	—
精神科职业治疗疗法	精神科职业治疗疗法	220单位/天	—
认知症老人住院精神疗法	认知症老人住院精神疗法	330单位/周	—

资料来源：岩下清子，奥村元子．診療報酬（介護報酬）―その仕組みと看護の評価［M］．東京：日本看護協会出版社，2004.

二、护理报酬标准的构成要素

如前所述，护理报酬由基本报酬和增减额报酬构成，各种护理报酬标准的构成要素因服务种类而异。

（一）机构护理

依据《护理保险法》的规定，日本护理机构分为福利型养老护理机构、保健型养老护理机构、护理疗养型医疗机构3种。

1. 福利型养老护理机构（特别养老机构）

福利型养老护理机构（特别养老机构）的基本报酬由基于护理等级的护理人员人工费、上述人员以外的护理服务相关费用、机构运营的基本管理经费及房屋和设备折旧费等构成，增减额报酬由强化护理机构直接服务人员配置的增减额、营养管理增额、特殊服务增额、促使机构入住者实现居家养老的机能训练援助增额等构成。福利型养老护理机构的护理报酬标准构成要素如图 7-4 所示。

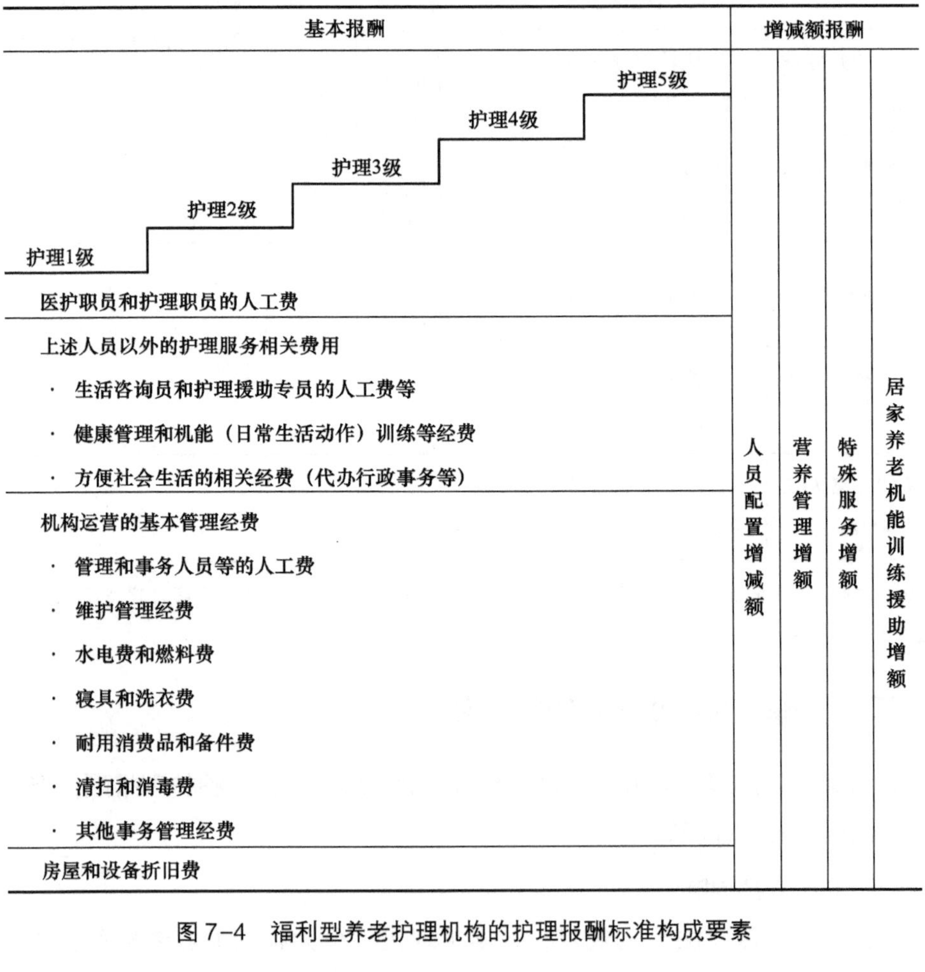

图 7-4　福利型养老护理机构的护理报酬标准构成要素

2. 保健型养老护理机构

保健型养老护理机构的基本报酬由基于护理等级的护理人员的人工费、上述人员以外的护理服务相关费用、机构运营的基本管理经费及房屋和设备折旧费构成，增减额报酬由强化保健型护理机构直接服务人员配置的增减额、使入住者习惯保健机构服务环境的初期增额、特殊服务增额、康复服务增额等构成。保健型养老护理机构的护理报酬标准构成要素如图 7-5 所示。

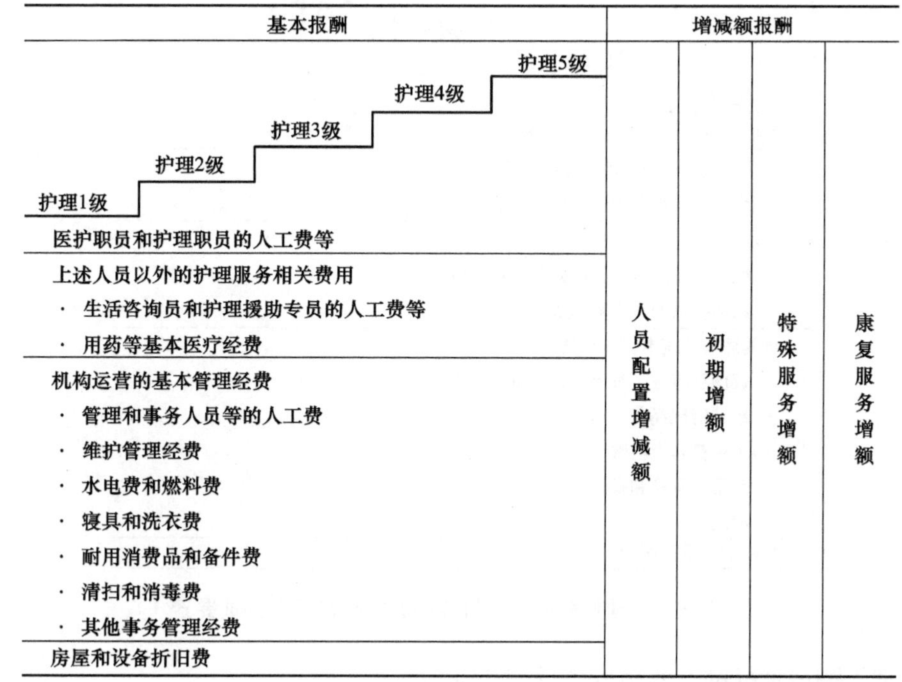

图 7-5　保健型养老护理机构的护理报酬标准构成要素

3. 护理疗养型医疗机构

护理疗养型医疗机构为疾病症状稳定、以日常治疗行为为中心的被护理者提供医护服务，其护理报酬标准按照医护、护理、康复等直接服务人员的服务时间和服务利用者的护理等级制定。然而，其中的基本报酬根据对服务利用者护理等级的整体评价制定，整体评价部分包含提供检查、用药、注射、部分处置等的基本医疗经费，如图 7-6 所示。

在基本报酬之外，护理疗养型医疗机构沿袭了医疗保险制度下的夜勤人员护理报酬增额要件。对达不到夜勤人员配置标准的机构，其护理报酬按 1 天 25 单位减额。此外，对于高于夜勤人员配置标准的机构，以申报的方式对其护理报酬予以增额，目的是鼓励机构自觉地充实夜间医护体制。护理疗养型医疗机构夜勤人员

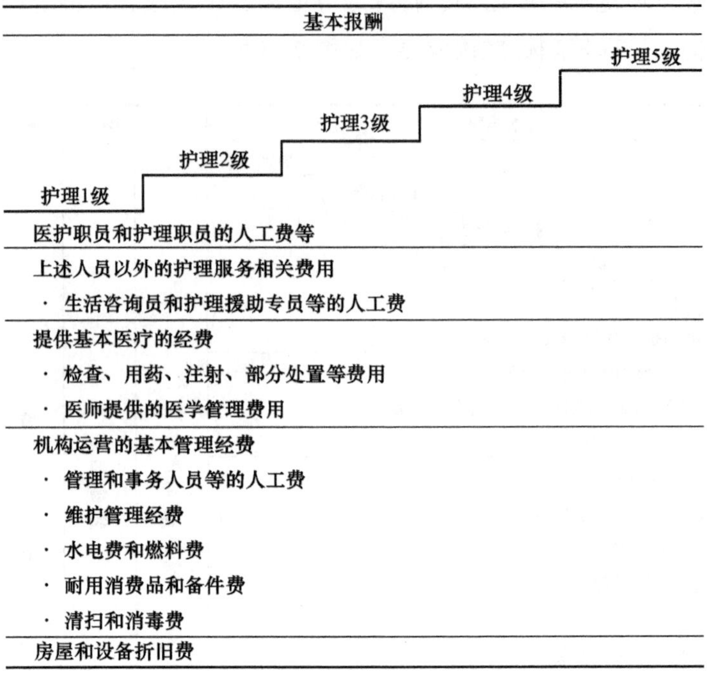

图 7-6　护理疗养型医疗机构的基本报酬标准构成要素

的护理报酬增额标准及实施要件见表 7-8。

表 7-8　　护理疗养型医疗机构夜勤人员的护理报酬增额标准及实施要件

夜勤人员的护理报酬增额标准	增额单位	实施要件
夜勤等医护（Ⅰ）	23	· 住院患者每 15 人配置 1 人以上的夜勤医护职员，且 2 人以上当值夜班； · 夜勤医护职员的月平均夜勤时间少于 72 h
夜勤等医护（Ⅱ）	14	· 住院患者每 20 人配置 1 人以上的夜勤医护职员，且 2 人以上当值夜班； · 夜勤医护职员的月平均夜勤时间少于 72 h

续表

夜勤人员的护理报酬增额标准	增额单位	实施要件
夜勤等医护（Ⅲ）	7	·住院患者每20人配置1人以上的夜勤医护和护理职员，且2人以上当值夜班； ·医护职员1人以上； ·夜勤医护和护理职员的月平均夜勤时间少于72 h

（二）居家上门护理

居家上门护理包括上门护理、上门医护、上门助浴、上门康复等多种护理服务。在此，仅介绍具有代表性的上门护理和上门医护的护理报酬标准构成要素。

1. 上门护理

上门护理报酬由基于综合评价的基本报酬和提供特定服务的增减额报酬构成。其中，基本报酬的设定，考虑了人工费的地区差异，还包括提供上门护理服务时使用车辆的折旧费。为满足偏僻地区或山区居民的护理需求，对医护或护理人员超过1小时车程的离岛服务或在清晨、夜间及深夜等特殊时间段提供的服务，其基本报酬予以增额。

此外，上门护理报酬中，为援助对象提供的护理预防服务，根据护理服务计划规定的护理标准时间，以月为单位计算月平均护理报酬。上门护理报酬标准设定了给付上限额，其构成要素见表7-9。

表7-9　上门护理报酬标准构成要素

基本报酬（综合评价部分）	增减额报酬	
上门护理服务费 ·上门护理职员的人工费	离岛等长时间移动增额	清晨、夜间及深夜护理增额
运营的基本管理经费 ·管理和事务人员等的人工费 ·交通费 ·耐用消费品和备件费 ·其他管理经费		
车辆等的折旧费		

2. 上门医护

上门医护报酬标准按照与上门护理相同的构想设定，由基于综合评价的基本报酬和体现护理政策的增减额报酬两部分构成。其中，基本报酬考虑人工费的地区差异，增减额报酬包括临终护理增额和医疗器械使用者特别管理增额等，见表 7-10。

表 7-10　　　　上门医护报酬标准构成要素

<table>
<tr><th>基本报酬
（综合评价部分）</th><th colspan="7">增减额报酬</th></tr>
<tr><td>上门医护服务费
·医护职员、理学疗法师、作业疗法师等的人工费</td><td rowspan="3">构建 24 小时合作和咨询体制增额</td><td rowspan="3">构建紧急上门服务体制增额</td><td rowspan="3">医疗器械使用者特别管理增额</td><td rowspan="3">出院时对医疗机构指导增额</td><td rowspan="3">临终护理增额</td><td rowspan="3">离岛等长时间移动增额</td><td rowspan="3">清晨、夜间、深夜医护增额</td></tr>
<tr><td>运营的基本管理经费
·管理和事务人员等的人工费
·耐用消费品费和备件费
·交通费
·其他管理经费</td></tr>
<tr><td>车辆等的折旧费</td></tr>
</table>

（三）社区日间护理

社区日间护理报酬由基本报酬和增减额报酬构成。其中，基本报酬包括反映服务利用者护理等级的护理人员和（或）医护人员的人工费、上述人员以外的护理服务相关费用、机构运营的基本管理经费及房屋和设备折旧费，增减额报酬包括护理服务增额和护理援助增额两种。基于综合评价的基本报酬，考虑服务利用者的实际需要，设定了可供选择的 3 种护理时间档次（3~4 h、4~6 h、6~8 h）

作为护理报酬计算单位。社区日间护理报酬标准也设定了给付上限额，其构成要素如图 7-7 所示。

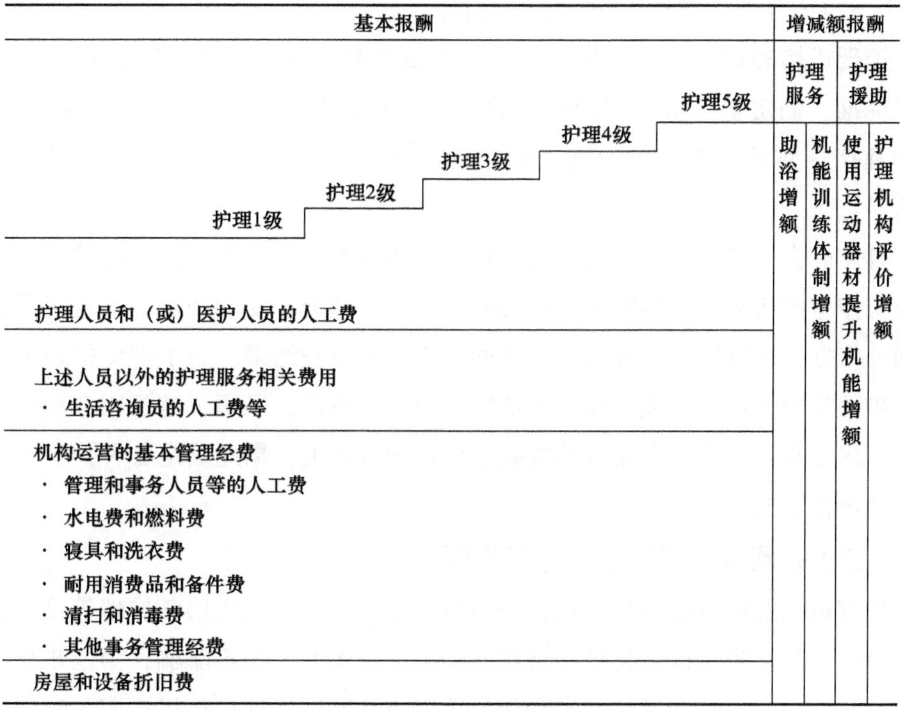

图 7-7　社区日间护理报酬标准构成要素

第三节　护理报酬标准制定方法

如前所述，护理报酬由基本报酬和增减额报酬构成。其中，基本报酬根据厚生劳动大臣规定的给付费单位数表中的护理报酬单位数，乘以护理服务法人或护理机构所在等级地服务种类单位单价而得。下面介绍一般情况下机构护理、居家上门护理、社区日间护理的护理报酬单位数标准和应对特殊情况的增减额报酬标准制定方法。

一、机构护理的护理报酬单位数

（一）护理报酬单位数制定方法

护理机构的护理报酬，采用基于反映服务利用者护理等级的直接护理人员配置标准，制定整个机构护理报酬的方法。为了建立既适用于护理机构又适用于护理疗养型医疗机构的、统一的护理报酬标准，未考虑医疗机构医师的人工费。

具体而言，将护理机构的护理报酬分成体现直接提供护理服务的护理和医护人员工作量的变动费用和除此之外的固定费用两部分。变动费用和固定费用的比例划分依据，来自每种护理机构整体的护理报酬调查结果。为了避免护理机构的平均护理报酬在护理保险制度实施前后发生大的波动，采用了基于服务利用者的护理等级分布，将变动费用额分摊到各种护理等级上，据此确定各种护理等级护理报酬单位数的方法。

（二）护理报酬单位数制定步骤

护理机构的护理报酬单位数，分 5 步制定。第一步是找出各护理等级的护理标准时间，第二步是计算每种护理机构服务利用者的人均报酬额，第三步是计算人均报酬额中的变动费用和固定费用，第四步是计算每种护理机构服务利用者的平均护理等级，第五步是计算护理机构的护理报酬单位数。具体方法如下。

1. 找出各护理等级的护理标准时间

将划分护理等级的评估标准时间取中间值，找出各护理等级的护理标准时间，见表 7-11。

表 7-11　　各护理等级的护理标准时间中间值

	护理 1 级	护理 2 级	护理 3 级	护理 4 级	护理 5 级
护理等级评估标准时间/min	30~50	50~70	70~90	90~110	110 以上
护理等级评估标准时间的中间值/min	40	60	80	100	120

2. 计算每种护理机构服务利用者的人均报酬额

将调查获取的护理报酬数据按护理机构种类归集，求出每种护理机构的报酬总额，再用其服务利用者总人数去除，即可得到每种护理机构服务利用者的人均报酬额。

3. 计算人均报酬额中的变动费用和固定费用

利用护理报酬实际调查数据，计算出人均报酬额中直接提供护理服务的各种人员的人均变动费用，用人均报酬额减去人均变动费用即为人均固定费用。

4. 计算每种护理机构服务利用者的平均护理等级

每种护理机构服务利用者的平均护理等级计算公式如下：

平均护理等级=（被援助者的人数×0.375+护理 1 级的人数×1+护理 2 级的人数×2+护理 3 级的人数×3+护理 4 级的人数×4+护理 5 级的人数×5）÷服务利用者总人数

5. 计算护理机构的护理报酬单位数

用平均护理等级的评估标准时间去除平均报酬额中的变动费用，得到平均每分钟的变动费用，用平均每分钟的变动费用乘以各护理等级人数的评估标准时间，求出每种护理机构各种护理等级的变动费用；用同样的方法求出每种护理机构各护理等级的固定费用；用每种护理机构各护理等级的变动费用加上相应的固定费用，得到每种护理机构各护理等级的护理报酬额，用护理报酬单位单价 10 日元（其他地区）去除每种护理机构各护理等级的护理报酬额，分别得到每种护理机构各种护理等级的护理报酬单位数（见表 7-12）。

表 7-12　2000 年护理保险制度护理机构的护理报酬单位数（其他地区）

	人均护理报酬额/万日元			平均护理等级	护理报酬单位数				
		变动费用	固定费用		护理1级	护理2级	护理3级	护理4级	护理5级
福利型养老护理机构（50 个床位，3：1）①	27.2	5.7	21.5	3.23	796	841	885	930	974
保健型养老护理机构（3：1）②	29.8	5.9	23.9	2.85	880	930	980	1 030	1 080

续表

	人均护理报酬额/万日元			平均护理等级	护理报酬单位数				
		变动费用	固定费用		护理1级	护理2级	护理3级	护理4级	护理5级
护理疗养型医疗机构（6∶1，4∶1）③	38.3	6.2	32.1	3.64	1 126	1 170	1 213	1 256	1 299

①福利型养老护理机构入住者与护理人员配置比的国家标准为3∶1。

②保健型养老护理机构入住者与护理人员配置比的国家标准为3∶1。

③护理疗养型医疗机构入住患者与医护人员配置比的国家标准为6∶1，患者与医护辅助人员配置比的国家标准为4∶1。

在此需要注意的是，医护人员的工作时间并非全部用于服务患者，在工作准备、工作记录、工作交接上也花费了时间。因此，计算医护人员的人工费时，需要使用其全部工作时间乘以服务患者的时间占全部工作时间的比例。

（三）各种护理机构的护理报酬计算方法

护理机构的护理报酬根据每种护理等级的护理报酬单位数乘以护理机构所在地的等级地报酬单位单价计算而得。护理报酬的计算周期为月，每月按30.4天计算。

1. 福利型养老护理机构的护理报酬

假定福利型养老护理机构入住者与护理人员的配置比为3∶1，护理机构所在等级地为“其他地区”，服务利用者的平均护理等级为3.23，其护理报酬计算见表7-13。

表7-13　2000年护理保险制度福利型养老护理机构的护理报酬计算表（月额）

护理1级=796单位×10日元/单元×30.4天≈24.2万日元
护理2级=841单位×10日元/单元×30.4天≈25.6万日元
护理3级=885单位×10日元/单元×30.4天≈26.9万日元
护理4级=930单位×10日元/单元×30.4天≈28.3万日元
护理5级=974单位×10日元/单元×30.4天≈29.6万日元

资料来源：作者参考日本护理报酬计算资料制作。

2. 保健型养老护理机构的护理报酬

假定保健型养老护理机构入住者与护理人员的配置比为 3∶1，护理机构所在等级地为“其他地区”，服务利用者的平均护理等级为 2.85，其护理报酬计算见表 7-14。

表 7-14　2000 年护理保险制度保健型养老护理机构的护理报酬计算表（月额）

护理 1 级＝880 单位×10 日元/单元×30.4 天≈26.8 万日元
护理 2 级＝930 单位×10 日元/单元×30.4 天≈28.3 万日元
护理 3 级＝980 单位×10 日元/单元×30.4 天≈29.8 万日元
护理 4 级＝1 030 单位×10 日元/单元×30.4 天≈31.3 万日元
护理 5 级＝1 080 单位×10 日元/单元×30.4 天≈32.9 万日元

资料来源：作者参考日本护理报酬计算资料制作。

3. 护理疗养型医疗机构的护理报酬

假定护理疗养型医疗机构入住患者与医护人员的配置比为 6∶1，患者与医护辅助人员的配置比为 4∶1，护理机构所在等级地为“其他地区”，服务利用者的平均护理等级为 3.64，其护理报酬计算见表 7-15。

表 7-15　2000 年护理保险制度护理疗养型医疗机构的护理报酬计算表（月额）

护理 1 级＝1 126 单位×10 日元/单元×30.4 天≈34.2 万日元
护理 2 级＝1 170 单位×10 日元/单元×30.4 天≈35.6 万日元
护理 3 级＝1 213 单位×10 日元/单元×30.4 天≈36.9 万日元
护理 4 级＝1 256 单位×10 日元/单元×30.4 天≈38.2 万日元
护理 5 级＝1 299 单位×10 日元/单元×30.4 天≈39.5 万日元

资料来源：作者参考日本护理报酬计算资料制作。

二、居家上门护理的护理报酬单位数

上门服务由上门护理和上门医护 2 种服务构成。上门护理的护理报酬是以选定的标准服务利用实例为基础，综合考虑服务的有效利用和发挥护理报酬单位数的给付上限额封顶作用而设计的。

（一）设置复合型单价

上门护理服务可细分为身体护理服务和家务援助服务。为了节约上门护理服务的路途移动时间，一些服务利用者的身体护理和家务援助由同一上门护理人员提供，因此难以准确区分身体护理和家务援助的服务时间。鉴于身体护理单价远高于家务援助单价，为了使护理报酬单价适用于两种服务由同一护理人员提供的情况，日本开发了一种低于身体护理服务单价、高于家务援助服务单价的复合型单价，作为由同一上门护理人员提供身体护理和家务援助的护理报酬计算标准，以避免现场将上门护理服务主观地划分为身体护理服务和家务援助服务而导致服务利用者与服务提供者之间的意见分歧与纠纷。

（二）上门护理的护理报酬单位数制定方法

上门护理的护理报酬单位数分 3 步制定，方法如下。

1. 基于标准服务利用实例的护理报酬调查结果，计算出上门护理服务的护理报酬总额，用提供的服务小时数去除，求出每小时平均护理报酬额。

2. 根据实际调查数据，确定身体护理时间与家务援助时间的比例为 2：1。

3. 按 30 min 以下、30 min 以上 1 h 以下、1 h 以上 1.5 h 以下 3 个服务时间档次，将护理报酬总额归集为按时间档次的身体护理服务、复合型服务、家务援助服务 3 种护理报酬额，用护理报酬单位单价 10 日元（其他地区）去除每个时间档次的 3 种护理报酬额，得到各时间档次身体护理服务、复合型服务、家务援助服务的护理报酬单位数（见表 7–16）。

（三）上门医护的护理报酬单位数制定方法

上门医护的护理报酬单位数分 3 步制定，方法如下。

1. 根据上门医护站的实际调查数据，求出上门医护的每次平均报酬额和每小时平均报酬额。

2. 按 30 min 以下、30 min 以上 1 h 以下、1 h 以上 1.5 h 以下 3 个服务时间档次，归集出各档次的护理报酬额。

3. 用护理报酬单位单价 10 日元（其他地区），去除各档次的护理报酬额，得到各档次上门医护的报酬单位数（见表 7–16）。

表 7-16　2000 年护理保险制度居家上门护理的护理报酬单位数（其他地区）

		每次平均报酬额/千日元	每小时平均报酬额/千日元	护理报酬单位数		
				30 min 以下	30 min 以上 1 h 以下	1 h 以上 1.5 h 以下
上门护理	身体护理服务	—	3.5①	210	402②	584
	复合型服务			—	278	403
	家务援助服务			—	153②	222
上门医护		9.4③	8.9	425	830	1 198

①以营利法人运营上门护理的收入和支出为基础，参考其中营利的护理服务法人的收入数据和亏损的护理服务法人的支出数据，计算上门护理的报酬总额。

②根据实际调查数据，按身体护理时间与家务援助时间 2∶1 计算的护理报酬单位数。

③每次平均报酬额中未包含平均交通费 200 日元，按人均提供的服务时间 63.5 min 计算而得。

三、社区日间护理的护理报酬单位数

社区日间护理的护理报酬单位数，是基于提供社区日间照料服务的福利型养老护理机构和提供社区日间康复训练的保健型养老护理机构的护理报酬调查数据制定的。鉴于社区日间护理是服务利用者在护理机构接受服务，因此，其护理报酬单位数制定方法，与护理机构的护理报酬单位数制定方法相同，即基于服务利用者护理等级的直接护理人员的国家配置标准，制定整个机构的护理报酬。

社区日间护理的护理报酬单位数分 5 步制定，方法如下。

1. 对提供社区日间照料服务的福利型养老护理机构和提供社区日间康复训练的保健型养老护理机构分别进行服务调查，收集服务利用者的护理等级、服务时间和收支数据。

2. 分别计算福利型养老护理机构和保健型养老护理机构的服务利用者人均报酬额。

3. 根据护理报酬调查数据，计算人均报酬额中直接护理人员或医护人员的人均变动费用和扣除人均变动费用后的人均固定费用。

4. 分别计算福利型养老护理机构和保健型养老护理机构服务利用者的平均护理等级。

5. 计算社区日间护理机构和社区日间康复机构各种护理等级的护理报酬单位数。

用平均护理等级的护理标准时间去除人均变动费用，得到平均每分钟的变动费用额；平均每分钟的变动费用额乘以各护理等级服务利用者的护理标准时间，求出每种护理机构各护理等级的变动费用；用同样的方法求出每种护理机构各护理等级的固定费用。

用每种护理机构各护理等级的变动费用加上相应的固定费用，得到每种护理机构各护理等级的护理报酬额，用护理报酬单位单价 10 日元（其他地区）去除每种护理机构各护理等级的护理报酬额，分别得到每种护理机构各护理等级的护理报酬单位数。

将上述方法计算的社区日间护理和社区日间康复训练各种护理等级的护理报酬单位数整理归纳，得到社区日间护理的护理报酬单位数，见表 7-17。

表 7-17　2000 年护理保险制度社区日间护理的护理报酬单位数（4 h 以上 6 h 以下）

	人均护理报酬额/千日元			平均护理等级	护理报酬单位数		
		变动费用	固定费用		护理援助	护理 1 级、2 级	护理 3 级、4 级、5 级
社区日间护理（福利型养老护理机构）	5.3	2.3	3.0	2.22	400	473	660
社区日间康复（保健型养老护理机构）	6.2	2.5	3.7	2.22	463	542	744

四、增减额报酬标准的项目设置

为弥补护理服务法人提供特殊服务花费的额外支出或实现护理保险的政策目标，厚生劳动省以省令的形式，根据特定服务内容、服务成本及服务收入调查数据，制定了增减额项目的报酬标准。

（一）弥补特殊服务成本的增额项目设置

为使入住者适应机构护理的新环境，对于护理机构为首次入住者提供的观察、咨询等临时性服务，设置了为期一个月的初期增额项目。

为满足入住者的特殊护理需求，设置了营养管理增额项目、由管饲到经口进食的过渡增额项目、回归家庭的机能训练援助增额项目等。

为满足偏僻地区或山区居民的护理需求，对于医护或护理人员超过1小时车程的服务，设置了离岛增额项目；对于在清晨、夜间及深夜等特别时间段提供的服务，设置了清晨、夜间、深夜服务增额项目。

对于社区日间护理设置了助浴项目增额、机能训练体制项目增额、使用运动器材提升机能增额项目，各增额项目的报酬标准与实施要件在本章第四节详细介绍。

（二）为确保服务质量的增减额项目的给付费标准

为确保机构入住者及时获得所需服务，厚生劳动省规定了机构入住者或住院患者与医护和护理人员的配置比例为3：1的国家标准。作为过渡措施，在护理保险制度之前设立的特别养老机构，允许其在护理保险制度设立初期入住者与护理人员的比例为4.1：1，保健型养老护理机构为3.6：1，但在5年之内必须充实到3：1的人员配置。对于护理疗养型医疗机构，原则上要达到3：1的人员配置。对于达不到人员配置标准的，视其配置情况分别设置15单位、75单位、105单位的基本给付单位数减额标准，促使人员配置尚未达到国家标准的护理机构尽快增补护理人员。此外，为确保入住者的疗养环境，还设置了对护理机构的食堂、浴室、机能训练室及居住面积进行评价的增减额项目的给付标准。

（三）为贯彻国家护理政策的增额项目的给付费标准

为防止老年人生活自立能力的下降或失能程度的进一步恶化，贯彻发展居家养老服务政策，设置了评价康复训练、机能训练及回归家庭指导项目的给付标准。

1. 护理疗养型医疗机构基于实际服务量的康复训练评价。2003年修订的《护理保险法》，废除了原来由1名康复人员可为数名患者提供以集体疗法为核心的康复训练评价，改为由1名康复人员为1名患者提供个别疗法的康复训练评价，每次服务的增额报酬为50~250单位。对于住院部提供以日常生活活动能力自立为目的的康复训练，设置了日常生活活动能力增额项目，每次训练的增额报酬为 30 单位。

2. 将保健型养老护理机构配置充足的康复训练人员和建立个别疗法康复体制，视为康复机能强化项目予以评价，增额报酬为 30 单位。

3. 在出院后或退出护理机构、实行居家养老的 6 个月内，对于提供以日常生活活动能力自立为目的的上门康复训练，设置了日常生活活动训练项目，每天增额 50 单位。

4. 对于社区为身体残障、废用性综合征等服务利用者开展的个别疗法，设置了个别康复项目。退出护理机构、实行居家养老 1 年以内的服务利用者，每天的增额报酬为 130 单位；退出护理机构、实行居家养老 1 年以上的服务利用者，每天的增额报酬为 100 单位。

5. 对于福利型养老护理机构和社区日间护理充实机能训练体制设置增额报酬标准，分别为 12 单位和 27 单位。

6. 对出院患者或退出护理机构的服务利用者进行指导、出院前护理机构与居家护理援助机构达成合作等予以评价，设置的增额报酬标准见表 7-18。

表 7-18　对出院患者或退出护理机构的服务利用者进行指导、出院前护理机构与居家护理援助机构达成合作的增额报酬标准

护理机构类型	福利型养老护理机构	保健型养老护理机构	护理疗养型医疗机构
退出护理机构（出院）前后上门指导（咨询服务）增额	460 单位	460 单位	460 单元
退出护理机构（出院）时的指导（咨询援助）增额	400 单位	400 单位	400 单位
退出护理机构（出院）时的信息提供增额（退出护理机构后向主治医师提供服务利用者信息）	无	500 单位	500 单位
退出护理机构（出院）前与居家护理援助机构合作增额	500 单位	500 单位	500 单位
提供上门医护指导增额	无	300 单位	300 单位

资料来源：作者参考日本护理报酬增额资料制作。

第四节　现行护理报酬标准的内容与特征

日本1997年制定的《护理保险法》规定，护理报酬标准每3年修订一次，并可根据实际需要随时修订。自2000年4月护理保险制度实施以来，护理报酬标准经过了2003年、2006年、2009年、2012年、2015年、2018年6次修订，为体现新的护理保险政策而对基本给付单位数的增减额标准进行了调整，根据需要增设了新的增额项目，但护理报酬标准的设计思路与制定方法并未改变。

一、2018年护理报酬标准修订的基本原则

2018年为修订护理报酬标准，厚生劳动省制定了4个基本原则，目的是确保每个失能老人在任何地方均能获得妥当的医疗和护理服务援助。

1. 推进社区综合护理制度原则

作为贯彻推进社区综合护理制度原则的举措，在护理报酬标准修订方面，一是对上门临终关怀服务和机构临终护理服务予以评价；二是强化医疗服务与护理服务的合作；三是创设护理医疗院；四是对为认知症患者提供的上门服务予以评价。

2. 强化自立援助与防止失能度恶化原则

贯彻强化自立援助与防止失能度恶化原则的手段，主要是重视服务利用者的身体护理和强化康复训练服务，因此在护理报酬设定方面，一是对强化康复训练的服务予以评价；二是变更了上门护理报酬标准，即降低了以生活援助型为中心的基本报酬标准，同时对利用次数过多的生活援助型上门护理进行合理限制；三是增设了社区日间康复训练的日常生活动作维持增额项目；四是对于各种服务的排泄援助服务费予以增额。

3. 确保多样化人才和提升护理工作效率原则

作为贯彻多样化人才和提升护理工作效率原则的手段，一是创设了新的研修科目，以解决生活援助人才不足问题；二是通过降低夜间人员配置的增额要件，

引导护理机构利用看护援助机器人和信息通信技术（ICT），提升护理人员的工作效率，减轻护理人员的工作负担。

4. 推行护理服务合理化原则

为贯彻护理服务合理化原则，在护理报酬设定方面，一是进一步扩大集体住宅居住者上门服务给付费减额的幅度，涉及的服务种类有上门护理、夜间应对型上门护理、上门助浴、上门医护、上门康复、定期巡视和随时应对型上门护理医护；二是降低上门医护和护理预防上门医护的基本报酬标准；三是降低大规模社区日间护理的基本报酬标准。总体来看，2018 年的护理报酬标准的修订，促使护理报酬总额增加了 0.54%，但涉及的服务报酬标准，因服务种类不同有升有降。

二、2018 年护理报酬标准的内容

（一）护理报酬标准的构成

为了计算护理服务法人和护理机构的服务给付费，厚生劳动大臣规定了由各种护理给付费单位数表和反映人工费地区差异的等级地报酬单位单价构成的护理报酬标准。

1. 护理给付费单位数表

日本的护理保险采用社会保险方式运营，因此，护理服务法人或护理机构提供的服务，不是按市场价格计费，而是基于厚生劳动大臣规定的护理给付费单位数表和等级地报酬单位单价，计算护理报酬，由护理保险基金进行给付。其中，护理给付费单位数表根据护理服务的性质划分为护理给付费单位数表和护理预防给付费单位数表两大类。在此基础上，为了计算每种护理服务的给付费，又按照护理服务的提供主体进一步细分。护理给付费单位数表的种类见表 7-19。

表 7-19　护理给付费单位数表的种类

护理给付	护理预防给付
指定居家服务护理给付费单位数表	指定护理预防服务给付费单位数表
指定社区嵌入型服务给付费单位数表	指定社区嵌入型护理预防服务给付费单位数表
指定居家护理援助给付费单位数表	指定护理预防援助给付费单位数表
指定护理机构服务等给付费单位数表	—

2. 等级地划分及其报酬单位单价

（1）市町村的护理报酬等级地划分。2018 年的护理报酬修订，基于客观性与公平性原则，以缩小等级地间的护理报酬差距为目的，修改了等级地的划分档次，划分依据不变，依然是市町村所属的公务员地区津贴标准及等级地特例。

日本全国 1 741 个市町村划分为 8 个等级地，其中东京都的 23 个特别区为 1 级地，6 个市町村为 2 级地，24 个市町村为 3 级地，22 个市町村为 4 级地，52 个市町村为 5 级地，137 个市町村为 6 级地，169 个市町村为 7 级地，等级地名单上未列出的 1 308 个市町村为其他地区，见表 7-20。

（2）各种护理服务的等级地报酬单位单价。为了使护理报酬体现各等级地的人工费及物价差异，需将各等级地的人工费换算成全国平均人工费（在日本被称为单位）的倍数，并用全国平均人工费计算各等级地的护理报酬。厚生劳动大臣规定 1 个单位的全国平均护理报酬为 10 日元。

计算各种护理服务等级地护理报酬单位单价的公式如下：

各种护理服务的等级地报酬单位单价= ［1+（每种服务各等级地人工费的护理报酬占比×各等级地护理报酬增额率）］×10 日元

其中，1 表示以全国平均人工费计算的护理报酬单位，每种服务各等级地人工费的护理报酬占比×各等级地护理报酬增额率为以全国平均护理报酬单位表示的各等级地护理报酬单位增额率。

为了体现改善护理人员待遇、稳定护理服务队伍的护理保险政策宗旨，2018 年护理报酬标准修订时，厚生劳动省将各种护理服务的直接服务人员人工费在护理报酬中的占比设定为 3 类，上门护理直接服务人员的人工费占比为 70%，上门康复等直接服务人员的人工费占比为 55%，社区日间服务及护理机构直接服务人员的人工费占比为 45%。等级地护理报酬增额率 1 级地提高到 20%，其他等级地的护理报酬增额率见表 7-20，使用上述公式计算的每种护理服务的各等级地报酬单位单价见表 7-21。

表 7-20 2018—2020 年各市町村所属等级地及护理报酬增额率

等级地	1 级地	2 级地	3 级地	4 级地	5 级地	6 级地	7 级地	其他地区
护理报酬增额率	20%	16%	15%	12%	10%	6%	3%	0%
地区	东京都 特别区	东京都 町田市 狛江市 多摩市 神奈川县 横滨市 川崎市 大阪府 大阪市	埼玉县 埼玉市 千叶县 千叶市 东京都 八王子市 武藏野市 三鹰市 青梅市 府中市 调布市 小金井市 小平市 日野市 国分寺市 国立市 稻城市 西东京市 神奈川县 镰仓市 爱知县 名古屋市 大阪府 守口市等	茨城县 牛久市 埼玉县 朝霞市 千叶县 船桥市 成田市 习志野市 浦安市 东京都 立川市 昭岛市 东村山市 东大和市 清濑市 神奈川县 相模原市 藤沢市 逗子市 厚木市等	茨城县 水户市 日立市 龙崎市 取手市 筑波市 守谷市 埼玉县 志木市 和光市 新座市 富士见野市 千叶县 市川市 松户市 佐仓市 市原市 八千代市 四街道市 印西市等	宫城县 仙台市 茨城县 土浦市 古河市 利根町 神奈川县 三浦市 秦野市 叶山市 大矶町 清川村 大阪府 岸和田市 泉大津市等	北海道 札幌市 石川县 金沢市 内滩町 爱知县 丰桥市 一宫市 濑户市 半田市等	其他地区
市町村数	23	6	24	22	52	137	169	1 308

表 7-21　　各种护理服务报酬的等级地单位单价

<table>
<tr><td>直接服务人员人工费占比</td><td>70%</td><td>55%</td><td>45%</td><td>—</td></tr>
<tr><td rowspan="13">护理服务种类</td><td>上门护理</td><td>上门康复</td><td>社区日间护理</td><td rowspan="13">居家疗养管理指导
辅助器具租赁
护理预防居家疗养管理指导
护理预防辅助器具租赁</td></tr>
<tr><td>上门助浴</td><td>社区日间康复</td><td>短托疗养护理</td></tr>
<tr><td>上门医护</td><td>短托生活护理</td><td>特定生活护理型机构护理</td></tr>
<tr><td rowspan="2">定期巡视和随时应对型上门护理与医护</td><td>认知症应对型社区日间护理</td><td>认知症应对型共同生活护理</td></tr>
<tr><td>小规模多功能型居家护理</td><td>社区嵌入型特定生活护理型机构护理</td></tr>
<tr><td>居家护理援助</td><td>医护小规模多功能型居家护理</td><td>社区嵌入型福利养老护理机构入住者生活护理</td></tr>
<tr><td>夜间服务型上门护理</td><td>护理预防上门康复</td><td>福利型护理机构服务</td></tr>
<tr><td>护理预防上门护理</td><td>护理预防社区日间康复</td><td>护理保险机构服务</td></tr>
<tr><td>护理预防</td><td>护理预防短托生活护理</td><td>护理疗养机构服务</td></tr>
<tr><td>护理预防上门助浴</td><td>护理预防认知症应对型社区日间护理</td><td>护理预防社区日间护理</td></tr>
<tr><td>护理预防上门医护</td><td>护理预防小规模多功能型居家护理</td><td>护理预防短托疗养护理</td></tr>
<tr><td rowspan="2">护理预防援助</td><td rowspan="2"></td><td>护理预防特定生活护理型机构</td></tr>
<tr><td>护理预防认知症应对型共同生活护理</td></tr>
</table>

续表

直接服务人员人工费占比		70%	55%	45%	—
各等级地护理报酬单位单价/日元	1 级地	11.40	11.10	10.90	10.00
	2 级地	11.12	10.88	10.72	10.00
	3 级地	11.05	10.83	10.68	10.00
	4 级地	10.84	10.66	10.54	10.00
	5 级地	10.70	10.55	10.45	10.00
	6 级地	10.42	10.33	10.27	10.00
	7 级地	10.21	10.17	10.14	10.00
	8 级地	10.00	10.00	10.00	10.00

（二）给付费标准数表

如前所述，为了计算护理保险的服务费，厚生劳动大臣规定了每种护理服务的给付费标准数表。由于篇幅所限，在此以福利型养老护理机构和居家上门护理服务法人的给付费标准数表为例，介绍日本护理服务给付费标准数表的构成与内容。

1. 福利型养老护理机构的服务给付费标准

福利型养老护理机构的服务给付费标准数表由基本报酬表和增额报酬表构成。

(1) 基本报酬表。

1) 基本给付费标准。按天计费的基本给付费由福利型养老护理机构服务费和福利型单元养老护理机构服务费构成，每种服务费标准根据房间和床位的种类及被护理者的失能等级，规定了一般情况下的基本给付单位数，以及对基本给付单位数进行调整的增减额项目给付标准。

设置调整基本给付费的增减额项目给付标准，目的在于通过提高或降低基本给付费的单位数，引导护理机构努力达到国家规定的运营标准，贯彻国家护理服务的方针政策，以确保护理服务的均质性，这是日本护理报酬设计上的一大特色。

福利型养老护理机构基本给付费的减额项目包括夜勤职员工作条件未达标减额、入住者超员减额、护理和医护职员或护理援助专员数未达标减额、单元护理体制不健全减额、未实施身体束缚废除减额。增额项目包括日常生活继续援助增额、医护体制增额、夜勤职员配置增额、准单元护理增额、生活机能提高合作增额、个别机能训练增额、年轻的认知症患者入住增额、配置专职医生增额、精神科医生疗养指导增额、残障者生活援助体制增额，见表 7-22。

2）增减额报酬的给付要件。为了对基本给付费进行调整，厚生劳动大臣详细地规定了每个增减额项目的报酬给付要件，要求护理服务法人或护理机构提出申请，经都道府县批准方可实施。以下对重点项目予以介绍。

①入住者超员减额。入住者超员减额是对于入住者超过运营规约的护理服务法人和护理机构，其护理报酬的基本给付单位数，按标准规定的给付单位数的70%计算。设置该减额项目的目的，是防止护理服务法人和护理机构接收超过护理能力的服务利用者，以确保高质量的护理服务。

②护理和医护职员或护理援助专员数未达标减额。对于未按国家规定标准配置护理和医护职员或护理援助专员的护理服务法人和护理机构，其基本给付费按70%计算。通过设置该减额项目，防止护理服务法人和护理机构职员配置未达标问题，确保合理的护理服务供给。

③未实施身体束缚废除减额。未实施身体束缚废除减额不仅适用于对服务利用者进行身体束缚的情形，也适用于未开展防止束缚服务利用者身体工作的情形。达不到下列运营标准的护理服务法人和护理机构，基本给付费减额计算：进行身体束缚的情形下，记录束缚情况、时间、入住者的身心状况及紧急不得已的理由；由身体束缚废除对策委员会每 3 个月进行 1 次探讨，将探讨结果告知护理人员及其他从业人员；制定废除身体束缚的方针；对护理人员及其他从业人员定期实施身体束缚废除研修。

④日常生活继续援助增额。日常生活继续援助增额是为促使护理机构积极接收居家生活困难的重度失能者和认知症患者而设置的。增额报酬的给付要件：在计费前 6~12 个月的新入住者中，护理 4 级和护理 5 级入住者占比 70%以上；在新入住者中，认知症日常生活自立度Ⅲ级以上者占比 65%以上；根据医师指示，

表 7-22 福利型养老护理机构基本报酬

基本给付单位数					夜勤职员工作条件未达标减额	入住者超员减额	护理和医护职员或护理援助专员数未达标减额	单元护理体制不健全减额	未实施身体束缚废除减额	日常生活继续援助增额	医护体制增额（Ⅰ）	医护体制增额（Ⅱ）	夜勤职员配置增额（Ⅰ）和（Ⅱ）	夜勤职员配置增额（Ⅲ）和（Ⅳ）	准单元护理增额	生活机能提高合作增额	个别机能训练增额	年轻的认知症患者入住增额	配置专职医生增额	精神科医生疗养指导增额（每月2次以上）	残障者生活援助体制增额（Ⅰ）	残障者生活援助体制增额（Ⅱ）
1. 福利型养老护理机构服务费（天）	（1）福利型养老护理机构服务费	（Ⅰ）原来的单间	护理1级	557	×97%	×70%	×70%	—	-56	+36单位	入住定员30人以上50人以下+6单位	入住定员30人以上50人以下+13单位	入住定员30人以上50人以下+22单位	入住定员30人以上50人以下+28单位	+5单位	+200单位/月， 计入个别机能训练增额的情形，+100单位/月	+12单位	+120单位	+25单位	+5单位	+26单位	+41单位
			护理2级	625					-63													
			护理3级	695					-70													
			护理4级	763					-76													
			护理5级	829					-83													
		（Ⅱ）多床间	护理1级	557					-56													
			护理2级	625					-63													
			护理3级	695					-70													
			护理4级	763					-76													
			护理5级	829					-83													
	（2）过渡性小规模福利型养老护理机构服务费	（Ⅰ）原来的单间	护理1级	659					-66		入住定员51人以上或过渡性小规模+4单位	入住定员51人以上或过渡性小规模+8单位	入住定员51人以上或过渡性小规模+13单位	入住定员51人以上或过渡性小规模+16单位								
			护理2级	724					-72													
			护理3级	794					-79													
			护理4级	859					-86													
			护理5级	923					-92													

续表

基本给付单位数					夜勤职员工作条件未达标减额	入住者超员减额	护理和医护职员或护理援助专员数未达标减额	单元护理体制不健全减额	未实施身体束缚废除减额	日常生活继续援助增额	医护体制增额（Ⅰ）	医护体制增额（Ⅱ）	夜勤职员配置增额（Ⅰ）和（Ⅱ）	夜勤职员配置增额（Ⅲ）和（Ⅳ）	准单元护理增额	生活机能提高合作增额	个别机能训练增额	年轻的认知症患者入住增额	配置专职医生增额	精神科医生疗养指导增额（每月2次以上）	残障者生活援助体制增额（Ⅰ）	残障者生活援助体制增额（Ⅱ）
	（2）过渡性小规模福利型养老护理机构服务费	（Ⅱ）多床间	护理1级	659					−66													
			护理2级	724					−72													
			护理3级	794					−79													
			护理4级	859					−86													
			护理5级	923					−92													
2. 福利型单元养老护理机构服务费（天）	（1）福利型单元养老护理机构服务费	（Ⅰ）单元型单间	护理1级	636	×97%	×70%	×70%	×97%	−64	+46单位	入住定员30人以上50人以下+6单位	入住定员30人以上50人以下+13单位	入住定员30人以上50人以下+27单位	入住定员30人以上50人以下+33单位	—	+200单位/月，计入个别机能训练增额的情形，+100单位/月	+12单位	+120单位	+25单位	+5单位	+26单位	+41单位
			护理2级	703					−70													
			护理3级	776					−78													
			护理4级	843					−84													
			护理5级	910					−91													
		（Ⅱ）单元型单间的多床间	护理1级	636					−64		入住定员51人以上或过渡性小规模+4单位	入住定员51人以上或过渡性小规模+8单位	入住定员51人以上或过渡性小规模+18单位	入住定员51人以上或过渡性小规模+21单位								
			护理2级	703					−70													
			护理3级	776					−78													
			护理4级	843					−84													
			护理5级	910					−91													

续表

基本给付单位数				夜勤职员工作条件未达标减额	入住者超员减额	护理和医护职员或护理援助专员数未达标减额	单元护理体制不健全减额	未实施身体束缚废除减额	日常生活继续援助增额	医护体制增额（Ⅰ）	医护体制增额（Ⅱ）	夜勤职员配置增额（Ⅰ）和（Ⅱ）	夜勤职员配置增额（Ⅲ）和（Ⅳ）	准单元护理增额	生活机能提高合作增额	个别机能训练增额	年轻的认知症患者入住增额	配置专职医生增额	精神科医生疗养指导增额（每月2次以上）	残障者生活援助体制增额（Ⅰ）	残障者生活援助体制增额（Ⅱ）
（2）过渡性福利型小规模单元养老护理机构服务费	（Ⅰ）单元型单间	护理1级	730	×97%	×70%	×70%	×97%	−73	+46单位	入住定员30人以上50人以下+6单位	入住定员30人以上50人以下+13单位	入住定员30人以上50人以下+27单位	入住定员30人以上50人以下+33单位	—	+200单位/月，计入个别机能训练增额的情形，+100单位/月	+12单位	+120单位	+25单位	+5单位	+26单位	+41单位
		护理2级	795					−80													
		护理3级	866					−87													
		护理4级	931					−93													
		护理5级	995					−100													
	（Ⅱ）单元型单间的多床间	护理1级	730					−73		入住定员51人以上或过渡性小规模+4单位	入住定员51人以上或过渡性小规模+8单位	入住定员51人以上或过渡性小规模+18单位	入住定员51人以上或过渡性小规模+21单位								
		护理2级	795					−80													
		护理3级	866					−87													
		护理4级	931					−93													
		护理5级	995					−100													

需要吸痰、管饲的服务利用者占比15%以上；每6个服务利用者要配置正规护理福利师1人以上；不符合社区日间护理实施方法第12号标准。

⑤生活机能提高合作增额。设置生活机能提高合作增额项目的目的在于，通过提高服务利用者的生活机能，促使服务利用者尽可能地居家生活，防止失能程度的重度化。增额报酬的给付要件：上门康复、社区日间康复以及提供康复服务的医疗机构的理学疗法师、职业治疗师、语言听觉师及医师，访问实施生活机能提高合作增额项目的护理机构，与实行基本给付费增额的机构职员一道，共同把握服务利用者的失能状态，制订个性化的机能训练计划；机能训练指导员、医护和护理人员、生活咨询员等协动，按计划实施机能训练。

⑥医护体制增额。医护体制增额是为灵活应对护理机构入住者的医疗或临终护理需要，对超过国家运营标准配置医护人员的护理机构予以评价的增额项目。增额报酬的给付要件如下：

·医护体制增额（Ⅰ）a：护理机构入住定员30人以上50人以下；配置正规雇用的护士1人以上；没有入住者超员和职员配置不达标情况。

·医护体制增额（Ⅰ）b：护理机构入住定员51人以上；配置正规雇用的护士1人以上；没有入住者超员和职员配置不达标情况。

·医护体制增额（Ⅱ）a：护理机构入住定员30人以上50人以下；按入住者人数25∶1配置医护职员，或者在入住者为25人以上的情况下，增配1名以上的医护职员，且比国家运营标准多配1名医护职员；护理机构的医护职员与医院、诊所、上门医护站的医护职员合作，确保24小时联络畅通；没有入住者超员和职员配置不达标情况。

·医护体制增额（Ⅱ）b：护理机构入住定员51人以上；按入住者人数25∶1配置医护职员，或者在入住者为25人以上的情况下，增配1名以上的医护职员，且比国家运营标准多配1名医护职员；护理机构的医护职员与医院、诊所、上门医护站的医护职员合作，确保24小时联络畅通；没有入住者超员和职员配置不达标情况。

⑦夜勤职员配置增额。夜勤职员配置增额是对超过国家标准多配置夜勤职员，为入住者创造安心的生活环境的护理机构予以评价的增额项目。增额报酬的

给付要件如下：

·夜勤职员配置增额（Ⅰ）和（Ⅱ）：原来的（非单元型）护理机构和单元型护理机构，在国家标准基础上，夜间增配1名以上的护理职员或医护职员，或者为15%以上的入住者安装监护传感器，并设立确保监护传感器安全有效使用的委员会和研究会；在国家标准基础上，增加0.9名护理或医护职员，通过使用监护传感器减轻夜勤职员的工作负担。

·夜勤职员配置增额（Ⅲ）和（Ⅳ）：在达到夜勤职员配置增额（Ⅰ）和（Ⅱ）的要件基础上，配置医护职员或吸痰等的护理职员。

⑧个别机能训练增额。配置机能训练指导员（理学疗法师、职业治疗师、语言听觉师、医护职员、柔道整复师、按摩指压师、针灸师或灸术师），为入住者制订个性化的机能训练计划，按计划实施机能训练。通过设置个性化机能训练增额项目，对个性化的机能训练效果和实施方法进行评价。增额报酬的给付要件：配置专业正规的机能训练指导员1人以上；在入住者超过100人的情况下，按100∶1配置专业正规的机能训练指导员；由机能训练指导员、医护职员、护理职员、生活咨询员等共同为每个入住者制订个性化的机能训练计划，按计划开展机能训练，并对机能训练效果进行评价；在开始训练时以及每3个月，要对入住者说明个性化机能训练计划的内容1次以上，并进行记录。

⑨年轻的认知症患者入住增额。该项目是对护理机构接收年轻的认知症患者入住，根据入住者本人或家属要求提供个性化服务予以评价的增额项目。增额报酬的给付要件：为每个年轻的认知症患者规定服务提供者；基于入住者的特点或需要提供服务。

⑩残障者生活援助体制增额。残障者生活援助体制增额是为鼓励护理机构接收更多的残障者入住而设置的基本给付费增额项目。增额报酬的给付要件如下：

·残障者生活援助体制增额（Ⅰ）：入住的视觉残障者等为15人以上，且占全体入住者的30%以上；配置专业正规的残障者生活援助员1人以上，且按视觉残障者人数除以50的得数以上配置残障者生活援助员。

·残障者生活援助体制增额（Ⅱ）：入住的视觉残障者等占全体入住者的50%以上；配置专业正规的残障者生活援助员2人以上（入住的视觉残障者等为

50 人以上的情况下，要配置残障者生活援助员 2 人以上，且按入住的视觉残障者数除以 50 的得数加 1，配置残障者生活援助员）。

⑪配置专职医生增额。配置专职医生增额，是对为更好地满足入住者的医疗或临终关怀需要而配置正规雇用的专职医生的福利型养老护理机构予以评价的增额项目。增额报酬的给付要件为配置正规的专职医生 1 人以上。

（2）增额报酬表。增额报酬表是为入住者提供个性化服务，且达到国家规定的增额报酬给付要件的付费标准。福利型养老护理机构现有 21 种增额报酬项目。

1）增额报酬的给付要件。

①外宿时的护理服务费增额。外宿时的护理服务费增额，是对护理机构的入住者住院或去诊所以及获准回家过夜提供的护理服务费予以增额，以每月 6 次为限。

②外宿时利用居家护理服务费增额。外宿时利用居家护理服务费增额，是对护理机构入住者获准回家过夜、由福利型养老护理机构提供居家护理服务的给付费，以每月 6 次为限。

③初期增额。初期增额是对护理机构为初次入住者习惯机构内的生活而提供各种援助予以评价的增额报酬，给付要件是从入住日开始 30 天内的基本给付费予以增额。

④再次入住机构营养合作增额。再次入住机构营养合作增额，是针对经口摄取营养的护理机构入住者，因住院时采用管饲或流食，出院后返回护理机构时需要对其进行营养管理而设置的增额项目。给付要件：护理机构的营养管理师去入住者的医疗机构，参加入住者的营养饮食指导或会议，与医疗机构的营养管理师合作制订营养护理计划；正在实行营养管理增额。

⑤退出护理机构时等咨询援助增额。退出护理机构时等咨询援助增额项目设置的目的，是为入住福利型养老护理机构 1 个月以上的服务利用者，在退出护理机构后能安心地利用居家护理服务等，由入住机构的护理援助专员为服务利用者及其家属提供咨询援助，并以书面形式将服务利用者入住时的信息提供给居住地的护理援助中心或社区综合援助中心，确保服务利用者继续获得援助。

⑥营养管理增额。营养管理增额是对营养管理师提供的营养管理或营养改善服务、努力改善或维持服务利用者营养状态的服务予以评价的增额报酬项目，以确保入住者良好的营养状态。给付要件：配置正规雇用的营养管理师 1 名以上（同一院落的护理机构可以兼任，但该营养管理师只能在 2 个地方兼任）；服务利用者入住护理机构时，由营养管理师确认入住者的营养状态，并与主治医师、牙科医师、护士、护理援助专员等一道，共同制订适合入住者的食物摄取、吞咽功能、食物形状的个性化营养护理计划，并向本人及其家属说明，征得入住者同意；基于营养计划，进行个性化的营养管理，定期记录入住者的营养状态；对入住者的营养计划实施状况定期评估，根据需要修改营养计划；没有入住者超员和职员配置不达标情况。

⑦营养不良风险改善增额。营养不良风险改善增额是针对营养不良风险高的入住者，由多种服务人员合作，调整入住者营养和饮食，对此予以评价的增额报酬项目。给付要件：对于营养不良的入住者，由主治医师、牙科医师、营养管理师、护士、护理援助专员等一道，召开营养管理会议；决定改善营养不良的营养管理方法，制订营养计划，由营养管理师按计划实施营养管理。

⑧经口摄食维持增额。经口摄食维持增额是对于认知功能、食物摄取和吞咽功能低下的入住者，在经口摄食有困难的情况下，为使其享受经口摄食的快乐，促进多种服务人员共同援助而设置的增额项目。给付要件如下：

·经口摄食维持增额（Ⅰ）：多种服务人员共同观察入住者的食物摄取状况，召开会议，制订继续经口摄食计划，按计划提供服务。

·经口摄食维持增额（Ⅱ）：由福利型养老护理机构确定与之合作的牙科医疗机构，在观察服务利用者的食物摄取状况或召开会议时，有 1 名以上的主治医师、牙科医师、牙科护士、语言听觉师等参加的情况下，对经口摄食维持增额（Ⅰ）的护理报酬予以增额。

⑨口腔卫生管理体制增额。口腔卫生管理体制增额是为强化入住者的口腔管理体制，预防发烧、肺炎等疾病或口腔疾病而设置的增额项目。给付要件：牙科医师或其指派的牙科护士每月向护理员提供 1 次以上的口腔护理技术建议或指导，且护理机构必须根据牙科医师或牙科护士的建议或指导，制订口腔护理计划。

⑩口腔卫生管理增额。口腔卫生管理增额是对牙科医师被指派到护理机构，为入住者提供口腔护理予以评价的增额项目，目的是通过口腔护理的实施，维持并改善入住者的口腔机能，预防入住者因口腔问题引发肺炎等疾病。给付要件：实施口腔卫生管理体制增额；按牙科医师指示，牙科护士每月为入住者提供 2 次以上的口腔护理；牙科护士要记录好入住者的口腔问题、牙科医师的指示、口腔护理内容、对护理员的技术建议和指导等；牙科护士需承担护理员的口腔问题咨询等；根据入住者的口腔状态，需要医治时，提供适合入住者的牙科医疗服务信息；管理好牙科护士的口腔管理记录，必要时将记录复印件提供给入住者。

⑪疗养食物增额。疗养食物增额是为评价护理机构向入住者提供疗养食物而设置的增额项目。给付要件：基于医师饮食处方，提供作为疾病治疗直接手段的疗养食物；疗养食物由营养管理师和营养师负责管理；提供适合入住者年龄、身心营养状况的疗养食物；疗养食物是指糖尿病食物、肾脏病食物、肝脏病食物、胃溃疡食物、贫血食物、胰脏病食物、脂质异常症食物、痛风食物以及特殊情况下的检查所需食物。

⑫配置医师紧急应对增额。配置医师紧急应对增额是为满足医疗需求度高的入住者的紧急医疗需求，推进临终护理而设置的增额项目。给付要件：配置医师在清晨或深夜到护理机构诊疗，并记录检查内容；对入住者紧急时的注意事项、病情信息共享方法、与医师在不同时间段的联系方式、委托疾病检查的时间等事项，由配置医师与护理机构双方确定；配置多名医师或配置医师通过与协力医疗机构的医师合作，确保 24 小时应对护理机构需求的体制；正在实施医护体制增额（Ⅱ）。

⑬临终护理增额。临终护理增额是为确保没有康复希望的晚期癌症患者等服务利用者，按其意愿度过每一天，援助家属、医师及护理人员共同实施临终护理而设置的增额项目。给付要件：服务利用者符合厚生劳动大臣规定的要件；在死亡日及死亡日前 2 周内，2 天以上实施了临终护理；在死亡日及死亡日前 2 周内，利用了医疗保险和护理保险给付对象的护理服务，对最后利用的保险制度的服务费予以增额；实施临终护理增额的服务利用者，只能限定 1 个服务单位；提供临终护理需记录服务利用者的身体变化及护理服务、家属的精神状况变化及提供的服

务、把握临终护理各阶段服务利用者和家属的意向以及开展的评估；临终护理的24小时内，在医院等其他地方死亡的情形也可视为临终护理；按照《人生最后阶段医疗决定方法指南》，根据服务利用者的意愿进行应对或开展机构间的合作。

⑭居家恢复机能援助增额。居家恢复机能援助增额项目的设置目的，是为退出护理机构的入住者安心地居家恢复健康，由护理机构与居家护理服务法人之间互相提供服务利用者的信息，以便为服务利用者提供无缝隙的对接援助服务。给付要件：居家康复率为30%以上；在退出护理机构30日内，机构护理人员登门拜访服务利用者，与护理援助专员确认并记录服务利用者居家生活1个月以上的可能性；与服务利用者的家属联系，将服务利用者信息提供给服务利用者希望利用的居家护理援助机构，为其退出机构后利用居家护理服务进行协调。

⑮居家与机构两用护理增额。设置该增额项目的目的在于，尽可能地使服务利用者继续居家生活，确定护理机构入住的目标与计划，以3个月为最大限度，在服务利用者退出护理机构前，将服务利用者的运动机能、日常生活动作信息提供给居家护理援助专员，实现居家与机构护理的信息共享。给付要件：居家与机构两用护理增额，需要获取服务利用者或其家属关于居家时间和入住护理机构时间的书面同意；为确保机构与居家护理方针的连贯性，护理机构和居家护理援助专员及机构护理员向居家护理服务法人提供援助；根据需要，机构或居家护理援助专员召开会议，报告服务利用者的状况，开展居家与机构两用护理评估，决定下次入住和退出机构的时间、目标与方针，留下记录。

⑯认知症专门护理增额。认知症专门护理增额是对护理保险的机构、共同居住型养老机构开展认知症专门护理业务，由具有一定经验和知识的专门人员提供高质量服务予以评价而设置的增额项目。给付要件：在服务利用者总数中，日常生活自立度Ⅲ级以上者占50%以上；日常生活自立度Ⅲ级以上的认知症患者20人以下的，配置认知症护理专门研修结业者1人以上；认知症患者20人以上的，每10人配置1名以上的专门人员；对护理人员定期传达认知症护理注意事项或举办技术指导会议。

⑰认知症行动和心理症状紧急应对增额。认知症行动和心理症状紧急应对增额，是对医师与护理援助专员或接收认知症患者紧急入住的服务机构合作花费的

工作量予以评价而设置的增额项目。给付要件：对于有必要紧急入住护理机构的认知症患者，医师与护理援助专员或接收入住的服务机构合作，在服务利用者及其家属同意后，提供短托生活护理；服务利用者尚未开始利用短托生活护理；医师规定的日期或次日开始利用；从利用开始日起以 7 天为限，对服务费予以增额；紧急应对判断的医师，要将服务利用者的症状及判断内容写入诊疗记录；写入护理服务计划。

⑱褥疮管理增额。褥疮管理增额是为评价护理机构防止入住者产生褥疮的预防工作而设立的增额项目。给付要件：对每个有产生褥疮风险的入住者，使用"关于护理保险制度服务评价调查研究事业"开发的评估指标，在入住者入住护理机构时及入住后每 3 个月评估 1 次，将评估结果向厚生劳动省报告；对每个有产生褥疮风险的入住者，由医师、护士、护理员、护理援助专员等共同制订褥疮护理预防计划；实施褥疮护理预防计划并记录褥疮管理的内容；根据评估，每 3 个月修订 1 次褥疮护理预防计划；制定褥疮管理一览表。

⑲排泄援助增额。排泄援助增额是为有排泄障碍的入住者，由多行业协同制订援助计划，对基于援助计划的排泄援助予以评价的增额项目。给付要件：护理机构的医师、护士、护理援助专员等共同分析入住者需要排泄援助的原因；基于障碍成因制订援助计划；根据援助计划实施连续性的排泄援助。

⑳服务提供体制强化增额。服务提供体制强化增额是对服务提供体制达到了国家强化标准且申请服务费增额的护理服务法人的服务予以评价的增额项目。给付要件：护理服务法人的人员配置达到了国家运营标准要求；没有入住者超员情况。

㉑护理职员待遇改善增额。在护理服务业平均工资低于其他行业平均工资的背景下，为了将护理现场经验丰富、工作技能高、起主导作用的护理职员的平均工资提高到其他行业的工资水平而设置了护理职员待遇改善增额项目，将政府改善职员待遇的补贴转移到护理报酬，通过提升工龄长的护理职员的技能，使之获得相应待遇，从而稳定护理队伍。护理职员待遇改善增额的对象主要针对 10 年以上工龄、具有经验和技能的护理福利师，也包括其他职种的护理职员，因此设置了服务费增额的职业规划要件和职场环境要件。

2）增额报酬标准的内容。设置增额报酬标准是为了弥补用基本报酬标准无法弥补的个性化服务的额外成本，引导护理机构根据国家护理政策，提供满足服务利用者个性化需要的服务，促进不同护理机构之间以及同一护理机构内部不同职种的护理人员之间的合作，确保服务利用者每天 24 小时无缝隙地安心利用各种护理服务，实现护理保险制度使老人过上有尊严、自立生活的初衷。福利型养老护理机构的增额报酬标准见表 7-23。

表 7-23　　福利型养老护理机构的增额报酬标准

增额报酬项目	说明	标准
1. 外宿时的护理服务费增额	入住者住院或去诊所以及获准回家过夜提供护理服务，以每月 6 次为限	246 单位/天
2. 外宿时利用居家护理服务费增额	入住者获准回家过夜、由福利型养老护理机构提供居家护理服务，以每月 6 次为限	560 单位/天
3. 初期增额	—	30 单位/天
4. 再次入住机构营养合作增额	入住者 1 人以 1 次为限	400 单位
5. 退出护理机构时等咨询援助增额	（1）退出机构前的上门咨询援助增额（入住中以 1 次或 2 次为限）	460 单位
	（2）退出机构后的上门咨询援助增额（退出后以 1 次为限）	460 单位
	（3）退出机构时的咨询援助增额	400 单位
	（4）退出机构前的合作增额	500 单位/月
6. 营养管理增额	—	14 单位/天
7. 营养不良风险改善增额	—	300 单位/月
8. 经口摄食维持增额	（1）经口摄取食物维持增额（Ⅰ）	400 单位
	（2）经口摄取食物维持增额（Ⅱ）	100 单位
9. 口腔卫生管理体制增额	—	30 单位/月
10. 口腔卫生管理增额	—	90 单位/月
11. 疗养食物增额	入住者 1 人以 3 天为限	6 单位/次
12. 配置医师紧急应对增额	（1）清晨和夜间	650 单位/次
	（2）深夜	1 300 单位/次

续表

增额报酬项目	说明		标准
13. 临终护理增额	（1）临终护理增额（Ⅰ）	1）死亡日期4天以上30天以下	144单位/天
		2）死亡日期2天或3天	680单位/天
		3）死亡日	1 280单位/天
	（2）临终护理增额（Ⅱ）	1）死亡日期4天以上30天以下	144单位/天
		2）死亡日期2天或3天	780单位/天
		3）死亡日	1 580单位/天
14. 居家恢复机能援助增额	—		10单位/天
15. 居家与机构两用护理增额	—		40单位/天
16. 认知症专门护理增额	（1）认知症专门护理增额（Ⅰ）		3单位/天
	（2）认知症专门护理增额（Ⅱ）		4单位/天
17. 认知症行动和心理症状紧急应对增额（以入住后7天为限）	—		200单位/天
18. 褥疮管理增额（以3个月1次为限）	—		10单位/月
19. 排泄援助增额	—		100单位/月
20. 服务提供体制强化增额	（1）服务提供体制强化增额（Ⅰ）①		18单位/天
	（2）服务提供体制强化增额（Ⅰ）②		12单位/天
	（3）服务提供体制强化增额（Ⅱ）		6单位/天
	（4）服务提供体制强化增额（Ⅲ）		6单位/天
21. 护理职员待遇改善增额（月）	（1）护理职员待遇改善增额（Ⅰ）		所定单位×137/1 000
	（2）护理职员待遇改善增额（Ⅱ）		所定单位×100/1 000
	（3）护理职员待遇改善增额（Ⅲ）		所定单位×55/1 000
	（4）护理职员待遇改善增额（Ⅳ）		（3）的90%
	（5）护理职员待遇改善增额（Ⅴ）		（3）的80%

①为护理机构服务费，②为单元型护理机构服务费。

资料来源：厚生労働省．介護報酬の算定構造，介護サービス［EB/OL］.（2018-04-01）［2020-03-27］. https://www.mhlw.go.jp/file/05-Shingikai-12601000-Seisakutoukatsukan-Sanjikanshitsu_Shakaihoshoutantou/0000192301.pdf.

2. 居家上门护理的服务给付费标准

居家上门护理服务给付费标准数表由基本报酬表和增额报酬表构成。

（1）基本报酬表。

1）基本给付费标准。上门护理或共生型上门护理[①]的基本给付费，分为身体护理、生活援助和去医院上下车介助 3 种，每种服务费的计算方法不同。身体护理与生活援助均按护理服务计划规定的护理标准时间计费，但二者计费的时间档次不同。身体护理按 20 min 以下、20 min 以上 30 min 以下、30 min 以上 1 h 以下、1 h 以上 4 个时间档次计费，生活援助按 20 min 以上 45 min 以下、45 min 以上 2 个时间档次计费，去医院上下车介助按次数计费。

2）增减额报酬的给付要件。厚生劳动大臣规定了一般情况下作为护理服务等价物的居家上门护理基本给付单位数，同时还设置了体现国家护理服务政策的增减额报酬标准，用来对基本给付单位数进行调整，据此引导护理服务法人或护理机构努力达到国家规定的运营标准，贯彻国家的护理方针政策，以期确保每项护理服务的均质性，这是日本护理报酬设计的一大特色。居家上门护理基本报酬见表 7-24。

为便于正确理解与运用表 7-24，在此对基本给付单位数的主要增减额项目和增减额报酬的给付要件予以介绍。

为了确保基本给付费增减额项目的顺利实施，厚生劳动大臣规定了明确的增减额报酬给付要件，护理服务法人或护理机构需提出申请，经都道府县或市町村批准后方可实施。

①共生型上门护理减额。设置此项目的目的是促使提供共生型上门护理服务的指定护理机构努力达到护理保险的机构指定标准。实施要件：基础研修课程结业、为残障者居家护理提供服务的人员等在指定居家护理服务机构提供服务；人才培养研修结业、为重度残障者提供上门护理的人员在指定居家护理服务机构提供服务；指定重度上门护理服务机构提供服务。

---

①　共生型上门护理是根据 2018 年修订的《护理保险法》，厚生劳动省为了将未达到护理保险机构指定标准，原来的残障福利制度下提供居家护理、重度上门护理的机构指定成为高龄残障者提供上门服务的护理保险制度下的上门护理机构而网开一面增设的，其报酬单价低于达到护理保险机构指定标准的服务单位的报酬单价。

表 7-24　　居家上门护理基本报酬

基本给付单位数				继(2)~(4)身体护理后提供生活援助增额	配置研修课程结业、初次工作职员提供服务减额	由2个上门护理职员提供服务增额	夜间、清晨或深夜服务增额	特定服务机构增额	共生型上门护理减额	同一建筑物服务费减额	特别地区上门护理增额	山区等小规模服务单位增额	山区居民服务增额	紧急上门护理增额
上门护理费或共生型上门护理费	1. 身体护理	(1)20 min以下	165		所定单位数×70%	所定单位数×200%	夜间或清晨增额25% 深夜增额50%	特定服务机构增额(Ⅰ)20% 特定服务机构增额(Ⅱ)10% 特定服务机构增额(Ⅲ)10% 特定服务机构增额(Ⅳ)5%	·由基础研修课程结业、为残障者居家护理提供服务的人员等在指定居家护理服务机构提供服务,所定单位数×70% ·人才培养研修结业、为重度残障者提供上门护理的人员在指定居家护理服务机构提供服务,所定单位数×93% ·指定重度上门护理机构提供服务,所定单位数×93%	·为与护理服务法人居住在同一建筑物的服务利用者或为居住在其他建筑物20人以上的服务利用者提供服务,所定单位数×90% ·为与护理服务法人居住在同一建筑物50人以上的服务利用者提供服务,所定单位数×85%	15%	10%	5%	100单位/次
		(2)20 min以上30 min以下	248	护理时间从20 min起算,每增加25 min增加66单位,以198单位为上限										
		(3)30 min以上1 h以下	394											
		(4)1 h以上	在575单位基础上,每增加30 min增加83单位											
	2. 生活援助	(1)20 min以上45 min以下	181											
		(2)45 min以上	223											
	3. 去医院上下车介助		98单位/次											

资料来源:厚生労働省．介護報酬の算定構造,介護サービス[EB/OL].(2018-04-01)[2020-03-01]. https://www.mhlw.go.jp/content/12300000/000728262.pdf.

②同一建筑物服务费减额。为贯彻护理服务合理化原则，对于为居住在同一建筑物的服务利用者提供上门护理服务设置了减额项目。实施要件：一是为与服务法人居住在同一建筑物的服务利用者或为居住在其他建筑物20人以上的服务利用者提供服务；二是为与服务法人居住在同一建筑物50人以上的服务利用者提供服务。

③特定服务机构增额。给付要件如下。

·特定服务机构增额Ⅰ：配置专职主任护理援助专员2人以上；配置专职护理援助专员2人以上，共计5名以上的护理援助专员；定期召开以传达服务利用者信息或服务提供注意事项为目的的会议（每周1次以上）；确保24小时联络畅通，能应对服务利用者的咨询；在增额月份，护理3~5级的服务利用者占比40%以上；对护理援助专员有计划地组织研修（制订年度个别研修计划，妥当评估研修目标实现状况，推行改善措施）；积极与社区综合援助中心合作，建立援助困难事例应对体制；参加社区综合援助中心举办的事例研讨会，与其他服务法人共同举办事例研讨会或研究会；无运营标准减额或特定服务机构减额情况；每名护理援助专员的服务对象（含护理预防）在40人以下；支持《护理保险法》规定的护理援助专员实务研修科目“关于护理管理的基础技术实习”或建立支持体制。

·特定服务机构增额Ⅱ：与特定服务机构增额Ⅰ的不同之处，一是配置专职主任护理援助专员1人以上，二是配置专职护理援助专员3人以上，三是没有对中重度服务利用者占比的要求。其他要件与特定服务机构增额Ⅰ相同。

·特定服务机构增额Ⅲ：配置专职主任护理援助专员1人以上，配置专职护理援助专员2人以上，其他要件与特定服务机构增额Ⅱ相同。

·特定服务机构增额Ⅳ：适用于上述3种增额中的一种；正在利用出院和退出护理机构增额，与医疗机构等的合作次数为35次/年以上（按是否参加医疗机构的会议计算次数）；临终护理管理增额的次数为5次/年以上。

④特别地区上门护理增额。特别地区上门护理增额是对奄美群岛、小笠原诸岛、离岛、暴雪地区等国家规定的地区提供服务时的服务费增额。

⑤山区等小规模服务单位增额。山区等小规模服务单位增额是对山区小规模服务法人的给付费按10%增加。此种服务增额的山区是指由厚生劳动大臣规定的、《过疏地区自立促进特别措施法》所指的过疏地区和《搞活特定农村山村地

区农林业等的基础设施整备促进法》所指的农村山村地区。

⑥山区居民服务增额。此种服务增额的山区是指厚生劳动大臣规定的地区，具体包括《离岛振兴法》所指的离岛振兴对策实施地区、《山村振兴法》所指的振兴山村等。山区居民服务增额是指为居住在上述地区的居民提供上门护理服务的服务费增额。

⑦紧急上门护理增额。紧急上门护理增额是为应对服务利用者365天的24小时紧急联络、紧急咨询、紧急上门护理需要而设置的项目，目的在于促进上门护理法人构建起全天24小时应对服务利用者紧急咨询及提供紧急上门护理服务的体制，确保服务利用者安心地居家疗养。给付要件：建立全天24小时应对服务利用者紧急联络、紧急咨询及提供紧急上门服务的体制，向都道府县提出服务费增额申请；以书面形式向服务利用者或其家属说明紧急上门护理的服务费增额，取得其同意。

（2）增额报酬表。

上门护理的给付费，在基本报酬之外，还设置了由初次增额、生活机能提高合作增额、护理职员待遇改善增额构成的增额项目给付报酬，作为基本报酬的补充，见表7-25。在此需要说明的是，表7-25中的护理职员待遇改善增额项目的给付要件和给付标准，不仅适用于居家上门护理服务，也适用于其他种类的所有护理服务。

表7-25　　居家上门护理增额报酬标准

增额报酬项目	说明	标准
初次增额	计费期间为1个月	200单位
生活机能提高合作增额	生活机能提高合作增额（Ⅰ）	100单位/月
	生活机能提高合作增额（Ⅱ）	200单位/月
护理职员待遇改善增额	（1）护理职员待遇改善增额（Ⅰ）	所定单位×137/1 000（每月）
	（2）护理职员待遇改善增额（Ⅱ）	所定单位×100/1 000（每月）
	（3）护理职员待遇改善增额（Ⅲ）	所定单位×55/1 000（每月）
	（4）护理职员待遇改善增额（Ⅳ）	（3）的90%（每月）
	（5）护理职员待遇改善增额（Ⅴ）	（3）的80%（每月）

资料来源：厚生労働省．介護報酬の算定構造，介護サービス［EB/OL］.（2018-04-01）［2020-03-05］. https：//www. mhlw. go. jp/file/05-Shingikai-12601000-Seisakutoukatsukan-Sanjikanshitsu_Shakaihoshoutantou/0000192301. pdf.

1）初次增额。初次增额是为首次利用上门护理服务的服务利用者而设置的，帮助服务利用者了解护理保险政策、上门护理的服务内容及费用标准等，增额计费期间为 1 个月。

2）生活机能提高合作增额。生活机能提高合作增额的目的是推进生活自立援助服务，防止服务利用者失能程度的重度化。

生活机能提高合作增额（Ⅰ）的给付要件：一是提供上门护理服务的服务法人或护理机构，构建接受提供上门康复或社区日间康复训练的服务法人或医疗机构（原则上认可病床数 200 张以下）的理学疗法师、职业治疗师、语言听觉师及医师建议的体制。在接受建议的基础上，服务提供责任人以提高服务利用者的生活机能为目的，修订上门护理计划。二是理学疗法师、职业治疗师、语言听觉师及医师在社区日间康复现场或利用情报通信技术等把握服务利用者的失能状态，并定期提出建议。

生活机能提高合作增额（Ⅱ）的给付要件：一是提供上门康复或社区日间康复服务的服务法人或医疗机构（原则上认可病床数 200 张以下）的理学疗法师、职业治疗师、语言听觉师及医师上门，与护理服务计划制订者共同对服务利用者进行生活机能评估；二是护理服务计划制订者以提高生活机能为目的制订定期巡视和随时应对型上门护理医护计划。

3）护理职员待遇改善增额。为了吸引更多的劳动者从事护理服务工作，改善护理人员的工作环境，提高待遇水平，促进素质提升，厚生劳动省制定了护理职员待遇改善增额的给付要件与标准，如图 7-8 所示。

三、日本护理报酬标准的特征及其启示

（一）特征

1. 兼具统一性、规范性与灵活性

日本各种护理服务的报酬标准均由基本报酬标准和增额报酬标准构成。其中，基本报酬标准是在一般情况下为服务利用者提供相同护理服务的计费标准，使用全国统一的基本报酬给付单位数和体现各地工资、物价水平差异的等级地报酬单位单价计算。为了使基本报酬标准反映护理服务质量的高低，还设置了与人

职业规划要件Ⅰ：设置与职位、职责、职务内容相匹配的任用条件和薪酬体系。

职业规划要件Ⅱ：制订护理人员资质提升计划，实行研修制度或提供研修机会。

职业规划要件Ⅲ：建立根据经验或资格等加薪或根据一定的标准判断定期加薪的机制。

职场环境等要件：实施薪酬以外的待遇改善（职场工作环境改善等）。

为了使护理人员取得待遇改善增额，要以书面形式制定关于薪酬体系内容的就业规则文件，并告知全体护理人员。

	增额（Ⅰ） 月额37 000日元	增额（Ⅱ） 月额27 000日元	增额（Ⅲ） 月额15 000日元	增额（Ⅳ） 增额（Ⅲ）×0.9	增额（Ⅴ） 增额（Ⅲ）×0.8
增额要件	满足职业规划要件Ⅰ、Ⅱ、Ⅲ + 职场环境等要件	满足职业规划要件Ⅰ和Ⅱ + 职场环境等要件	满足职业规划要件Ⅰ或Ⅱ + 职场环境等要件	满足职业规划要件Ⅰ、职业规划要件Ⅱ、职场环境等要件中的一个	未达到职业规划要件Ⅰ、职业规划要件Ⅱ、职场环境等要件中的任何一个

图 7-8　护理职员待遇改善增额给付要件与标准

资料来源：厚生劳働省．介護職員処遇改善增額［EB/OL］．[2020-03-02]．https：//www.mhlw.go.jp/file/06-Seisakujouhou-12300000-Roukenkyoku/0000199136.pdf.

员配置、服务提供体制、疗养环境等相挂钩的基本报酬增减额标准及其明确的实施要件，以便引导护理服务法人努力达到国家规定的运营标准，确保护理服务的均质性。

此外，为满足服务利用者个性化的服务需求，还设计了各种增额项目的给付标准，作为基本报酬标准的补充，既可弥补护理服务法人提供个性化服务的额外成本，也可确保个性化服务的高质量，还能保障国家护理方针政策的贯彻落实。比如，配置医师紧急应对增额，是为医师在清晨或深夜出诊到护理机构，紧急应对入住者的医疗需求等而设置的，可确保护理机构与医疗机构的服务联络体制24小时畅通、应对服务利用者身心状态变化的医疗与护理服务供给体制24小时顺利运行。

通过设置各种增额项目的给付标准，确保以服务利用者为中心，各种医疗、康复、保健及护理服务的无缝隙对接，解决服务利用者与护理服务法人及服务提供者之间信息不对称的问题，避免护理服务法人“逆向选择”服务利用者的问题，使各种失能程度的被保险人均可获得所需的护理服务。这一设计方法使护理报酬标准具备统一性和规范性的同时，还兼具了应对服务利用者特殊需要的灵活性。

2. 医疗与护理一体化

日本创设护理保险制度的目的之一，是承担医疗保险制度中病情稳定患者的医护服务，解决非急性期患者长期入住护理疗养型医疗机构，占用宝贵医疗资源的问题。医疗保险中住院患者的服务费，不是根据为每个患者提供的医护服务内容设定，而是根据医院或住院部整体人员配置制定的，而在护理保险制度建立后，原来由医疗保险基金支付的护理疗养型医疗机构的服务报酬将变更为由护理保险基金支付。因此，护理保险的服务报酬标准设计，需兼容医疗保险制度下护理疗养型医疗机构反映医护人员配置的服务报酬制定方法。

鉴于此，日本开发了根据直接提供服务的医护、护理、康复等人员的人工费在护理报酬总额中的占比计算护理报酬的方法，设计了医疗服务与护理服务一体化的服务报酬标准体系，确保制定的护理报酬标准既可适用于护理机构，又可适用于护理疗养型医疗机构。

3. 制定方法科学合理

为防止护理保险制度实施后导致服务法人平均收入大起大落，日本设计了根据各种服务内容的平均费用，考虑服务利用者护理等级和服务法人所在地工资、物价水平的护理报酬标准制定方法。具体而言，护理机构的护理报酬标准，采用调查法，搜集各种护理机构直接提供的服务内容、服务时间及收支数据，按机构种类将其护理报酬分解为提供直接服务的护理、医护、康复人员的人工费（变动费用）和除此以外的固定费用两部分，根据服务利用者的护理等级分布，将变动费用额分摊到各护理等级上，按照直接服务人员的护理标准时间和服务利用者的护理等级，制定整个机构基本护理报酬给付单位数；居家护理报酬标准，以标准服务利用实例为基础，根据服务利用者的护理等级和护理服务计划规定的护理标准时间，制定居家护理报酬给付单位数。

上述护理报酬制定方法的特色是，利用护理等级划分依据的护理标准时间这一中间变量，将护理等级划分与护理报酬给付上限额相挂钩，把每个护理人员为服务利用者提供的直接护理标准时间反映到护理报酬上，使护理报酬标准建立得科学合理，设置护理报酬给付单位数的上限额，控制不必要的护理费用发生，确保护理保险基金的有效使用。

4. 按等级地调整护理报酬单位单价

由于护理服务是由服务利用者所在地的都道府县和市町村指定的服务法人和护理机构提供的，而各地护理人员的工资水平和物价水平高低不一。日本通过开发将全国市町村划分为不同的等级地、按等级地调整后的报酬单位单价计算护理报酬的方法，成功地解决了这一难题，既可确保不同地区的服务利用者护理费用负担的公平性，也可使全国采用统一的护理保险给付标准。

（二）启示

科学合理的护理报酬标准确保了日本护理保险制度的顺利实施，其在标准制定权、护理报酬方案设计、明确划分医疗保险与护理保险的给付范围、促使服务法人之间通力合作的增额项目设计方面的经验，可为我国建立社会化的护理保险制度提供借鉴。

1. 标准的制定权掌握在厚生劳动大臣手中

服务法人和护理机构提供护理服务的计费标准，是根据厚生劳动大臣规定的护理给付费单位数表的单位数乘以服务法人和护理机构所在市町村的等级地服务种类报酬单位单价计算的。每种护理服务报酬的单位数和每一报酬单位的单价，均由厚生劳动大臣规定，全国使用统一的护理报酬标准计算服务费。

采用中央集权的护理报酬标准制定方法的好处，是厚生劳动大臣通过明确规定每种护理服务法人和护理机构的设施标准、人员配置标准及服务提供体制，促使所有服务法人在相同的条件下为服务利用者提供服务，从而确保护理服务质量的均质性与服务收费的公平性，避免由市场定价导致护理服务质量参差不齐、各服务法人对相同的服务收费水平高低不一的问题，为社会化护理保险的顺利实施奠定良好基础。

与此同时，厚生劳动大臣通过提高或降低特定诊疗服务或护理服务的给付单位数、增设某一增额项目或减额项目，可调节患者与医生、服务利用者与服务法人之间的利益关系，促使护理服务业沿着政府的方针政策方向发展，发挥政府对护理服务业的引导作用。具体而言，政府为发展居家疗养服务事业和居家临终关怀事业，增设了优厚的居家疗养服务和居家临终关怀服务的增额项目与给付标准，促使接受居家疗养服务和居家临终关怀服务的医疗机构大大增加，解决了居家疗养和居家临终关怀服务利用者的医疗需求问题，进一步促进了医疗服务与护理服务的有机结合；为进一步提高护理人员的待遇，制定了护理职员待遇改善增额项目，以促使服务法人和护理机构主动完善其内部的薪酬管理制度，改善护理人员的工作环境，建立护理人员的职业生涯规划制度，有助于解决因薪酬制度不完善、工作环境差、职业发展渠道不畅导致护理人员辞职率高、资质低下、护理队伍不稳定的难题。

2. 由相关利益代表协商制定护理报酬标准方案

护理报酬支付是护理保险制度的一个核心问题，其计发标准合理与否，直接关系护理服务法人收入水平的高低、被保险人缴纳的保险费及服务利用者承担的服务费的多寡、各级政府投入的财政补助金的多寡等，涉及相关主体的切身利益。为了寻求各相关主体利益的均衡，日本政府对护理报酬实行了公定价格，由厚生劳动大臣根据《护理保险法》，规定服务法人和护理机构按统一的护理报酬标准计费，而护理报酬标准方案由相关利益代表协商制定。具体而言，护理报酬中的诊疗报酬方案，由以中央社会保险医疗协议会为首的专家、医疗产业团体代表及主管医疗服务工作的地方政府代表组成的团队起草；护理报酬方案由以社会保障审议会护理给付费分科会为首的专家、护理产业团体代表及主管护理服务工作的地方政府代表组成的团队起草。

由学术界的权威专家、产业服务提供机构代表及精通业务的地方政府管理部门代表组成的报酬方案制定主体，可代表护理保险不同主体的利益，通过调研，搜集各种护理机构直接服务人员提供的服务内容、服务时间及收支数据，参考有盈余的护理机构的收入数据和赤字机构的支出数据，制定代表平均服务报酬水平的护理报酬标准，从而确保护理报酬标准的可行性，避免了护理报酬单价制定方法的改变导致服务法人和护理机构平均收入大起大落。这种护理报酬标准方案的制定方法与经验可供我国借鉴。

3. 明确划分医疗保险与护理保险的给付范围

《护理保险法》的目的是援助生活不能自立的失能老人过上有尊严的自立生活。由于护理保险的服务对象既需要紧急情况下治疗疾病的医疗服务，又需要维持日常生活的护理服务，因此，有必要明确划分医疗保险与护理保险的给付范围，以确保服务利用者及时获得医疗保险与护理保险的各种待遇，避免规模小的市町村因紧急治疗产生高额医疗费，影响其护理保险制度的正常运营。

根据《护理保险法》的规定，护理保险以为病情进入安定期、需要长期疗养的患者提供日常医疗需求给付为原则，而对需要复杂的医学处置、高度医疗技术的患者，应转移到负责急性期治疗的医院接受治疗，相关费用由医疗保险予以给付。为了便于负责护理服务支付管理业务的护理援助专员掌握护理保险的给付范围，对于既适用于医疗保险给付又适用于护理保险给付的护理疗养型医疗机构，制定了护理报酬特定诊疗费项目，采用项目清单的方法明确划分了医疗保险与护理保险各自的给付范围，成功地规避了医疗保险与护理保险在患者医疗费给付上相互推诿的问题。

明确划分医疗保险与护理保险的给付范围，是日本护理报酬标准设计的一个重要特征，也是避免规模不同的市町村之间以及同一市町村不同年度之间护理保险费和财政补贴波动过大的一项重要措施，其做法对于我国建立护理保险制度具有重要的借鉴价值。

4. 设置增额项目促使各种服务人员之间通力合作

设置促使各种服务人员之间合作的增额项目，促使不同服务法人或护理机构之间以及同一机构内部各种护理人员之间在服务供给上通力合作，是日本护理报酬标准制定的一大特色。

比如，2018 年护理报酬标准中的生活机能提高合作增额，是对上门护理服务法人的护理援助专员或护理服务计划制订者，与上门康复机构或社区日间康复机构的理学疗法师、职业治疗师、语言听觉师、医师等一道，对服务利用者进行评估，制订上门护理服务计划，按照护理服务计划为服务利用者提供上门护理服务予以评价而设置的增额项目；护理机构入住者因疾病治疗住院，出院后直接返回护理机构时的再次入住机构营养合作增额，要求护理机构的营养管理师访问入住者的医疗机构，出席入住者的营养饮食指导或会议，与医疗机构的营养管理师合作制订营养计划；退出机构时等咨询援助增额，是为入住福利型养老护理机构1个月以上的服务利用者，在退出护理机构后安心利用居家护理服务，由入住机构的护理援助专员为服务利用者及其家属提供咨询援助，并以书面形式将服务利用者入住时的信息提供给居住地的护理援助中心或社区综合援助中心，确保服务利用者继续获得服务援助。

除了设置促使护理服务法人之间的护理人员通力合作的增额项目外，还设置了促进服务机构内部不同职种职员相互合作的增额项目。如排泄援助增额项目的给付要件是，为有排泄障碍的护理机构入住者，由医师、护士、护理援助专员等共同分析入住者需要排泄援助的原因，基于障碍成因制订排泄援助计划，按照援助计划实施连续性排泄援助。

种类齐全、给付要件明确的各种增额项目给付标准的设置，确保了任一护理职员提供的任何合作性服务，均能获得合理的回报，为护理服务机构内外职员的通力合作提供了待遇方面的保障。

第八章　居家护理服务标准化管理

居家护理服务，作为一种居家享受由社会提供护理服务的模式，是日本护理保险制度的核心内容之一。为顺利实施《护理保险法》，进行统一的标准化管理，日本厚生劳动省社会保险研究所配套制定了三大系列护理服务实操指南（以下简称指南手册），即《护理报酬解读（第一卷）：单位数表篇》（2018 版）、《护理报酬解读（第二卷）：指定标准篇》（2018 版）、《护理报酬解读（第三卷）：QA 法规篇》（2018 版），并规定每 3 年进行一次修订。该系列指南手册基于《护理保险法》的要求，逐条对照《护理保险法》的条款详细规范了实施标准及相关行业部门的经营管理制度，对居家护理服务的范围和内容进行了严格界定。

本章基于《护理保险法》的精髓，旨在把握整个制度设计的基础内涵，介绍日本对于居家护理服务标准化的相关规定，从居家护理服务视角展示制定护理服务标准及管理制度对实施护理保险的重要性。本章第一节从供给侧的角度，概述居家护理服务供给结构的变迁及居家护理服务的五大功能；第二节根据《护理报酬解读（第二卷）：指定标准篇》，仅针对上门护理、上门助浴护理、上门康复护理、居家疗养护理指导、护理辅具租借的实操标准进行概括性介绍；第三节根据《护理报酬解读（第二卷）：指定标准篇》，针对提供上门护理、上门助浴护理、上门康复护理、居家疗养护理指导、护理辅具租借护理服务机构的运营管理制度进行概括性介绍。

第一节　居家护理服务供给

2000 年，日本《护理保险法》正式启动实施，旨在减轻家庭等护理人员的负担，对被护理者实施自立援助，整合老年人福利与医疗相分割的制度，建立综合性的政府、社会和家庭、个人一体化的护理服务体系。该保险是为年老、疾病、伤残等导致的重度失能人员提供基本生活照料的一种社会保险，涵盖了护理保险法及社会化养老服务法规。

一、居家护理服务供给结构的变迁

在传统宗法制度下的日本，家庭是家庭成员疾病护理、养老的核心载体。第二次世界大战以后，日本新修改的民法规定，子女负有赡养父母的义务，但随着日本政治体制改革和经济改革，传统家庭结构开始瓦解，家庭养老功能逐渐削弱。1970 年，日本面临日益严峻的老龄化问题，于 1971 年修订了《老年人福利法》，宣布为符合要求的老年人提供免费医疗。20 世纪 90 年代，伴随日本“泡沫经济”破裂，一时间出现的“社会性入院”、财政压力剧增、医保入不敷出等问题难以妥善解决，单一家庭赡养模式和政府包办养老模式都相继陷入危机。与此同时，福利多元主义兴起，日本国民开始意识到居家养老不再等同于家庭负担养老，居家养老必须实现社会化服务模式，并在 20 世纪后期逐渐成为日本社会共识。1997 年，《护理保险法》颁布，2000 年护理保险推行实施，以立法的方式宣告了“全社会共同支援介护老年人”的基本目标，至此日本养老责任主体从家庭和政府过渡到了全社会。

福利多元主义倡导政府、社会、家庭和个人共同参与社会福利事业，该理念也贯穿了居家护理服务体系的发展。日本早期的居家护理服务主要由市町村各级政府部门提供。1992 年，日本厚生劳动省正式提出“就地老化，居家养老”的理念，倡导老年人尽量不离开自己熟悉的生活环境，利用医疗机构、养老设施、住宅改造等服务体系实现养老。2000 年，日本护理保险制度实施，鼓励社会多元化参与，社会力量（尤其是市场和社会组织）得以进入居家护理服务行业领域。现在，日本居家护理服务已发展为政府主导，非营利组织、社会福利法人、企业、医疗机构、社团和地方协会等多层次供给、共同参与的综合体系，服务供给效率得以极大提高。日本护理保险制度自实施以来，历经了 7 次修改和改革，已日臻完善和成熟。顶层设计的改革与实践指南的更新并举，充分保障了制度环境的稳定性和政策的连贯性。

居家养老的核心是居家护理服务，新的供给结构给服务对象带来了高质量的护理服务，减轻了家庭后顾之忧，缓解了医疗资源的压力。

二、居家护理服务范围

日本护理保险的内容涵盖了居家护理服务和护理预防服务。居家护理服务包括上门服务、通所服务、社区嵌入型护理服务、护理辅具租借及住宅改造服务、护理预防服务 5 种。

《护理保险法》中明确要求被保险者在利用护理保险服务之前，须进行护理等级评定，评定结果为护理 1~5 级可享受护理服务，评定结果为援助 1~2 级可享受护理预防服务。

三、居家护理服务的功能

居家护理服务包括养老机构提供护理服务、养老机构提供康复护理、短期入住养老机构的生活护理、入住特定生活护理型机构的护理服务及护理辅具租借等。与《护理保险法》相配套的护理服务实操指南，对居家服务中的各项服务范围和内容进行了严格界定，并制定了相应的操作规范，包括基本方针、人员规定和相关运营标准、卫生安全注意事项、紧急事态应对措施等，要求护理保险经办机构和定点居家护理服务机构严格按照标准实施，不断致力于自身服务水平的提升。

以下就上门护理、上门助浴护理、上门康复护理、居家疗养管理指导、护理辅具租借及住宅改造服务的功能进行简单介绍。

（一）上门护理

上门护理由市町村负责实施，为服务对象提供身体护理、生活援助、陪伴就医等一系列的相关服务，根据护理需求，派遣专职人员（护理员、康复师、全科医生等人员）到身体多病且生活不能自理的失能者家中，为其提供身体护理和生活援助。身体护理主要包括帮助老人进食、洗澡、换衣、排泄、移动、上下床等。生活援助主要包括做饭、打扫卫生、洗衣、买菜，以及定期上门了解患病老人的病情，为其提供换药、输液、注射、陪伴就医等服务。

（二）上门助浴护理

上门助浴护理是为无法在家入浴的服务对象提供帮助洗浴的服务，规定上门提供服务的人员由1名护士和3名护理员组成。此项服务是居家护理服务项目中选择较多的一项，通常的操作方式是使用装载着浴缸、浴盆等专业洗浴设备的洗浴车，到老人的家中提供洗浴服务。

（三）上门康复护理

此项服务是通过上门实施康复护理，使患者的残存功能或能力得以恢复，重建患者的生存自信心，最大限度地恢复其生活自理能力。此项服务通常由康复中心派遣专职人员（理疗师、职业治疗法师、语言听觉师等）上门提供理学疗法和作业疗法服务。

（四）居家疗养管理指导

此项服务是由医院、诊疗所、护理老人保健等设施的医生、药剂师、营养师等人员，根据老人的病情，上门提供必要的医疗服务及相关注意事项的指导。其中，医生包括牙医、牙科卫生士等，针对老年人的实际情况，对其实施连续的医学管理，包括身体的疗养、口腔的清洁等。营养师负责上门为老人提供营养方面的指导，以及必要的健康管理，如为糖尿病患者进行营养指导，提供持续的营养管理和必要的健康信息，还包括指导老人家属正确护理失能老人。药剂师根据老人的健康状况，指导老人安全用药，调整药品的种类和数量。

（五）护理辅具租借及住宅改造

此项服务是以提升生活自理能力、减轻家属负担为目的，针对服务对象身体状况和住宅环境状况，提供适用的护理辅具和住宅改造相关服务。

1. 护理辅具租借

护理辅具是指能帮助利用者改善、补偿、替代人体功能的辅助性治疗及预防型产品，主要包括轮椅、轮椅的附属品、特殊床铺、特殊床铺的附属品、防止痔疮的器具、体位变换器、扶手栏杆、拐杖、步行器、步行辅助杖、认知症者徘徊感知机器、移动用的起吊装置等。其中，有高科技含量的外骨骼康复机器人，以及普通的拐杖等简单、实用的产品，适用人群的范围较广。康复辅助器具租借机构应确保一定数量的康复辅助器具及设备。

2. 住宅改造

护理保险对被保险者实施的住宅环境改造工程，主要包括扶手的安装、拆除床的台阶、地面防滑处理，以及床铺材料的变更、滑窗更换、坐便器更换等，通常是以现金给付方式，最高可达20万日元。

第二节　居家护理服务实操标准

为确保护理保险制度的顺利实施，日本政府职能部门建立了一整套居家护理服务规章制度及实操标准。此制度及实操标准对居家护理服务机构的经营场所、机构定员数量及资质、管理者、设备及用具、服务内容及操作流程、不能提供服务时的援助措施、服务资格确认、申请护理认定援助、服务计划书的制订及变更、居家护理援助机构间的合作、服务内容的记录及保存、费用的收取、投诉处理及向上级部门报告等事宜进行了详细的规定，主要内容综述如下。

一、居家护理服务基本方针

上门居家护理服务机构应结合服务对象的自理能力，对其洗浴、大小便、进食等生活进行全方位的护理和协助，尽可能地帮助服务对象在家中实现自立的日常生活。

二、经营环境相关规定

上门居家护理服务机构应有固定的经营场所及一定面积的办公区域，办公室或划分的工作区域应有充足的空间，以便受理服务申请及提供咨询服务。

1. 若使用工位隔断的方式将提供定点上门护理服务的区域与其他业务进行明确划分，且不影响自身业务时，可与其他业务共用一室。

2. 在工作区域内应配备提供上门护理服务所必要的设备（护理辅具）及相关物品，尤其应配备清洁双手的器械等，以预防交叉感染的发生。同一区域内的机构在不影响自身业务的前提下，可相互租借护理辅具及物品。

3. 要配备一定数量的必备物品和设备，同时还要主动预防交叉感染。

三、制定规章制度的相关规定

提供定点居家护理服务机构负责人，在每个定点居家护理营业场所制定与经营相关的规章制度时，应将经营目的及经营方针，从业人员的职业种类、人员数、职务内容，营业日及营业时间，上门护理服务的内容、服务费以及其他费用，开展日常业务地区范围，紧急事态发生时的应对措施，与经营相关的其他事项等纳入其中。

四、护理人员相关规定

上门居家护理服务机构的上门护理从业人员须是正规及有资质的人员，也就是签订了雇佣合同、符合相关劳动派遣条约或其他规定，且受机构负责人直接领导的人员。

《社会福利师及护理福利师法》与社会福利师资格规定，进行口腔吸痰等操作的人员应遵循劳动法、派遣法的相关规定。此外，还应有计划地安排上门护理从业人员定期参加机构外研修及机构内的学习培训，不断提升机构整体的专业水平。

五、护理人员额定计算方法

居家护理服务机构应有一定数量的正式员工，以保障服务的提供。有关护理人员的额定人数应按照《专职人员换算法》计算配备，应为2.5人以上，这是考虑职员体制等因素而设定的最少人数。各地区可根据服务需求，即需要服务的对象人数以及上门居家护理服务机构的业务量酌情进行安排，以确保合理的职员人数。

六、护理人员工作时间计算方法

1. 已注册的机构提供定点服务时，其被派遣护理人员的人均工作时间，按该机构护理人员前一年度周平均工作时间计算。

2. 尚未注册或开业时间较短的机构提供定点服务时，其被派遣护理人员的工作时间按已注册机构的计算方法难以准确计算。此时，应按该机构护理人员实际工作记录表中记载的工作时间予以累计。

3. 护理人员派遣机构，在使用《专职人员换算法》对护理人员进行累计工作时间计算时，也应包括护理人员在其就职机构内的工作时间。

七、护理服务实施负责人相关规定

护理服务实施负责人，是在一线直接从事护理服务的主要管理者，在工作中根据标准平衡服务人员及服务对象的定员数量，在护理服务机构中起承上启下的主导作用。相关规定明确要求，机构在提供一人以上的服务时，应指定护理服务实施负责人。

有关护理服务实施负责人的主要规定如下：

1. 机构管理者可兼任护理服务实施负责人。

2. 护理服务实施负责人根据机构前 3 个月的平均值，对护理服务人员的服务对象人数进行确定。新开业机构或再次运营机构（服务被暂停或中止期满等），可通过合理的方法确定服务对象人数。

3. 护理服务实施负责人在机构内的工作时间必须达到该机构规定的专职上门护理员应工作的时间。有关工作时间应按照服务对象的数量，使用《专职人员换算法》进行计算。

4. 每个定点护理服务机构规定了最少的必要定员数量，但未规定每一位护理服务实施负责人的服务对象人数上限。因此，机构可根据业务的实际状况，进行必要的人数配置。

八、机构管理者相关规定

上门护理服务机构的管理者原则上应是该机构的专职人员，但在不影响本职工作的前提下，可兼任同一辖区内的其他工作，且不要求管理者一定是护理人员。具体规定如下：

1. 可担任该定点上门护理服务机构的上门护理人员。

2. 在不影响本机构管理工作的前提下，可担任同一区域内其他机构的管理者或从业人员。

同时还要求，提供护理服务的机构每月制作工作时间表，并对护理从业人员每日的工作时间、工作内容、专职或兼职、是否兼任管理业务、是不是护理服务实施负责人等进行明确记录。

九、服务流程相关规定

（一）服务内容介绍及书面同意

为能更好地向服务申请人提供满意的服务，提供上门护理服务的机构须将机构性质、规章制度、上门护理人员等工作性质、提供服务的内容、服务申请人可选择的服务，以及意外发生时的紧急应对措施、投诉及处理的方式等，制成文字简洁、通俗易懂的说明书或宣传页，并在开始提供服务之前，向服务申请人或其家属进行详细介绍，征得书面同意并交付。

（二）护理服务资格确认

护理服务申请人只有在事先获取了上门护理资格认定后，其上门护理服务的费用才可获得相应的保险金给付。因此，提供上门护理服务的机构，在提供指定上门护理服务前，首先应对护理服务申请人的保险证进行核查。具体规定如下：

1. 提供上门护理服务的机构在提供指定上门护理服务前，应对护理服务申请人的保险证进行核查，对其是否获取了服务资格及需要上门护理的认定有效期等进行确认。

2. 在保险证中，还记载着认定审查委员会签署的与定点居家服务相关的各类事项以及护理服务申请人的注意事项。因此，对保险证中记载的具体内容，切不可忽视。

（三）携带工作证件的规定

提供上门护理服务的机构，应为上门护理人员制作能证明身份的证件或名片，并在工作时间携带。为使服务对象能放心接受上门护理服务，上门护理人员在初次入户及接受服务对象或其家属的申请时，应主动向对方出示。证件内容应包括该机构名称、上门护理人员姓名及本人照片、该护理人员的工作内容及职能等。

（四）上门护理计划书制作的规定

为使服务对象获得更精准的服务，保障护理资源的合理化配置，规定上门护理服务机构在提供服务之前，应由护理服务实施负责人制订护理计划书。护理计划书要求在尊重服务对象个人意愿的基础上，明确提供上门护理服务可解决的问题及状况，实施援助的方向和目标，上门护理人员的姓名，上门护理人员提供服务的具体内容、所需时间、日程，并向服务对象或家属就服务内容、实施的状况及评价方式等进行详细说明，征得同意并向本人或家属提交。护理服务实施负责人应及时掌握和了解上门护理人员的服务状况，并给予指导、建议，进行必要的管理。

（五）服务记录的规定

机构在提供定点上门护理服务时，应以书面形式对规定的内容进行记录，并保存 2 年。

该记录可使护理服务申请人及服务机构及时了解该时间段的支付额度余额及服务的利用状况。此外，为促进服务机构间的相互协作，使服务申请人接受更好的上门护理服务，应积极向服务申请人提供服务记录。记录内容如下：

1. 上门护理服务的提供日期、具体服务内容（如身体护理、生活援助、陪伴看病等）。

2. 保险给付的额度。

3. 服务对象的身心状态。

4. 居家服务计划、服务利用项目等。

十、严禁拒绝提供服务相关规定

提供定点上门护理服务的机构，原则上必须接受护理服务申请人的申请，并提供服务，禁止以其需要护理服务的难易度或报酬的多寡为由拒绝提供服务。此外，禁止以服务对象希望利用特定服务行为之外的上门护理服务为由，拒绝向其提供服务。

可拒绝提供服务的正当理由如下：

1. 护理服务申请人的数量太多，而该机构现有人员不足，不能提供服务。

2. 服务申请人的居住地在该机构提供服务范围之外，不能提供准确的定点上门护理服务。

十一、向同居家属提供服务相关规定

原则上不允许上门护理人员对一同居住的家属提供上门护理服务，但因地处偏远地带等，导致定点居家护理服务机构难以保障精准提供上门护理服务时，市、地区、街道各级职能部门可依据居家服务相关规定，对满足同居家属提供上门护理服务条件者进行特别认可，以保障偏远地区的服务对象也能得到居家护理服务。若事后发现向同居家属提供上门护理服务不满足规定的必备条件，将不进行保险金的给付，或要求返还已给付的保险费用。

十二、申请保险给付证明的交付规定

为便于护理服务申请人向市、街道、地区提交申请，提供定点上门护理服务的机构在接收了非法定代理接受服务的定点上门护理相关费用时，应向服务申请人提交提供上门护理服务的内容、费用额度、服务申请人的保险给付申请及记载着提供服务内容的证明等。

十三、向市、町、村报告相关规定

提供定点上门护理服务的机构，在服务对象存在下列情形时，应迅速向市、町、村提交附加意见的报告。

1. 发生无正当理由违反定点上门护理服务的相关规定，并擅自提高需要护理级别的情况。

2. 对提供虚假信息或以不正当的手段接受保险给付或正准备接受保险给付，以及因个人的故意犯罪或重大过失行为等导致进入需要护理状态或因该原因导致事故发生。

十四、紧急事态应对措施相关规定

上门护理人员在提供护理服务过程中，当服务对象出现疾病加剧或其他突发事件时，应根据规定的紧急事态发生时的应对方法，迅速与服务对象的主管医生进行联络，并采取必要的紧急救助措施。

十五、护理服务费用相关规定

护理服务费用是服务利用者应负担的上门护理服务费。法定代理机构与非法定代理机构的护理服务费个人负担比例不同，法定代理机构的个人负担比例约为10%或20%。

十六、卫生安全管理相关规定

护理机构的上门护理人员会向多人提供上门护理服务，很容易成为感染源，造成交叉感染。因此，提供上门护理服务机构的负责人，应对上门护理人员的个人卫生、健康状况，以及经营机构内的设备（用具）及物品等的清洁和卫生，进行严格的监督、管理，并要求护理人员使用一次性手套，配备预防感染的物品等。

十七、隐私保护相关规定

为尊重和最大限度地保障服务对象的合法权益不受到侵犯，提供上门护理服务的机构，其护理人员在任职期间和离职后都应对服务对象的各类隐私给予保护。相关规定如下：

1. 严格遵循保密原则，未经服务对象及其家属的许可，不得对外泄露其隐私。

2. 提供上门护理服务机构的负责人，有义务采取必要的防范措施，杜绝曾经在该护理机构工作的上门护理人员及其他从业人员，将工作中获取的服务对象及其家属的隐私对外泄露。可采取设定违约金等方式对雇佣人员进行相关约定。

3. 上门护理人员在召开护理服务主管会议时，会将服务对象存在的问题及待解决的问题等个人信息分享给护理援助专业人员或其他服务负责人。因此，提供上门护理服务机构的负责人，应事先通过书面协议（同意书）等方式，获得服务对象或其家属的认可或同意。

十八、广告宣传相关规定

上门护理服务机构在进行宣传时，应实事求是，不得传递虚假或夸大的信息。

十九、禁止对护理援助机构及人员支付佣金或财物相关规定

禁止向定点上门护理服务机构人员、居家护理援助机构支付各种名目的佣金或物品。

二十、投诉与建议相关规定

为保障服务质量不断提升，为服务对象提供更优质、有效的服务，上门护理服务机构应建立投诉处理机制。服务对象及其家属等有关人员对机构提供的护理服务及环境设施等不满意，可使用来信、来电、来访、投诉信箱等方式反映问题。具体规定如下：

1. 明确投诉处理机制以及咨询窗口、解决问题的程序等。在提供给服务申请人或其家属的有关服务宣传内容的手册或资料中，应包含投诉处理的方式及方法等，并在经营场所内进行公示。

2. 针对服务对象或其家属的投诉，提供上门护理服务机构的负责人应及时组织相关人员进行妥善处理，须将该投诉受理日期、内容等进行记录，并保存2年。

3.《护理保险法》指定的投诉处理部门，是国民健康保险团体联合会以及距离居民生活圈最近的行政机构。参保人所在的市町村负责处理和解决与服务有关的投诉，市町村与国民健康保险团体联合会负责上门护理服务机构的投诉调查及进行指导建议。

第三节 上门护理服务机构管理制度

日本护理保险制度对各类护理服务机构的人员编制、业务内容、卫生安全、与主管医师间的协作等作出了具体规定。本节对上门护理服务机构的经营管理制度进行简单介绍。

一、上门护理医疗机构

（一）管理者的人事管理

1. 管理者应是保健师或护理师，曾在医疗机构从事护理、上门护理或上门指导等工作，或是具备管理者身份的人员。

2. 因违反保健师、护理师及助产士法相关规定，执业资格被暂停者，在其执业资格被停止后的2年内，不可聘用。

3. 管理者处于长期伤病疗养期或必须出差等情况时，可通过综合评定选择其他符合条件的人担任该机构的管理者。条件是须具备相当的护理管理水平，老年人福利专业相关知识经验丰富且热爱老年事业。同时，经都、道、府、县各级管理部门批准的人员，也可以作为非保健师及护理师身份的管理者。

（二）上门护理服务管理

定点上门护理服务是根据服务对象的身心状态，遵照服务对象主管医生签发的护理手册或纸质证明的要求，通过合理、贴切的服务以确保其生活质量，应坚持医学的观点和立场，不提供不被大多数人认可的护理项目。同时，还要与服务对象的主管医生保持密切的协作，定期向主管医生提交上门护理计划书或上门护理报告。服务结束后，对指定上门护理服务完成情况及效果进行评价，上门护理服务计划书的内容需要不断修正，以提升护理服务的质量。

（三）上门护理安全管理

1. 建立健全护理安全管理制度、重点环节的应急预案和服务对象的告知制度，实施监督、检查、评价，采取防范措施。

2. 按时上门巡视，严密观察服务对象的身体功能变化。针对薄弱环节、关键环节实施安全管理。对特殊服务对象加强护理，预防坠床、跌伤发生，切实保障服务对象安全，杜绝发生事故。

3. 严格执行各项护理操作规程，认真落实消毒隔离制度，防止和减少交叉感染的发生。必须对服务对象和家属普及安全知识。

4. 严格执行医疗器材、药品管理规定。保证上门护理的医用器材使用正常，药品备用充足。设置专人负责管理，实行定种类、定位放置、定量保管、定期消毒，确保无过期，无变质，无失效。

5. 制定护理人员职业安全防护措施，完善防护装备，督促落实。

二、上门助浴护理服务机构

（一）从业人员规定

上门助浴护理服务由护理师或准护理师及护理人员等具备洗浴护理相关知识和技能的人实施。上门助浴护理服务经营机构应与服务对象的主管医生保持密切的联系，在为服务对象提供服务之前，与主管医生进行核实、确认，服务结束后对下一次的服务时间进行约定。在提供定点上门助浴护理时，护理人员要根据服务对象当时的身心状态努力提供合理、满意的服务。在不能进行全身洗浴的情况下，应根据服务对象的意愿实施擦洗或部分（头、脚、阴部等）清洗。

（二）设备（护理辅具）及物品管理

1. 要设置或明确划分具备一定面积的专用经营场所，以便业务的开展。同时，还要设置能保管浴盆等器具、护理辅具及物品的必要空间。

2. 经营场所应配置齐全上门助浴护理的必备器具，如为行动不便者提供浴盆、搬运洗浴设备的推车等。要配备必要的清洁双手的设备，以预防感染。用于居室清扫、厕所清洁的清洁布、拖布应分类使用，标记清晰，用后消毒，分开清洗，分别挂置。

（三）设备器械安全管理

1. 由于浴盆等用具与服务对象的身体直接接触，要求对每个服务对象必须提供清洁和消毒后的用具。服务完成后，应对用具及时清洗和消毒，妥善保管。

2. 对于与皮肤接触的毛巾等，应使用安全、清洁的物品，要求对每个服务对象进行更换，或使用个人专用物品。

三、康复护理服务机构

（一）从业人员管理

居家康复护理由提供康复护理服务的理学疗法士、操作疗法士或是语言听觉士等有相关资质的人员实施。

（二）康复护理计划书制度

康复护理服务机构应遵照康复护理计划书的内容，根据服务对象的身心状态及生活环境，妥善、合理地提供服务，并对其目标的实现程度或效果进行评价，不断修正和完善康复护理计划，以确保服务对象生活质量的提升。

（三）定期康复会议制度

康复护理服务机构应定期举办由医师、理疗师、治疗师、听力语言康复师、护理辅助专业人员、居家服务计划书草案中指定的居家服务提供者，以及服务对象和其家属等参加的康复会议，通过信息共享，对康复护理计划书进行整合，更好地为服务对象提供康复服务。

（四）服务质量管理制度

为保障服务质量，康复护理服务机构应建立服务质量考核体系，制定各岗位服务质量考核细则，按照规定的服务质量管理标准进行考核及评定。同时，定期开展服务质量讲评，针对存在的问题进行原因分析，整改纠正。

四、居家疗养管理指导

居家疗养管理指导的服务对象为经过护理保险评估认定的失能者，康复期、终末期、前往医院就诊有困难的高龄老年人。

（一）从业人员管理

从业人员必须具有居家疗养管理指导机构的从业资格证书，通常为医师或牙科医师、药剂师、护士、牙科护士，包括与实施居家疗养管理指导相同工作的保健师、护理师、准护理师、营养师等。

（二）运营管理

1. 居家疗养管理指导机构在提供居家疗养管理指导或建议之前，应与居家护理援助机构或居家护理服务机构进行充分沟通，及时了解和掌握服务对象既往的情况，对服务对象实行有计划的医学管理。

2. 需对实施的居家疗养管理指导进行记录，包括服务对象的姓名、实施日期、实施的指导要点以及服务提供者的姓名等。

（三）设备器具安全管理

医用器材应使用正常，药品备用充足。设置专人负责管理，实行定种类、定位放置、定量保管、定期消毒，确保无过期，无变质，无失效。

五、护理辅具的租借

护理辅具的租借服务主要面向经护理保险评估认定后，需要提供护理服务的人群。在服务对象的居家护理服务计划书中，必须写明需要租借护理辅具的必要性，才能对其提供护理辅具租借服务。

（一） 服务管理

1. 专职护理人员应参照服务对象的身心状况及生活环境，对其进行合理的评估认定。护理辅具租借的专业咨询员，要熟悉相关业务，包括为服务对象办理租借手续。

2. 有关护理辅具的修理，可委托专业技术人员进行，专业咨询员应对修理后的护理辅具进行合格检查并承担责任。

3. 专业咨询员对接居家护理服务计划书指定护理辅具租借服务时，应参照主治医生建议及护理服务负责人会议的建议及认定结果，为服务对象合理选择护理辅具、提供建议或相关信息等。

（二） 卫生及安全管理

1. 应对护理辅具的使用、调整、维护、清洁方法以及注意事项等进行明确的说明。尤其是电动轮椅、电动升降梯等设备，为保障使用的安全，应向服务对象进行充分的讲解，并进行必要的操作训练。

2. 对自动排泄处理装置等卫生安全要求较高的辅具，也应向服务对象或其家属进行充分说明，确保在日常使用中进行清洁保持和合理维护等。

3. 应按照每种辅具的种类，制定记载消毒具体方法及消毒器材维护、检测方法和标准的操作书。器具消毒应根据种类、材质分别采用合理、有效的方法进行。应将清洁用具分开使用，分别设置抹布、拖把等放置区域。

（三）定期维护、检测

对自动排泄处理装置等卫生方面需特别注意的器具，应根据制造商的规定进行定期维护、检测，对其使用状况进行确认，严格实施卫生管理。

终章　护理保险制度助推日本银色经济新增长

本书制度篇，详细介绍了日本护理保险制度的框架体系：日本护理保险制度内涵、机构服务与居家服务的种类及内容、安宁疗护服务的制度设计及协作机制。

本书实务篇，具体介绍了日本护理保险的实际操作内容及流程：日本护理等级的评估标准与方法、护理计划的制订、护理报酬计算标准以及护理服务的经营与管理。以上章节对日本护理保险制度及实际操作流程的介绍，可为我国老年护理服务机构、护理保险事业的推进提供更完整、更具价值的参考和借鉴。

终章将通过具体实例论述日本护理保险制度对银色经济的促进作用，对今后我国老龄产业的蓬勃发展具有现实意义。

一、护理保险法与制度实施配套并行

从国际上看，德国、日本是护理保险制度落地实施的国家，这两国在实践中都积累了丰富的经验。

德国经过了 20 年的充分准备，于 1994 年颁布《长期护理保险法》，1995 年 1 月开始实施长期护理保险。这是一项覆盖各年龄、职业人口（包括年金领取者、失业者），体现每个公民“护理需求权”的保险，被称为独立于社会医疗保险之外“第五支柱”的社会保险。主要服务和护理形式有居家服务和机构护理服务两种。

日本是世界上老龄化速度最快的国家，进入老龄社会仅用了短短 26 年，到 2007 年发展成为世界上唯一进入“超高龄社会”的国家。2018 年，日本总人口数为1.26亿人，比上一年减少26.3万人，并持续8年呈现人口减少态势。65岁以上老年人口为3 557万人，比上一年增加4万人，占总人口的28.2%；70岁以上老年人占总人口的20.7%；80岁以上老年人占总人口的8.7%；90岁以上老年人占总人口的1.7%，连续2年超过200万人；百岁以上老年人达7万人。由此可见，日本的老龄化程度再次领跑世界之最。为了应对日本老年人口急速递增的态势，自20世纪50年代到2000年，日本政府先后颁布了《国民年金法》《老人福利法》以及推广老年人保健设施的《老人保健法》等。1997年，日本政府经过10年的研讨准备，终于出台了《护理保险法》。三年后，推出了与护理保险法配套的护理服务管理制度［三大系列护理服务实操规定，即《护理报酬解读（第一卷）：单位数表篇》《护理报酬解读（第二卷）：指定标准篇》《护理报酬解读（第三卷）：QA法规篇》］，这三册制度实施解读本，详细规范了护理服务实施标准及其经营管理制度，内容翔实的运营管理制度涉及各类护理服务的每个环节，可以说是事无巨细，无所不包，从而保障了护理保险制度的有序实施。2000年起实施的以护理保险法为基础的长期护理保险制度，是日本继医疗、养老、雇佣、工伤保险之后的第五支柱型社会保险制度。

二、不断完善与精致打造的养老服务体系

日本的养老机构分为私立和公立两种。私立养老机构根据入住服务对象的身体状况，以及从生活自立到需要“一对一护理”的不同需求，提供多样化服务。因此，入住费用会根据所提供的服务种类和内容而调整、变化。公立养老机构一般面向需要重度护理或生活贫困的低保人员。因此，公立养老机构入住费用相对较低。

2000年，日本开始实行护理保险制度，主要提供社区居家养老护理服务，其中包括定点上门护理、定点上门助浴护理、居家护理服务等多种项目。日本的社区居家养老服务是以护理保险制度为基础的，老年人加入护理保险后，利用社区居家护理服务时自己负担10%的费用，在一定程度上没有加重家庭的负担。按照规定，专门护理服务人员是具有专业职称及通过资格考试的专业人员，能保障服务的质量。13大类居家服务种类中，社区服务的种类就多达6种，有效地利

用了社会资源来解决老龄问题，使得很多家庭把照顾老人的任务交给专业护理服务机构，大大减轻了家庭的负担，最大限度地发挥老年人自身所具备的基本日常生活活动能力，为实现高品质的生活提供了帮助。日本护理服务机构主要有两大类，分别是社区护理机构和专业护理机构。社区护理机构主要提供居家护理服务和日托服务，专业护理机构主要是收住失能老人的养老院、护理院等。老年人护理和生活照料需求的不断扩大，还直接或间接地促进了老年住宅、金融保险、医疗健康、教育事业等多行业需求的加大，带动了经济的增长。

（一）按需养老护理，催生服务机构的数量倍增

日本政府根据老年人的需求进行市场培育，重视养老保险事业发展与市场开发相结合。尽管护理保险制度存在财政负担过重等问题，但总体上还是保障了老年群体的养老服务需求。2000 年护理保险实施后，日本鼓励民间资本积极进入老年护理服务体系，加强了老年护理产业化建设，针对准入制度、经营规范、筹资机制、服务项目、监管机构等提供全方位政策扶持；鼓励社会化养老，实现资金筹集的社会化，打造“福利+护理”的综合服务体系。自 2000 年 4 月护理保险制度实施以来，参保人均享受到了护理保险的服务，且人数逐年上升。在最初实施护理保险制度的 2000 年，参保人接受服务的只有 148.97 万人。到 2009 年，有 383.52 万参保人接受服务。2009 年比 2000 年接受服务人数增长了 1.6 倍，2019 比 2000 年接受服务人数增长了 2.8 倍。2000 年、2009 年、2019 年护理服务接受者的数量变化见表终-1。

表终-1　2000 年、2009 年、2019 年护理服务接受者的数量变化/万人

护理服务类别	2000 年	2009 年	比 2000 年增长（倍数）	2019 年	比 2000 年增长（倍数）
居家服务（含护理预防）	97.15	278.28	1.9	388.9	3.0
社区嵌入型服务（含护理预防）	—	22.66	—	88.9	—
护理机构服务	51.82	82.58	0.6	95.2	0.8
合计	148.97	383.52	1.6	573	2.8

资料来源：笔者根据《日本护理保险事业状况报告》整理。

随着护理保险参保人接受护理服务需求的急剧增加，护理保险管理机构的增设数量也呈逐年递增的态势。2000—2009 年，护理保险制度实施后的 10 年间，养老机构如雨后春笋般迅猛发展，一大批民间企业进入老年护理服务市场，催生民间营利与非营利性养老机构数量翻倍增加。

护理保险实施初始的 2001 年，福利型设施只有 1 463 家，保健型设施有 1 667 家，疗养型设施有 1 986 家。2009 年，福利型设施达到 8 649 家，保健型设施达到 7 852家，疗养型设施达到 8 375 家，分别比 2001 年增长了 4.9 倍、3.7 倍、3.2 倍。

从日本多年来的实践可以看出，原有单一的护理服务机构，已发展为包括了护理预防服务等六大类的服务机构。2018 年日本厚生劳动省公布的“2017 年护理服务机构调查概况”显示，日本六大类型老龄服务机构的总数已达 376 861 家。在护理预防型服务机构中，上门护理预防服务机构有 34 160 家，日间护理预防服务机构有40 870家；在护理服务型机构中，上门护理服务机构有 35 013 家，日间护理机构有 23 038 家；在社区嵌入式服务机构中，日间护理服务机构有 21 063 家；在护理保险型服务机构中，老年人福利护理机构有 7 891 家，老年人保健护理机构有 4 322 家，疗养型医疗护理机构有 1 196 家。2017 年日本老年服务机构数及机构类别见表终-2。

表终-2　　2017 年日本老年服务机构数及机构类别

护理服务机构类别	2017 年机构数/家	2016 年机构数/家	比前一年增加/%（家）
护理预防型服务机构 上门护理预防机构、上门洗浴护理预防机构、上门预防医疗站、上门预防日间护理机构、日间康复护理预防机构、短托生活护理预防机构、短托疗养护理预防机构、指定机构入住者生活护理预防机构、护理预防福利辅具租赁公司、指定护理预防特定福利辅具销售公司	131 465	130 581	0.68（884）
社区嵌入式护理预防服务机构 应对认知症型日间护理预防机构、小规模多功能型居家护理预防机构、应对认知症型共同生活护理预防机构	21 643	21 272	1.74（371）

续表

护理服务机构类别	2017年机构数/家	2016年机构数/家	比前一年增加/%（家）
护理预防援助服务机构（包括社区援助中心）	5 020	4 873	3.02（147）
居家服务型机构 护理预防机构、上门洗浴护理机构、上门医护护理服务站、日间护理机构、日间康复机构、短托生活护理机构、短托疗养护理机构、指定机构入住者生活护理机构、福利辅具租赁公司、指定福利辅具销售公司	116 779	114 546	1.95（2 233）
社区嵌入式护理服务机构 定期巡回和随时应对型上门护理及医护服务机构、夜间应对型上门护理机构、社区嵌入式日间护理机构、认知症应对型日间护理机构、小规模多功能型居家护理、认知症应对型共同生活护理机构、社区嵌入式指定机构入住者生活护理机构、复合型服务机构（小规模多功能型居家医护护理机构）、社区嵌入式老人福祉护理机构	47 272	47 049	0.5（223）
居家护理援助机构	41 273	40 686	1.44（587）
护理保险服务机构 老人护理福利机构、老人保健护理机构、疗养型医疗护理机构	13 409	13 270	1.05（139）
合计	376 861	372 277	1.23（4 584）

资料来源：笔者根据厚生劳动省《平成二十九年护理服务机构调查概况》整理。

（二）护理服务社会化，促进银色产业发展

日本的养老服务产业大致分为三类：核心产业、相关产业、衍生产业。

第一类核心产业：养老设施、养老机构、老年人房地产、老年人护理服务业、老年人服饰、老年人食品、老年人医疗等。第二类相关产业：养老机构相关供应链上的养老用品，如专业家具、专业设施、专业易耗品等；老年人护理服务业供应链上的护理人员培训、劳务派遣、老年护理专业用品、治疗和康复器械

等；来自老年人深层需求的娱乐、老年大学、旅游、医疗保健、健康营养、心理咨询等。第三类衍生产业包括老年储蓄投资理财产品、老年地产、老年融资等资本市场。

日本护理保险制度在实施不到一年的时间内，就获得了85%的民众支持率，大部分的保险对象享受到了应有的护理服务。从现实来看，日本护理保险制度在应对老龄化问题、满足老年人护理服务需求的同时，还促进了银色产业发展。

日本 NISHIKEN 株式会社的经营实践就是一个成功的案例。该公司成立于1955 年，开展道路建设的业务。护理保险法颁布后，该公司于 1999 年获取护理保险实施资格，开始从事护理保险支付的康复辅助器具销售和租赁业务。NISHIKEN株式会社在日本西部地区签约了 1 300 家养老服务设施，建立了让服务对象安心、诚信的运营体系。该公司的租赁销售额呈现逐年增长的态势，2011 年为 2 216 亿日元，2018 年增加至 3 366 亿日元，2019 年增加至3 501 亿日元。2011—2019 年 NISHIKEN 株式会社康复辅助器具业务销售额如图终-1 所示。

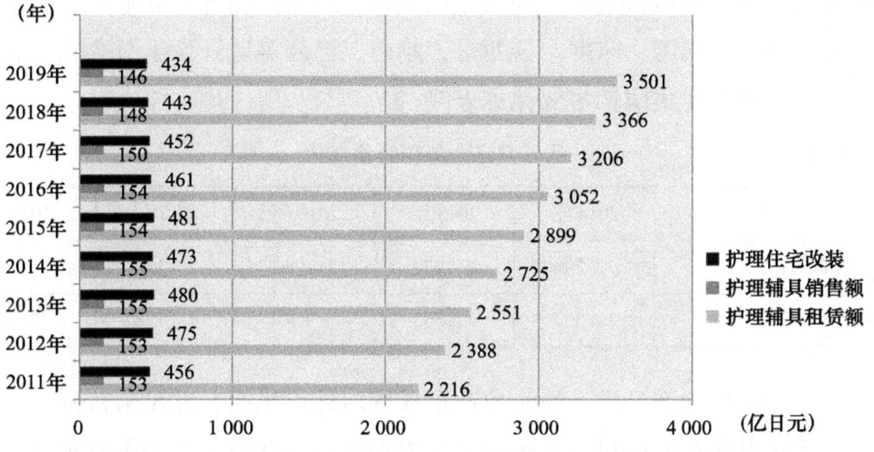

图终-1　2011—2019 年 NISHIKEN 株式会社康复辅助器具业务销售额

资料来源：笔者根据日本 NISHIKEN 株式会社调研资料整理，2019 年 4 月。

截至 2018 年底，在日本注册并运营的类似 NISHIKEN 株式会社这样的护理辅具租赁销售公司，共有 7 700 家。

（三）提升基础产品功能，创新高科技适老产品

日本护理保险制度实施后，向护理服务对象提供康复辅助器具购买或租赁被纳入支付目录，这又给养老服务产品的生产企业带来了一个发展机遇。原有辅助器具生产企业纷纷在原有的基础上提升自身技术含量，不断创新，推出更具竞争力的新产品。例如，八乐梦床业集团（PARAMOUNT BED HOLDINGS CO. LTD.）生产的电动智能护理床、酒井公司生产的智能型洗浴器械等，繁荣了消费市场。

八乐梦床业集团前身是1947年设立的“木村床具制作所”，专门从事医用病床的生产和制造。1950年，该公司创建了“八乐梦床”品牌，开始开发和研制医用电动床，并在1962年开发研制出了日本最早的医用电动床，之后又开始研发面向医院及老年护理用的系列床具产品。2000年，日本实施护理保险制度以后，该公司根据需要护理者日益激增必将带来市场规模日益扩大这一行情趋势，率先在日本国内创新、研发出医用及老年用智能床具、辅助器具等，并增设护理辅具销售及租赁业务运营公司。同时，该公司还不断向海外拓展业务，先后在印度尼西亚、中国、泰国、印度、墨西哥、越南、巴西等地开设了分公司，覆盖范围很广。八乐梦床业集团销售变化见表终-3。

表终-3　　八乐梦床业集团销售变化

结算年度	2014年	2015年	2016年	2017年	2018年
销售额/百万日元	72.794	75.270	74.089	73.198	77.220
经常利润/百万日元	12.357	11.553	9.830	11.778	12.161

日本在基础护理产品进入稳步生产形成国内外市场后，并没有停滞，近年来又开始着手研发多功能高科技含量的老年护理产品，并向人工智能领域进军。随着老年人口的急剧增加，日本已出现护理劳动力短缺问题。日本在不断引进外国护理人员的同时，还致力于开发人工智能技术产品。2013年，日本政府开始积极资助为老年人、残疾人提供的人工智能系列研发项目。近年来，日本机器人护理功能水平已超出只限于缓解护工严重短缺压力的范畴，多地老年护理机构正在试用可提供各种社会关怀和身体保健服务的机器人。在辅助器中，小型的有老年

痴呆症患者护理伴侣海豹，会发出声音且肢体能够活动等；大型的有丰田汽车公司生产的智能汽车，专为身体障碍者设计，可自动收纳轮椅，是老年产业高端技术领军产品。据统计，全球老年人的辅助器具产品有4万多种，由日本研发生产的就有2万多种，占老年产品市场的一半。

三、护理人员需求拓宽就业空间

护理保险制度实施后，护理人员的队伍规模得到迅速扩大。2000年以后，被认定为需要护理、需要支援的服务对象人数逐年增长。2000年护理服务需求人数为149万人，2009年增加到384万人，2019年上升到573万人。护理保险实施后，2000年、2009年、2019年护理服务接受者的数量如图终-2所示。

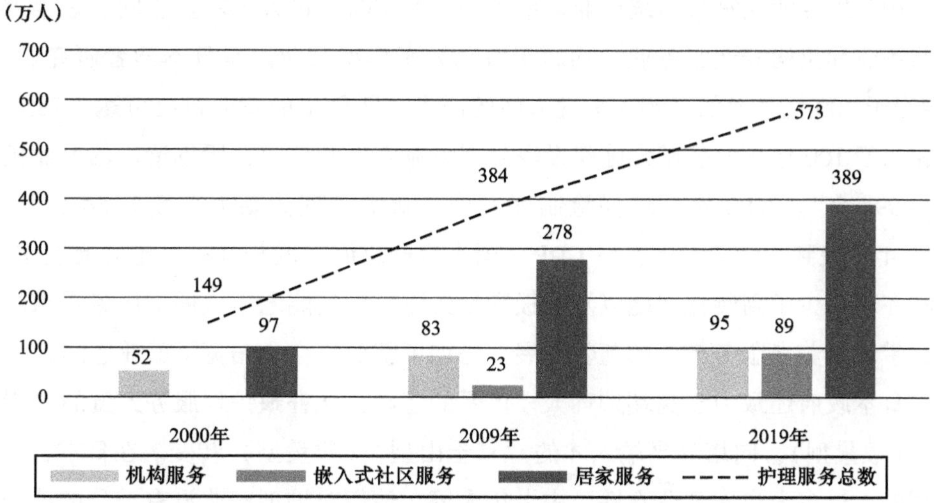

图终-2　2000年、2009年、2019年护理服务接受者数量

资料来源：笔者根据《日本护理保险事业状况报告》整理。

伴随着接受护理服务需求人数的不断增加，护理人员的数量出现了严重的不足。这也说明了护理服务行业就业岗位的潜在空间还很大。补充增加护理人员，也就是增加了就业人员的数量。2000—2025年护理人员总数及短缺人数见表终-4。

表终-4　2000—2025年护理人员总数及短缺人数　万人

护理人员	2000年	2013年	2017年	2020年	2025年
全体数	54.9	170.8	207.8	225.7	253.0
护理人员缺乏人数	—	—	12.5	20	37.7

资料来源：笔者根据《日本护理保险事业状况报告》整理。

由图终-2和表终-4可见，2020年护理人员短缺20万人左右，预计到2025年将短缺约40万人。根据护理保险制度的规定，一个护理服务机构需设置一名以上的护理师、社会福利师、护理经纪师、营养师等专业人员，三名服务对象需配备一名护理福利师等。日本护理保险制度实施后，根据护理保险制度实施与实务操作规定，护理服务机构要严格按入住机构服务对象的比例配置一定数量的护理人员，以确保护理服务质量，并取得良好的运营效益。

护理服务业在吸收传统产业富余劳动力的同时，扩大了就业空间。老年人护理服务业和机构养老服务业，均属于劳动力密集型行业。有日本学者研究显示，“相当于100亿日元的老年人护理方面的需求，所创出的就业机会可达1 785个；而相当于100亿日元基础设施建设等公用事业方面的需求，所创造出的就业机会约为994个”。2000年护理保险制度实施，新增护理劳动力总数为54.9万人，2017年发展到207.8万人，对GDP（国内生产总值）增长具有一定的促进作用。日本在应对少子高龄化问题以及积极满足失能、半失能老年人照护服务需求的同时，带动了养老服务产业的蓬勃发展，增加了就业机会，拓宽了就业空间。

日本政府还致力于高端护理人才体系的建设，从补缺护理服务人员的“馒头型”（数量型），向培养高端人才的“富士山型”（质量型）转变。在日本，学习护理的人员多来自未就业女性、中老年人等，他们对护理职业没有充分的认识和不具备相关的专业技能，导致就业不稳定或离职现象频繁发生。日本政府职能部门与护理服务机构为解决这一问题，采取了促进参与、努力改善劳动环境并提高资质和工资待遇等一系列措施，力求通过学习专业知识和技能，明确专业性，促进从事护理工作人员就职的长久化、固定化，保障护理人才队伍的成长和壮大。具体措施是在人才培训机构、教育机构（大专、大学）等，设置“社会福利”专业，护理福利师、社会福利师等专职人员均需参加国家考级，形成了教育与护理服务产业的有效对接。例如，日医学馆凭借20世纪60年代做医疗机构人才培训的基础和品牌信誉，在护理保险制度实施后，增设了护理服务、高端管理人才培训等科目，全国各地开设日医学馆连锁店——专业护理讲堂，既培养了专业人才，又推动了银色产业的创新发展。

我国是世界上老年人口最多的国家，也是全球人口老龄化发展速度最快的国家之一。老龄化的发展速度、规模及数量也是巨大的。与此同时，老年人福利领域也孕育着可扩大内需的潜在巨大市场。我国长期护理保险制度试点运行4年来，各试点城市通过广泛试验，取得了一定成绩，积累了不少的经验，但至今尚未形成全国统一的顶层设计结构，各地的经验还需认真总结，以推动长期护理保险制度的改革和全国统一的新评估体系的形成。构建我国长期护理保险评估体系，既要从我国实际出发，也要借鉴国际社会特别是人口老龄化程度较高的发达国家的经验和教训。比较而言，德国和日本的做法和经验对我国来说，更具有典型性和借鉴意义。尤其是日本的长期护理保险评估体系更完备一些，指标设计更合理一些，实施办法的效果更明显一些，可借鉴之处更多一些。

第一，实施长期护理保险制度，推动经济新增长。这将带动我国老龄化事业涉及的医疗、保险、护理、金融、房地产、老年产品等领域发展。实施长期护理保险制度可解决大量人员就业问题，改善劳动供给关系。在市场经济的环境下，通过合理竞争机制，产品的质量及服务水平得到提高，促进养老产业逐步发展成国民经济的重要产业，推动社会经济增长。

第二，老年护理服务社会化，有效扩大内需。随着老年人口数量的逐年增加，需要护理的老年人数量也将同步增加。同时，随着经济的增长，老年人对生活质量的要求也不断提升，护理需求的服务内容也呈现出多样化、具体化、个性化发展态势。政府养老机构、民营养老设施、老年公寓、老年人服务设施、护理服务设施以及医疗保险、商业保险等产业正如雨后春笋般地蓬勃发展。社会福利的发展固然会增加财政的支出，增加政府的负担，但65岁以上的老年人口正在以每年400万人以上的速度快速增长，其孕育的消费市场潜力也是巨大的。截至2021年，我国完全失能老人约有1 000万人，部分失能约有3 000万人，重度失能的约有444万人，这足以说明需要照护人群的数量是何等庞大，照护市场的潜力是何等巨大。

第三，提升服务水平，构建多层次老年护理体系。我国的老年服务格局是“居家为基础、社区为依托、机构为补充”，这是符合中国基本国情，具有中国特色的战略决策。实施长期护理保险及其制度，关系每个家庭、每个人的生活，关系整个社会的发展和稳定。长期护理保险及其制度的有效实施，不仅可减轻需要护理老年人和其家庭的经济负担，让需要护理老年人的家庭成员从家庭护理工作中解脱出来，安心、愉快地进行生活、工作、学习，去创造更多的社会价值，还能消除老年人对养老生活的担忧，使其安心度过老年生活，提高需照护老年人及家庭成员的生活质量。随着医疗及科技水平的不断提高，护理服务也将会更加多样化、个性化、具体化、人性化。为此，市场竞争机制将会大大推动护理服务水平的提升，推动相关产业的良性竞争和发展。这种相互的促进作用，势必会推动宏观经济的健康发展。

我国是一个拥有 14 亿人口的大国，人口老龄化的发展态势正在日趋严重，而未来的老龄化市场中蕴藏着巨大的经济潜力。我们需要积极地借鉴适合我国国情的发展模式，充分挖掘我国银色产业市场，在大力推动老龄化经济发展的同时，拉动我国的经济增长，从而实现双赢。此外，应立足于长远，重视人口老龄化对宏观经济带来的正面影响，不断地推动、促进、改革并完善我国长期护理保险制度的实施，构建一个真正可安心养老的社会，构建一个充满活力、健康幸福、可持续发展的社会。

参考文献

[1] 王桥. 老年护理理论与中国服务体系构建 [M]. 北京：中国社会科学出版社，2020.

[2] 社会保険研究所. 介護報酬の解釈 2 指定基準編 [M]. 東京：社会保険研究所，2019.

[3] 江华，张航空，冯喜良，等. 北京康复辅助器具（老年）发展报告（2018）[M]. 北京：社会科学文献出版社，2018.

[4] 厚生労働省. 指定居宅サービス等の事業の人員、設備及び運営に関する基準 [EB/OL]. [2020-03-18]. https：//elaws. e-gov.go. jp/search/elawsSearch/el.

[5] 厚生労働省. 指定居宅介護支援等の事業の人員及び運営に関する基準 [EB/OL]. [2020-03-18]. https：//www. mhlw. go. jp/web/t_ doc? datald = 82999405&dataType = 0&pageNo = 1.

[6] 厚生労働省. 指定介護予防サービス等の事業の人員、設備及び運営並びに指定介護予防サービス等に係る介護予防のための効果的な支援の方法に関する基準 [EB/OL]. [2020-03-18]. https：//elaws. e-gov. go. jp/search/elawsSearch/el.

[7] 厚生労働省. 指定介護予防援助等の事業の人員及び運営並びに指定介護予防援助等に係る介護予防のための効果的な支援の方法に関する基準 [EB/OL]. [2020-03-19]. https：//www. mhlw. go. jp/web/t_ doc? datald = 82aa7861&dataType = 0&pageNo = 1.

[8] 厚生労働省. 指定地域密着型サービスの事業の人員、設備及び運営に関する基準 [EB/OL]. [2020-03-18]. https：//elaws. e-gov. go. jp/search/elaws-Search/el.

[9] 厚生労働省. 指定地域密着型介護予防サービスの事業の人員、設備及び運営並びに指定地域密着型介護予防サービスに係る介護予防のための効果

的な支援の方法に関する基準［EB/OL].[2020-03-19]. https：//www. mhlw. go. jp/web/t_ doc？ datald=82aa7860&dataType=0&pageNo=1.

［10］厚生労働省. 指定介護老人福祉施設の人員、設備及び運営に関する基準［EB/OL]. [2020-03-19]. https：//elaws. e-gov.go. jp/search/elawsSearch/el.

［11］厚生労働省. 介護老人保健施設の人員、施設及び設備並びに運営に関する基準［EB/OL]. [2020-03-18]. https：//elaws. e-gov.go. jp/search/elaws-Search/el.

［12］厚生労働省. 指定介護療養院医療施設の人員、設備及び運営に関する基準［EB/OL]. [2020-03-19]. https：//www1.g-reiki.net/ishikawa/reiki_honbun/i101RG00001310. html.

［13］厚生労働省. 介護予防援助業務に係る関連様式例の提示について［EB/OL]. [2020-03-19]. https：//www. mhlw. go. jp/file/06-Seisakujouhou-12300000-Rouken-kyoku/0000184587. pdf.

［14］厚生労働省. 介護サービス計画書の様式及び課題分析標準項目の提示について，ケアプラン点検援助マニュアル［EB/OL]. (1999-11-12) [2020-03-05]. http：//www. marimo. or. jp/～momo/kadaibunseki. html.

［15］厚生労働省. ケアマネジメントのあり方［EB/OL]. [2020-03-05]. https：//www. mhlw. go. jp/file/05-Shingikai-12601000-Seisakutoukatsukan-Sanjikanshitsu_Shakaihoshoutantou/0000122362. pdf.

［16］厚生労働省. 居宅サービス計画書の様式及び課題分析標準項目の提示について［EB/OL]. [2020-03-02]. https：//www. wam. go. jp/wamappl/bb05Kaig. nsf/vAdmPBigcategory20/9C78A7F227CAB8284925689A003B875B?OpenDocu-ment.

［17］厚生労働省. 施設サービス計画書標準様式及び記載要領［EB/OL]. [2020-03-02].https：//www. wam. go. jp/wamappl/bb05Kaig. nsf/0/9c78a7f227cab-8284925689a003b875b/ $FILE/Shisetsu-1. pdf.

［18］厚生労働省. 介護予防援助業務に係る関連様式例の提示について［EB/OL]. [2020-03-02]. https：//www. mhlw. go. jp/topics/2007/03dl/tp0313-1b-03. pdf.

[19] 厚生労働省老健局振興課. 課題整理総括表・評価表の活用の手引きの活用について［EB/OL］.（2014-06-17）［2020-03-02］. https：//www. mhlw. go. jp/file/06-Seisakujouhou-12300000-Roukenkyoku/0000114689, pdf.

[20] 厚生省老人保健福祉局等監修. 高齢者ケアプラン策定指針［M］.東京：厚生科学研究所, 1999.

[21] 厚生労働省老人保健局振興課. 介護予防・日常生活援助総合事業における介護予防ケアマネジメントの実施及び介護予防手帳の活用について［EB/OL］.［2020-03-10］. https：//www. mhlw. go. jp/file/06-Seisakujouhou-12300000-Roukenkyoku/0000184587. pdf.

[22] 神戸市編. 介護予防ケアマネジメントマニュアルVol 5［EB/OL］.（2018-03-31）［2020-03-06］. https：//www. city. kobe. lg. jp/documents/14396/h30manual_vol5. pdf.

[23] 小湊純一. 利用者・家族が理解しやすいケアプランの書き方［EB/OL］.（2015-10-14）［2020-03-06］. https：//www. npojmi. com/dl/DL100~/121. pdf.

[24] 社会福祉協議会. 介護援助専門員［EB/OL］.［2020-03-10］. https：//www. shakyo. or. jp/guide/shikaku/setsumei/04. html.

[25] 株式会社日本総合研究所. 介護援助専門員の資質向上と今後のあり方に関する調査研究［EB/OL］.（2012-03-31）［2020-03-10］. https：//www.mhlw. go. jp/stf/shingi/2r9852000002a2tj-att/2r9852000002a2vs. pdf.

[26] 厚生労働省老人保健局. 要介護認定　認定調査員テキスト［EB/OL］.（2018-04-01）［2020-03-10］. https：//www. mhlw. go. jp/file/06-Seisaku-jouhou /0000077237. pdf.

[27] NPO法人東京都介護福祉士会. 新・要介護認定調査ハンドブック改訂版［M］.東京：看護の科学社, 2009.

[28] 筒井孝子. 図解よくわかる要介護認定［M］.東京：日本看護協会出版社, 1999.

[29] 住居広士. 要介護認定とは何か［M］.東京：一橋出版株式会社, 2004.

[30] John M. Chambers, Trevor J. Hastie, 柴田里程訳. Sと統計モデル：データ

科学の新しい波［M］.東京：共立出版，1994.

［31］厚生労働省. 介護保険法［EB/OL］.［2020-05-10］. https：//www. law. e-gov.go. jp/htmldata/H09/H09HO123. html.

［32］厚生労働省老人保健局. 要介護認定　介護認定審査会委員テキスト［EB/OL］.（2018-04-01）［2020-05-12］. https：//www. mhlw. go. jp/file/06-Seisaku-jouhou-12300000-Roukenkyoku/0000116033. pdf.

［33］公益社団法人宮城県医師会. 主治医意見書［EB/OL］.［2021-03-14］. https：//www. pref.miyagi.jp/uploaded/attachment/311425. pdf.

［34］厚生労働省老人保健課. 認定調査に基づく一次判定　要介護認定の仕組みと手順［EB/OL］.［2020-05-12］. https：//www. mhlw. go. jp/file/05-Shingi-kai-11901000-koyoukintoujidoukateikyoku-Soumuka/0000126240. pdf.

［35］独立行政法人　福祉医療機構. 調査認定票（概況調査），調査認定票（基本調査），調査認定票（特記事項）［EB/OL］.［2020-05-11］. https：//www. wam. go. jp/wamappl/bb05kaig. nsf/0/18487f3e5f70d4974925689a003b8747/$FILE/%E5%9F%BA%E6%9C%AC%E8%AA%BF%E6%9F%BB%E7%A5%A8. pdf.

［36］厚生省老人保健福祉局介護保険制度施行準備室. 都道府県等要介護認定担当者会議資料［EB/OL］.（1999-07-29）［2020-05-12］. https：//www. wam. go. jp/wamappl/bb05Kaig. nsf/vAdmPBigcategory20/18487F3E5F70D4974925689A003B8747?OpenDocument.

［37］厚生労働省. 要介護認定はどのように行われるか［EB/OL］.https：//www. mhlw. go. jp/stf/seisakunitsuite/bunya/hukushi_kaigo/kaigo_koureisha/nintei/gaiyo2. html.

［38］焦培欣. 日本介护保险制度的评估调查解析［J］.社会政策研究，2017（6）：32-42.

［39］石飛幸三.「平穏死」のすすめ［M］.東京：講談社，2013.

［40］柏木哲夫. 終末期医療をめぐるさまざまな言葉［J］.総合臨床，2007（9）：2744-2748.

［41］佐々木隆志. エンド・オブ・ライフケアの概念構成と変遷に関する研究［J］.静岡県立大学研究紀要，2012（26）：28-33.

［42］志真泰夫，恒藤暁，細川豊史，等. ホスピス緩和ケア白書 2018［M］.東京：青海社，2018.

［43］島田千穂，高橋龍太郎. 高齢者終末期における多職種間の連携［J］.日本老年医学会雑誌，2011（3）：221-226.

［44］長江弘子. エンド・オブ・ライフケアの概念とわが国における研究課題［J］.保健医療社会学論集，2014（1）：17-23.

［45］日本緩和医療学会. 緩和ケア普及啓発事業活動報告［EB/OL］.（2012-03）［2019-12-01］. http：//www. kanwacare. net/houkoku/obp_report_201203. pdf.

［46］日本訪問看護振興財団. 事業療養通所介護多機能化に関する調査研究事業報告書［R］.東京：日本訪問看護振興財団，2011.

［47］広井良典，沈潔. 中国の社会保障改革と日本アジア福祉ネットワークの構築に向けて［M］.日本：ミネルヴァ書房，2006.

［48］増田雅暢. 世界の介護保障［M］.2 版. 東京：法律文化社，2014.

［49］芝田文男. 日本の介護保険制度の諸問題——保険制度の持続可能性と地域包括ケアの諸問題［J］. 産大法学，2018（1）：28-40.

［50］高春兰，李元. 中日韩老年长期护理保险给付制度比较研究［J］.福祉研究，2018（8）：78-89.

［51］厚生労働省. 公的介護保険制度の現状と今後の役割［EB/OL］.（2018-04-15）［2019-11-12］.https：//www. mhlw. go. jp/content/0000213177. pdf.

［52］東田勉. 世界一役に立つ介護保険の本［M］.東京：講談社，2018.

［53］健康保険組合連合会. 図表で見る医療保険［M］.東京：ぎょうせい，2018.

［54］池田省三. 介護保険論［M］.東京：中央法規，2011.

［55］厚生省老人保健福祉局介護保険制度施行準備室. 介護保険制度 Q&A［M］.東京：中央法規，1998.

［56］住居广士. 日本介护保险［M］.张天民，刘序坤，吉见弘，译. 北京：中国劳动社会保障出版社，2009.

[57] 日本总务省统计局. 2018 年日本人口统计 [EB/OL].(2019-04-12)[2020-03-01]. http://www. stat. go. jp/data/jinsui/2018np/index. html.

[58] 张腾. 日本介护保险制度介绍与效用评析 [J]. 东南亚纵横, 2010 (7): 90.

[59] 王桥. 我国养老服务业发展进程、存在的问题及产业化之路 [J].湘潭大学学报 (哲学社会科学版), 2015 (11): 29.

[60] 陈茗. 日本老龄产业的现状及其相关政策 [J].人口学刊, 2002 (6): 8-11.

[61] 岩下清子, 奥村元子. 診療報酬 (介護報酬) 一その仕組みと看護の評価 [M].東京: 日本看護協会出版社, 2004.

[62] 社会保険研究所. 単位数表等の基本的なしくみ [EB/OL]. [2020-05-12]. https://www. shaho. co. jp/shaho/shop/usr_data/sample/11413-sample. pdf.

[63] 社保審一介護給付費分科会. 地域区分, 平成 30 年度介護報酬改定における各サービス毎の改定事項について [EB/OL]. [2020-03-12]. https://www. mhlw. go. jp/file/05-Shingikai-12601000-Seisakutoukatsukan-Sanjikanshitsu_Shakaihoshoutantou/0000192302. pdf.

[64] 大坪広至. わが国介護保険制度における介護報酬に関する基礎的考察 [J].経営研究所論集, 2000 (23): 187-223.

[65] 厚生労働省. 介護報酬の算定構造, 介護サービス [EB/OL]. (2018-04-01)[2020-03-01]. https://www. mhlw. go. jp/content/12300000/000728262. pdf.

[66] 厚生労働省. 介護職員処遇改善増額 [EB/OL]. [2020-03-02]. https://www. mhlw. go. jp/file/06-Seisakujouhou-12300000-Roukenkyoku/0000199136. pdf.

[67] 社会保険研究所. サービス種類別・地域別の地域 1 単位の単価 [EB/OL]. [2020-03-02]. https://www. shaho. co. jp/shaho/shop/usr_data/sample/11413-sample. pdf.

[68] 厚生労働省. 介護報酬の算定構造, 介護サービス [EB/OL]. (2018-04-01) [2020-03-05]. https://www. mhlw. go. jp/file/05-Shingikai-12601000-Seisakutoukatsukan-Sanjikanshitsu_Shakaihoshoutantou/0000192301. pdf.

[69] 社会保険研究所. 在宅サービス介護報酬算定の手引 [EB/OL]. (2018-04-01)